ANTÍGONA E A ÉTICA TRÁGICA DA PSICANÁLISE

Ingrid Vorsatz

Antígona e a ética trágica da psicanálise

ZAHAR

Jorge Zahar Editor Ltda.
rua Marquês de S. Vicente 99 – 1º | 22451-041 Rio de Janeiro, RJ
tel (21) 2529-4750 | fax (21) 2529-4787
editora@zahar.com.br | www.zahar.com.br

Grafia atualizada respeitando o novo
Acordo Ortográfico da Língua Portuguesa

Revisão: Tamara Sender, Vania Santiago | Capa: Jussara Fino
Imagem da capa: © *Antigone* (1941), de Mark Rothko
(National Gallery of Art, Washington D.C.)

CIP-Brasil. Catalogação na fonte
Sindicato Nacional dos Editores de Livros, RJ

Vorsatz, Ingrid
V927a Antígona e a ética trágica da psicanálise / Ingrid Vorsatz. – Rio de Janeiro: Zahar, 2013.

Inclui bibliografia
ISBN 978-85-378-0954-9

1. Psicanálise. I. Título.

12-7150 CDD: 150.195
CDU: 159.964.2

À memória de minha avó
Acacia Brazil de Mello,
que me acompanhou neste escrito.

"'Ah', disse o rato, 'o mundo torna-se a cada dia mais estreito. A princípio era tão vasto que me dava medo, eu continuava correndo e me sentia feliz com o fato de que finalmente via à distância, à direita e à esquerda, as paredes, mas essas longas paredes convergem tão depressa uma para a outra, que já estou no último quarto e lá no canto fica a ratoeira para a qual eu corro.'

'Você só precisa mudar de direção', disse o gato e devorou-o."

Franz Kafka, "Pequena fábula"

SUMÁRIO

Introdução

> Sempre que folheava livros de estética, tinha a desconfortável sensação de estar lendo as obras de astrônomos que nunca contemplavam as estrelas.
>
> Jorge Luis Borges, *Esse ofício do verso*

À época de Shakespeare, a apresentação teatral era precedida de um breve introito ao tema da peça chamado *captatio benevolentia*.* Esse expediente tinha por objetivo promover no espírito de cada espectador uma disposição favorável para com a tragédia (ou a comédia) que se desenrolaria diante de seus olhos e ouvidos, angariando, assim, a atenção da plateia na era elisabetana. Em uma de suas palestras proferidas na Universidade de Harvard nos anos 1967-68, o escritor argentino Jorge Luis Borges aludiu à "fé poética" – segundo ele, um elemento essencial à leitura. Sua proposição se fundamentava em uma célebre formulação de S.T. Coleridge a propósito da poesia na qual o poeta britânico pregava uma "voluntária suspensão da incredulidade"[1] por parte do leitor. Encontramos formulação análoga na letra de Freud em um dos textos que compõem o conjunto conhecido como "artigos sobre técnica" (1912-14). Freud assinala que a atitude a ser esperada por parte do paciente no trabalho analítico não deveria implicar uma confiança irrestrita em seus resultados; tampouco seria a de reserva em relação a eles, mas uma espécie de ceticismo benevolente.[2]

Assim, convido o leitor a uma disposição semelhante ao acompanhar, ao longo destas páginas, o encaminhamento aqui proposto: investigar em que a tragédia antiga poderia iluminar a ética intrínseca à psicanálise. Procurei abordar o campo da tragédia de modo a destacar a dimensão real por ela articulada, na qual a problemática ética tem lugar no coração da *polis*, no real

* *Captatio benevolentia* ("conquistar a simpatia"): recurso utilizado na retórica com a finalidade de dispor favoravelmente a atenção de quem escuta ou lê.

da cena trágica – e não por meio de uma formulação abstrata no domínio do pensamento, como ocorreria um século depois com o advento da filosofia.

A tragédia grega revela um modo de presença do sujeito no mundo que teria sido calado com e pelo advento da filosofia e seu corolário, a ciência moderna, ainda que essa formulação soe paradoxal. A rigor, não é possível supor o sujeito no cosmos antigo, uma vez que seu estatuto é moderno: o sujeito da psicanálise é o sujeito da ciência, mais precisamente, o seu correlato antinômico,[3] conforme assinalou Lacan – isto é, aquele que advém da *démarche* cartesiana conhecida como *cogito*.

A partir do comentário de Lacan a propósito de *Antígona*, de Sófocles, no seminário sobre a ética da psicanálise, procurei isolar na relação da heroína trágica com o campo dos deuses e suas leis não escritas – logo, irrevogáveis – o cerne da problemática determinação *versus* responsabilidade constitutiva do campo do desejo inconsciente. Essa é a dimensão de alteridade à qual o sujeito, desde Freud e com Lacan, encontra-se apenso. A rigor, a problemática concerne ao sujeito da psicanálise – vale dizer, moderno – mas, surpreendentemente, pode ser reencontrada no século trágico, articulada em termos próprios.

Proponho estabelecer uma aproximação com o universo trágico naquilo que este articula uma relação do homem com o *logos*, todavia não submetida às exigências lógico-formais do pensamento hipotético-dedutivo. Ou seja, à formalização conceitual que viria caracterizar o dito pensamento ocidental, ocorrido no século seguinte com o estabelecimento da filosofia enquanto modo de apreensão do real por intermédio da constituição de um saber. Desde então, o saber se caracteriza por uma tentativa de domesticação do real – que, não obstante, escorre por entre os dedos.

Optei por abordar a tragédia antiga privilegiando o enfoque dado ao tema pelos helenistas e demais estudiosos desse campo em detrimento da apreciação filosófica, iniciada com Aristóteles, sobre a tragédia ática. Tal escolha metodológica não partiu de nenhum *parti pris*, nem se deveu a qualquer espécie de juízo apriorístico. Primeiramente, meu interesse voltou-se para o campo da tragédia ática a fim de nele investigar o que poderia ter interessado a Lacan a ponto de fazê-lo evocar a tragédia – e não a filosofia, berço e campo próprio da problemática ética – de modo a, a partir dela, demarcar a ética que concerne à psicanálise.

De outra parte e a título de hipótese de trabalho, é possível considerar que o advento da *philosophia* (literalmente, "apreço[4] ao saber"), com a introdução de um método de apreensão do real por meio da abstração conceitual – cuja ideia platônica constitui a primeira formulação, bem como o paradigma –, teve como efeito (não supomos aí intencionalidade) calar a enunciação trágica. Esta, a ser considerada enquanto modo privilegiado de relação do sujeito – vale dizer, do herói trágico (ainda que os termos não se recubram) – com um campo de exterioridade que o determina, bem como ao ato, pelo qual é o único responsável e que realiza em perda, tanto de saber como de (seu próprio) ser.

Em suma, parece possível sustentar que a tragédia ática apresenta em ato (e não representa por meio do pensamento) a candente questão, ética *avant la lettre*, de uma ação que não é regulada pelo saber nem tampouco visa a nenhum bem. Seus móbeis – no caso, os da princesa tebana Antígona, as leis não escritas dos deuses – não constituem, *a priori*, sua causa, mas resultam como tal da decisão da heroína trágica, na retroação de um ato que inscreve, em perda e a cada vez, fazendo emergir a dimensão de causalidade da qual é tributário.

O herói trágico age na mais absoluta solidão. O ato trágico é *ex nihilo*, uma vez que não decorre de nada além da decisão inantecipável do herói. É nessa medida que a tragédia antiga interessa ao campo psicanalítico, sendo legítimo atribuir um estatuto trágico à ética da psicanálise. A tragédia antiga é portadora de uma enunciação singular que diz respeito à ética sem, com isso, constituir um saber, um domínio de conhecimento sobre a ética. Se a filosofia pensa a ética, a tragédia a apresenta em ato.

Cumpre esclarecer que não se pretende destituir o poema trágico de sua característica de pensamento articulado; a poesia trágica é *logos*, razão, e não uma forma de pensamento primitivo ou selvagem. No entanto, trata-se de uma modalidade de pensamento que não está submetida nem às exigências do princípio de não contradição nem às do princípio do terceiro excluído, constitutivas da racionalidade estabelecida através da filosofia. Ao contrário, na cena trágica – assim como na Outra cena, inconsciente – as contradições coexistem, sem se anularem reciprocamente.

Com Borges, convido o leitor a contemplar o universo trágico do mesmo modo como fazemos em relação às estrelas, cujo brilho intenso nos alcança e ilumina, apesar de já terem – há muito – se apagado. É esse brilho que nos afeta, e não as propriedades físico-químicas dos corpos celestes nem a equação matemática relativa à velocidade da luz. Assim, se esta proposta for bem-sucedida, terá conseguido trazer à luz o vivo da dimensão trágica presente na experiência psicanalítica, e não simplesmente discorrer, ainda que com propriedade e na melhor das hipóteses, sobre tragédia, psicanálise e ética.

A experiência trágica e a ética da psicanálise

Nos primeiros anos de seu ensino, Lacan advertira os psicanalistas em formação de que "o ponto a que estamos chegando não é outro senão o desejo e o que dele pode se formular a partir de nossa experiência – uma antropologia? uma cosmologia? não há palavra para isso".[5] Transcorridos mais de cinquenta anos e seguindo os passos e avanços promovidos por seu ensino, é possível arriscar uma resposta: aquilo que do desejo se pode formular a partir da experiência analítica é, se formos fiéis às proposições do próprio Lacan, uma ética.

Em pleno século XXI, falar de uma ética intrínseca ao campo da psicanálise poderia soar um truísmo. Essa é uma noção amplamente difundida no campo psicanalítico, principalmente entre os analistas de orientação lacaniana. Mas quais seriam as consequências dessa formulação, sobretudo no que concerne ao campo da clínica? Vale dizer, aos impasses do sujeito frente à injunção articulada pelo desejo inconsciente?

Tomei como ponto de partida uma interrogação que poderia ser explicitada em termos simples: por que Lacan, ao formular a ética própria à psicanálise como sendo uma ética do desejo, recorreu à tragédia antiga, mais precisamente à *Antígona* de Sófocles? O que há ali que interessa – ou ao menos deveria interessar – aos psicanalistas? São essas as questões que norteiam este livro. Evidentemente, não pretendo fornecer respostas, mas encaminhar algumas hipóteses que nos permitam avançar. Antes, investigar em que medida o *ethos* trágico, ao iluminar a relação do sujeito com o seu ato, pode contribuir para a fundamentação da ética da psicanálise. Uma ética que parte da exclusão da possibilidade de conformidade a um bem – assim como a tragédia antiga – e coloca em questão não os desígnios insondáveis dos deuses ou a inexorabilidade do destino, mas a relação do ato de um sujeito com o desejo que o constitui. Uma relação que se funda em perda, em descontinuidade com a cadeia ou a ordem causal que antecede e engendra o sujeito, fazendo ressaltar a dimensão objetal desse sujeito paradoxal.

Por meio da discussão que contempla a decisão inarredável da heroína trágica sofocliana Antígona – que apresenta em uma espécie de pré-formulação, no real da cena, a tensão irreconciliável entre determinação e responsabilidade constitutiva do sujeito do inconsciente –, procurei delimitar a essência da ação trágica como consistindo no ato. Ocorrência que, se exclui a dimensão de mestria, implica, não obstante, responsabilidade plena para o sujeito. O paradoxo é, aí, constitutivo.

A tragédia antiga é um vasto mundo. Com rima, mas sem solução – conforme atesta o poema moderno. Como abordá-la, de modo a extrair os elementos que teriam interessado a Lacan em sua fundamentação de uma ética própria ao campo psicanalítico?

De saída, dois problemas se impuseram. De uma parte, a escassez de fontes bibliográficas no campo da psicanálise que pudessem subsidiar a dimensão trágica da ética que pretendo ressaltar. De outra parte, o problema é mais complexo. O domínio da ética pertence tradicionalmente ao campo filosófico, cujas primeiras formulações datam da Antiguidade grega – mais precisamente, aquelas de Aristóteles –, desembocando, na era moderna, nas proposições formuladas por Kant (apenas para citar seus principais expoentes). Entretanto, ao postular uma ética intrínseca ao campo psicanalítico, Lacan retroage ao século V a.C. para destacar determinados elementos presentes e, mais do que isso, constitutivos da tragédia antiga como sendo essenciais a seu propósito. Estes caracterizariam o fundamento do que está em jogo na relação do sujeito com a injunção veiculada pelo desejo inconsciente e a posição ética, singular, que pode advir daí.

De acordo com uma importante observação de Lacan, uma das principais características da filosofia seria justamente a evitação da problemática concernente ao desejo.[6] Logo, para a fundamentação de uma ética do desejo, que ele isola a partir do campo do *Wunsch* freudiano, não parece útil abordar a tragédia ática tendo por referência as diferentes concepções e interpretações filosóficas que a problemática ética ganhou ao longo dos séculos. Desse modo, a própria tragédia antiga constitui a via régia de acesso à problemática ética encetada pela tragédia, uma vez que abordá-la através das formulações filosóficas sobre esse tema seria, do ponto de vista da psicanálise, uma contradição em termos.

O objetivo deste livro é o de investigar a própria tragédia – e não o trágico, noção tributária do campo filosófico – na perspectiva de isolar os elementos que permitiriam fundamentar a ética da psicanálise como uma ética do desejo inconsciente. Cabe destacar que não propus realizar uma exegese do texto de Sófocles. Contudo, à parte o próprio comentário empreendido por Lacan sobre a tragédia sofocliana, fez-se imprescindível recorrer a alguns dos relevantes estudos empreendidos por renomados helenistas sobre a tragédia antiga, referência essencial sobre o tema.

Qual não foi a minha surpresa ao constatar no século V anterior à era cristã elementos homólogos – e devidamente isolados pelos helenistas – aos que seriam postulados pela psicanálise mais de dois mil anos após o ocaso da tragédia ática? Sem pretender afirmar que os termos sejam equivalentes, ou se recubram, encontrei na *Antígona* de Sófocles a heroína trágica diante de uma injunção configurada nas leis não escritas dos deuses – que ela garantirá em ato, a contrapelo da visada do bem ou ainda do princípio de prazer, e ao preço de sua própria perda.

Mutatis mutandi, também ao sujeito da psicanálise cabe se responsabilizar, em ato e fora da perspectiva da mestria, pela determinação inconsciente que advém do campo do Outro. A ética trágica, que no dizer de Lacan é aquela da psicanálise, diz respeito ao fato de que é através de uma perda – a sua – que o sujeito, em uma dimensão propriamente objetal, deve (*soll*) garantir a injunção do desejo não como causa final nem primeira de seu ato, mas como causa, a rigor, *a posteriori*. No impossível tempo gramatical do futuro anterior e consoante a temporalidade estabelecida pela noção freudiana de *Nachträglichkeit*.

Assim, proponho que não é em decorrência das leis não escritas dos deuses, tampouco da justiça divina (*Diké*), que Antígona decide sepultar o corpo do irmão, contrariando o decreto de Creonte. Ao se lançar ao ato, na contramão da lei da *polis* que visa ao bem de todos indiscriminadamente, a filha de Édipo garante a incidência real do campo dos deuses, fazendo valer sua determinação enquanto lei.

O comentário de Lacan, precursor e fundador da articulação entre tragédia e psicanálise, é, assim, a principal referência. Lacan elegeu a heroína trágica enquanto paradigma da relação do sujeito com o desejo certamente não a título de ilustração erudita nem de comentário lateral. Antes, sua escolha pela tragédia antiga se deu em virtude de o mundo antigo apresentar, na relação da heroína trágica com o campo dos deuses, algo que toca o cerne da experiência psicanalítica. Regido por um campo de alteridade inassimilável e, concomitantemente, constitutivo do laço social antigo – os deuses do real e suas leis –, a tragédia apresenta o herói diante da candente questão de garantir esse campo por meio de um ato que se efetiva em perda.

Para que as leis não escritas evocadas por Antígona tenham validade, elas exigem a heroína trágica em presença, vale dizer, em ato. Estas não constituem um fundamento absoluto de caráter universal, uma vez que dependem da posição de cada um frente às suas injunções. As leis não escritas dos deuses não podem ser subsumidas à lei da *polis* e tampouco caracterizam o seu fundamento transcendente. Ao contrário, consistem no seu Outro, como aquilo que, não cessando de não se escrever, é indelével, se inscrevendo – pontual e fugazmente – por intermédio da decisão trágica. Sua contrapartida é a própria noção de responsabilidade trágica, que, por não fazer apelo à trama fluida e imprecisa da intencionalidade, convoca o herói trágico a responder unicamente por seu ato.

Vale destacar as relevantes observações de Freud sobre a questão da responsabilidade, tanto no que diz respeito à relação do herói trágico com o destino vaticinado pelo oráculo quanto em relação à dimensão inconsciente. Ao tomar o destino – articulado através da profecia – não como uma realidade preestabelecida a título de um desígnio divino que se cumpriria à revelia do herói trágico, mas como a materialização de um impulso interno, Freud observa que o apelo à inexorabilidade do destino revelaria sua verdadeira face. Qual seja, a de um álibi por intermédio do qual tanto o herói trágico quanto o espectador/leitor da tragédia se isentariam de responsabilidade em relação ao ato. E, consequentemente, em relação ao impulso interno que se encontraria na origem da decisão trágica.

Estabelecer o padrão da revisão ética em termos da relação da ação com o desejo, como propôs Lacan, opera um descentramento no que se refere à problemática ética. No campo filosófico o padrão, em seu nascedouro, havia sido definido por Aristóteles como relativo ao Bem a ser alcançado através do exercício voluntário da virtude – no caso, a temperança. Na modernidade, com Kant, o padrão da revisão ética fora estabelecido através da proposição de uma razão pura prática, que postula a ação ética como um dever de caráter incondicionado – exceto pela própria razão.

Desse modo, em seu campo próprio – a filosofia –, o padrão de revisão ética se refere a uma noção abstrata de cunho normativo, ainda que não condicionado. Apesar de o empreendimento kantiano visar retirar a problemática ética do campo do conhecimento – como razão *prática* e não *pura* –, sua depuração (ausência de *pathos* que viesse condicionar a ação ética) resulta em uma lei universal.

Ao retirar o padrão da revisão ética do campo do conhecimento, referindo-o ao desejo inconsciente, Lacan empreende uma subversão da problemática. Qual seria a relação entre ato e desejo? Uma relação necessária, no sentido de uma subordinação do primeiro ao segundo? Em outras palavras, o desejo condicionaria a ação ética? Aí residem o cerne e o paradoxo da problemática, em termos psicanalíticos. Se a injunção inconsciente é uma determinação, nem por isso inscreve-se sob a égide da necessidade. O desejo não condiciona a ação ética – vale dizer, o ato –, mas se impõe como condição absoluta. Não obstante, o caráter de condição absoluta do desejo depende do fato de que o sujeito, por intermédio de uma escolha realizada fora do âmbito da mestria e que, em si mesma, é ato (e não deliberação), advenha de modo a garantir, *a posteriori* e em perda, a injunção do desejo como causa.

A rigor e paradoxalmente, o desejo como condição absoluta só se impõe enquanto tal referido à contingência do ato. Determinação que se efetiva por intermédio da contingência, escolha sem agente, consequência que garante a causa, eis o caráter aporético da problemática ética intrínseca ao campo psicanalítico. Cabe ao sujeito se responsabilizar, em perda, pelo desejo inconsciente cuja substância é a própria opacidade.[7]

Ao abordar essa aporia constitutiva Lacan não faz apelo ao formal, mas sim à tragédia antiga, assinalando que é preciso abordar a *Antígona* de Sófocles em busca de outra coisa que não uma lição de moral.[8] Antes, trata-se, para o herói trágico, de ir ao encontro de uma maldição consentida, da subsistência do sujeito humano em sua própria subtração à ordem do mundo: nisso residiria a paradoxal liberdade trágica.[9] Com isso, Lacan parece indicar que desde uma perspectiva clínica, que leva em conta o sujeito, sua determinação inconsciente e a responsabilidade que dela deriva, a ética própria ao campo psicanalítico pode ser estabelecida a partir de um fundamento trágico, e não por meio de formalização estritamente conceitual.

Em outro momento, através de uma surpreendente consideração a propósito dos encaminhamentos de Descartes e Freud, Lacan indica sua homologia de determinação que concerne à afirmação de uma certeza extraída da dúvida. Na *démarche* cartesiana, a formulação do *cogito* é isolada no ponto exponencial da dúvida; já no encaminhamento freudiano, diz respeito à inferência de um pensamento inconsciente no próprio elemento em que o texto do sonho é indistinto, duvidoso.[10] É possível considerar que uma homologia de determinação também pode ser isolada em relação à visada ética articulada na tragédia antiga, bem como pela psicanálise.

A hipótese que orienta este livro, a ser considerada em seu valor heurístico, diz respeito à homologia estrutural entre os elementos que se encontram articulados na e pela tragédia antiga e aqueles que constituem o campo psicanalítico. Estes referem-se à posição do herói trágico diante da determinação exercida pelo campo dos deuses, de sua ação independente de todo bem que dela poderia resultar, assim como de todo fundamento estabelecido pelo campo do pensamento que viesse servir de guia. Essa dimensão do fazer (do ato) e não do pensamento, constitutiva do mundo antigo, tem um lugar muito preciso na vida institucional da *polis* grega. Na tragédia, o homem não pensa com sua alma, como dirá Aristóteles um século depois, mas – conforme aponta Lacan – com os pés.[11] Vale dizer, trata-se de um pensamento que não é distinto de um fazer, ou seja, de uma espécie de pensamento em marcha – ou melhor, em ato.

Essa dimensão constitutiva da tragédia ática será varrida com o advento do *logos*, sendo definitivamente excluída – Lacan dirá: foracluída – pela ciência moderna. Assim, essa espécie de protossujeito encarnado pelo herói trágico reaparecerá na modernidade sob a forma de patologia, isto é, sintomática, encarnando aquilo que faz obstáculo à hegemonia do universal instaurada pelo discurso da ciência, sendo recolhido pelo campo psicanalítico que lhe dará voz e lugar.

Tragédia e psicanálise isolam a questão central de um sujeito determinado por um campo que lhe é opaco – no primeiro caso, pelo desígnio dos deuses; no segundo, pelo inconsciente – e, em que pese o paradoxo, absolutamente responsável por seu ato. A tragédia antiga apresenta, numa espécie de pré-formulação não sistemática, os elementos estruturais que constituem o fundamento do campo psicanalítico, a saber, a relação do sujeito com a instância Outra que determina sua inscrição no campo da palavra e da linguagem e a ética que daí deriva.

Assim, a tragédia ática poderia ser concebida como uma espécie de dispositivo institucional inscrito na cultura grega do século V a.C., em que a questão ética é apresentada em ato, no real da cena trágica. Essa dimensão de verdade singular, uma vez calada com e pelo advento do saber, apenas terá lugar no dispositivo freudiano, no qual um sujeito é convocado, através da regra fundamental, a abrir mão daquilo que sabe para dar lugar à verdade do desejo, que ele desconhece, já que não é seu, mas, antes, do Outro, advindo de Outra Cena (*Anderer Schauplatz*).

A tragédia antiga apresenta a dimensão do sujeito tal como este será formulado, muitos séculos depois, pela psicanálise: aquele que, comandado por uma instância Outra, e fazendo desta o móbil de seu ato, nem por isso torna-se menos responsável. Contudo, Antígona, filha de Édipo, não deve ser tomada a título de modelo, de resto sempre referido a um ideal; o valor exemplar da personagem trágica se refere à transmissão em ato de uma posição subjetiva de caráter irreconciliável. Esta advém do fato de que uma vez determinada pela linhagem que a constitui – os Labdácidas – e pela injunção dos deuses, ambas não condicionam seu ato, pelo qual é a única responsável. O ato da heroína trágica encontra-se referido às leis não escritas dos deuses (*Dikè**); porém, se situa para além dessa determinação. Antígona age só.

O sujeito se inscreve no campo do Outro por intermédio de uma operação de extração, cessão de objeto que, no limite, ele é. Esta não caracteriza uma operação que ocorre uma única vez, atribuível a uma espécie de origem de caráter mítico. Justamente não diz respeito a uma origem, mas a um fato de estrutura, que, como tal, é relançado em uma dimensão que é propriamente ética. Visto que não concerne ao ser, à natureza humana, nem a uma essência abstrata, o sujeito deve – a cada vez – advir de modo a garantir, em perda, o campo do Outro como causa: *Wo es war, soll Ich werden*, reza o adágio freudiano elevado à condição de imperativo ético por Lacan.

Diante da injunção inconsciente, o sujeito é convocado a se responsabilizar por aquilo mesmo que o determina, sem recurso ao saber. O apelo (e o apego) ao saber, como demonstra o comentário de Lacan a propósito de Hamlet, o anti-herói moderno de Shakespeare, resulta em um impasse. A via do saber não leva ao ato; logo, constitui um *dead end* em relação ao desejo. Antes, é por um movimento que é, em si mesmo, antecipação – momento de concluir que põe fim ao tempo para compreender – que uma certeza se impõe como verdade insofismável.

O *Hilflosigkeit* isolado por Freud em termos de desamparo constitutivo do sujeito em sua relação com o Outro é aquele que, segundo Lacan, decorre da constituição do sujeito no significante, sendo reencontrado numa psicanálise em intensão. É em relação a esse ponto, "a desolação, onde o homem, nessa re-

---

* *Dikè*: justiça divina. Uma das filhas de Zeus e Têmis (direito); as outras são *Eunomia* (bom governo) e *Eirene* (paz).

lação consigo mesmo que é a sua própria morte … não deve esperar a ajuda de ninguém".[12] Vale dizer, no ponto radical da destituição subjetiva, em que nem mesmo a angústia serve de proteção, o sujeito é convocado a atravessar não como ser, mas como objeto caído do campo do Outro, dejeto, dimensão objetal do sujeito do significante. É nesse ponto que o sujeito deve – em uma dimensão ética – lançar-se ao ato, de modo a garantir, em perda, o campo do qual é tributário.

É também em relação a esse ponto que se situa o herói trágico, aquele que, segundo Lacan, ao se engajar no ato já está votado a ser o dejeto de sua própria empreitada.[13] É justamente isso que a princesa tebana Antígona nos faz ver através de seu brilho intolerável, na dimensão do desejo tornado visível, desejo de nada, relação do sujeito à falta-a-ser,[14] desamparo radical.

Em um artigo em que estabelece a distinção entre a psicanálise e as demais formas de intervenção que se alojam sob a égide do termo genérico "psicoterapia", Freud, a título de ilustração, evoca a diferença de método entre a pintura e a escultura atribuindo-a a Leonardo da Vinci. Em relação à primeira, Freud compara com a psicoterapia: esta opera por acréscimo (*per via di porre*), como no caso da sugestão – hipnótica ou não. Já a segunda, em relação à qual estabelece uma analogia com a psicanálise, nada é acrescentado. Ao contrário, caracteriza uma operação de extração que se efetiva *per via di levare*.[15]

Essa é uma distinção estabelecida por Michelangelo Buonarroti inspirada na ideia aristotélica de uma forma em potência na matéria – expressa, por sua vez, nos tratados dos Quatrocentos por Alberti – em que é possível perceber uma radical distinção entre pintura e escultura assinalada nos próprios termos da formulação. De acordo com o mestre florentino, o trabalho do escultor opera *per forza di levare*, ao passo que o pintor realiza seu ofício *per via di porre*. *Forza* e *via* constituem termos que não se recobrem, em relação aos quais não é possível estabelecer uma equivalência. Ao revés, mostram a dessimetria radical entre as operações, que, por sua vez, resultam em duas formas de arte absolutamente distintas. Na escultura é preciso vencer a resistência da pedra através de um esforço de extração, que implica certa dose de violência; quanto ao método próprio à pintura, essa tensão encontra-se ausente. Em certa medida, também o artista é aquele que resulta, *a posteriori*, do empreendimento de extração que faz existir a obra.

Vale dizer, é como resto (não como autor) que um artista se põe a trabalhar e, só então, terá produzido aquilo que poderá ser considerado uma obra de arte.

Que, a rigor, não serve para nada – ou seja, não se inscreve no registro dos bens –, pois, enquanto tal, uma obra de arte não caracteriza um bem (de consumo ou ainda de fruição), não pertence ao serviço dos bens assinalado por Lacan.[16]

O herói trágico, determinado pelo campo real dos deuses, dele se extrai por intermédio de seu ato. O sujeito, por se constituir no campo significante, dele se extrai como resto, estabelecendo a dimensão objetal desse sujeito paradoxal. A extração seria, nesse sentido, uma operação ética, uma vez que é por uma cessão de objeto que não é outro senão o próprio sujeito – a rigor, resultado desta operação – que este garante, em perda e a cada vez, o campo do Outro.

Este livro testemunha o que já é dejeto.

1. Função real da tragédia antiga

> Os poetas são aliados valiosíssimos e seu testemunho deve ser levado em alta conta, pois conhecem muitas coisas entre o céu e a terra cuja existência nem sonha a nossa sabedoria acadêmica. No conhecimento da alma [*Seele*] estão à nossa frente, homens comuns, pois se nutrem em fontes que ainda não tornamos acessíveis à ciência.
>
> Sigmund Freud, "El delirio y los sueños en la 'Gradiva' de W. Jensen"

A cultura ocidental tem seu berço na cultura dita greco-romana, mais precisamente na civilização ática, que teve seu apogeu no século V anterior à era cristã. Esse século prodigioso se notabilizou pelo advento da tragédia, muito embora a cultura grega tenha se tornado célebre pela constituição do pensamento racional através do surgimento da filosofia, assim como pela invenção da democracia como o regime político – fato inédito – que visava contemplar os interesses de todos os cidadãos.[1] A tragédia antiga, para além da criação de um novo gênero literário ou do surgimento de uma forma inaudita de arte, caracteriza um modo singular de incidência da palavra, antes que esta viesse a ser tributária da razão e de suas exigências lógico-conceituais.

Não obstante, a tragédia não contraria nem tampouco se opõe ao *logos*, traço grego por excelência; antes, é uma de suas manifestações. Trata-se de uma palavra em ato que não demonstra, mas mostra. Nela, vê-se singular a relação do herói com sua própria ação, que, de um lado, não é regulada por nenhuma forma de saber e, de outro, faz dele menos o agente do que o efeito de sua tomada de posição na cena trágica.

Se pelo advento da filosofia o homem será problematizado enquanto ser de razão, agente de suas ações – em todas as declinações que essa problemática vier assumir na tensão intrínseca ao binômio determinismo/liberdade ao longo dos séculos –, a tragédia antiga apresenta um mundo governado por potências divinas. O panteão grego, por um lado, ordena o cosmos, garantindo tanto a ordem natural quanto a ordem política; por outro, caracteriza um elemento de opacidade e imprevisibilidade. Diante dessa dimensão de alteridade imanente – os deuses não são alheios ao mundo, dele fazem parte a título de presença real –, o homem, na figura privilegiada do herói trágico, deve se responsabilizar por seu destino. Visão trágica por excelência, uma vez que o mundo grego antigo é regido por forças divinas cujo caráter é equívoco e opaco e, contudo, o homem não é menos responsável por seus atos. O herói trágico é aquele que advém em perda, garantindo por meio de seu ato a ordem – no caso, divina – à qual se encontra apenso.

Esse parece ter sido o traço distintivo intrínseco a uma ética própria ao campo psicanalítico destacado por Lacan ao tomar a heroína trágica Antígona como paradigma da relação do sujeito com o desejo inconsciente. A saber, a presença do sujeito em ato cuja realização, resultando em sua própria perda, garante, *a posteriori*, o desejo como tendo estado em sua origem.

No século seguinte, a filosofia grega eleva o homem à categoria de ser de razão através da constituição de um saber sobre ele e sobre o mundo que o cerca. Por sua vez, a tragédia antiga parece colher aquilo mesmo que escapará ao domínio filosófico: o fato de que o homem não é senhor em sua própria casa, pois há um campo imperscrutável, domínio dos deuses, a cujas injunções ele deverá responder por meio da libra de carne que lhe cabe pagar, cessão de uma parte de si.

Essa dimensão propriamente objetal constitutiva do sujeito humano apresentada *avant la lettre* na tragédia ática não pode ser apreendida pela constituição de um saber – mesmo o mais elaborado – que o campo filosófico venha a formular. Ao contrário, ela desaparece justamente com o surgimento da filosofia nos estertores do século trágico, com o advento de um saber que se pretende universalmente válido. Doravante, o sujeito humano, em sua dimensão de agente, será objeto do e para o conhecimento. A tragédia, ao revés, apresenta o herói trágico não como agente de sua decisão, mas nem por isso menos responsável por aquilo que, por desconhecer, lhe escapa.

Os três maiores poetas trágicos foram Ésquilo, Sófocles e Eurípedes. Em relação ao recorte que proponho, não remeterei nem ao primeiro nem ao último; deter-me-ei exclusivamente sobre a *Antígona* de Sófocles. Ou melhor, naquilo que essa tragédia sofocliana, a partir da leitura empreendida por Lacan, lança luz sobre a questão da ética da psicanálise, objeto desta investigação. De acordo com a helenista Saïd, apesar de ter tomado parte, em sua longa vida, da história do imperialismo ateniense, a obra de Sófocles não foi marcada pelos eventos políticos da época, caracterizando-se por uma ausência quase total de alusões à atualidade (do século V a.C., bem-entendido). Renunciando à trilogia articulada, assim como às vastas perspectivas temporais que essa articulação oferecia, e concentrando a ação em uma única peça e em um momento de crise, Sófocles revelou-se um inovador do gênero trágico.[2]

A autora faz uma importante observação, demarcando-se de outros não menos ilustres comentadores da tragédia antiga, quando assinala que "o destino dos heróis de Sófocles não é mais selado por seu pertencimento a uma raça maldita. ... Antígona não paga pelas faltas [*fautes*] de seus antepassados".[3] Essa afirmação vem ao encontro daquilo que pretendo destacar em relação a essa tragédia sofocliana, ressaltando o caráter singular do ato levado a cabo pela heroína trágica, a despeito da maldição dos Labdácidas.

Ainda de acordo com Saïd, a grandeza do teatro de Sófocles encontra-se relacionada à capacidade de certos personagens de tomar uma decisão assumindo, até o fim [*jusqu'au bout*], suas consequências – aquilo que o também helenista Knox denominou como sendo o traço distintivo do herói trágico sofocliano, seu *heroic temper*.[4] Assim, esses heróis que se decidem a agir na mais absoluta solidão veem escapar-lhes o sentido de suas próprias ações, que, antes, se inscrevem numa ordem obscura, dominada pelos deuses.[5]

Saïd considera que a ação do herói sofocliano se inscreve de acordo com uma ordem divina que lhe é opaca e exterior, não tendo nessa mesma ordem a causa nem os determinantes de sua ação. O herói sofocliano age só. Não há nenhum deus que venha em seu socorro, nem mesmo para assegurar ou conferir um sentido ou propósito a seu ato. Mas, salienta a autora, à diferença de Ésquilo, "essa ordem divina é apenas sugerida, e nada nos diz que sua justiça seja a nossa. O teatro de Sófocles nada tem de uma teodiceia".[6] Vale dizer, os deuses não justificam nem legitimam a ação do herói, tampouco podem ser invocados como sua causa ou finalidade. Apenas o próprio herói trágico responde por seu ato.

A helenista sublinha que, no teatro sofocliano, em relação ao erro "compreendemos sempre 'muito tarde', '*après coup*', quando isso já não serve para nada".[7] A compreensão é inútil. Trata-se, portanto, de agir, e não de saber. E isola os contrastes, presentes na obra de Sófocles, entre intenções e ações, entre aparência e realidade, entre os personagens. Destaca o caráter heroico de Antígona em relação à humanidade comum de Ismênia, em meio a teses e temas no interior da cena trágica. Aludindo ao decreto de Creonte em contraponto às leis não escritas dos deuses, ressalta que o mesmo princípio de oposição – não dialética, porém – comanda a organização dramática em *Antígona*.[8] Essas questões serão discutidas no Capítulo 2.

De acordo com a notória ironia sofocliana, "não é raro que um canto alegre [*joyeux*] do coro preceda imediatamente a catástrofe, para melhor sobressair o horror".[9] Assim é com o conhecido elogio ao homem, na *Antígona* de Sófocles, que precede a derrocada da heroína trágica – "Há muitos assombros, mas nada tão assombroso quanto o homem",[10] canta o coro momentos antes de a filha de Édipo ser trazida à presença de Creonte como sendo a responsável pela inumação do cadáver de Polinices, pelo que a princesa tebana será condenada à morte. Uma análise mais detida desses versos será empreendida na Conclusão.

A helenista observa ainda que em momento algum Sófocles põe em relevo a suposta culpabilidade da heroína trágica, pois não é disso que se trata. Desse modo, é possível afirmar que o ato do herói não responde pela (nem pode ser atribuído à) falta cometida pelas gerações que o antecederam, nem tampouco pelo desígnio dos deuses. Não há crime a expiar, nem mesmo atribuição de culpa a determinar: o teatro ático não é um tribunal, seja este laico ou divino. A tragédia não julga, constata: assim é. Dessa forma, delimita, pelo simbólico, um real. E este é inapelável.

A cena trágica

A tragédia ática surge no século V a.C., desaparecendo com este. É considerada uma espécie de pano de fundo das questões políticas e institucionais daquele século – sem caracterizar seu mero reflexo –, ao longo do qual os valores que regiam a própria organização da cidade-Estado grega, a *polis*, sofreram uma profunda transformação, sobretudo em relação à representação que os gregos tinham da autoridade, da virtude e da justiça.[11]

O governo de Sólon, considerado o grande legislador de Atenas, havia posto fim aos privilégios da aristocracia, dando início ao processo de construção da democracia ateniense. O poema épico, ou, mais precisamente, o ideal de virtude encarnado pelo herói homérico, já não era suficiente para servir de modelo na vida da *polis* em transformação. O homem trágico é, de um lado, tributário dos valores heroicos e, de outro, corresponde às questões, sobretudo jurídicas,* que surgem na e com a *polis* grega.

No entender do renomado crítico e ensaísta Steiner, a tragédia ática seria *one of a kind*, fenômeno único e sem precedentes tanto na cultura ocidental quanto na oriental, sendo específico da cidade-Estado grega Atenas do século V a.C. Esse autor define a tragédia como "a prova dramática de uma visão da realidade na qual o homem é levado a ser um visitante indesejado no mundo", cujas fontes desse estranhamento (*Unheimlichkeit*) seriam variadas, mas que poderiam ser condensadas na célebre expressão sofocliana "antes não ter nascido",[12] proferida pelo personagem Édipo, cego e exilado, na tragédia *Édipo em Colono*.

Em suas considerações sobre a especificidade da tragédia antiga, Steiner destaca que a dimensão trágica exclui a reparação e a justiça equitativa, assim como qualquer possibilidade de redenção. O autor afirma que a tragédia é da ordem do irreparável e caracteriza uma dura percepção da vida humana, sendo radicalmente alheia à tradição judaico-cristã. O herói trágico avançaria em direção à própria ruína - vale dizer, em perda - em nome de uma verdade cuja incidência é mais efetiva do que aquilo que poderia se produzir a partir do conhecimento. À diferença da tradição judaico-cristã, em que haveria uma linha de continuidade entre conhecimento e ação, na tragédia antiga há um abismo entre ambos marcado pela ironia trágica.[13] De acordo com sua análise da tragédia antiga,

> o drama trágico nos diz que a esfera da razão, da ordem e da justiça é terrivelmente limitada e nenhum progresso de nossa ciência ou de nossos recursos técnicos ampliará sua relevância. Exterior ou interiormente o homem é *l'autre*, a alteridade do mundo.[14]

Essa formulação não deixa de ter ressonância com a de Saïd, mencionada anteriormente a propósito da célebre ironia trágica característica de Sófocles

---

* Cumpre esclarecer que na Atenas do século V a.C. não há um campo jurídico claramente delimitado. As questões de ordem jurídica se interpenetram às religiosas e às familiares, entre outras, constituindo o laço social antigo.

contida na "Ode ao homem". Nesta, o homem, predicado como *deinon* – "prodígio", e também "assombro" –, é louvado por suas conquistas e realizações, exceto em relação à morte, que ele não pode vencer. A morte constitui uma fronteira rigorosa, demarcando com nitidez o mundo dos homens e o campo dos deuses – estes, imortais –, conforme assinala o helenista Vernant.[15] Steiner atribui esse estatuto de alteridade ao próprio homem; já Lacan o considera da ordem de uma exterioridade íntima – *êxtima* –, aquela que caracteriza o desejo inconsciente, homóloga ao campo dos deuses na tragédia.[16]

De acordo com Vernant, a cena trágica consistiu no *locus* privilegiado para a reflexão sobre as novas condições da cidade e, nesse sentido, a tragédia é parte integrante da vida institucional da *polis*, sendo contemporânea a esta.

> A tragédia não é apenas uma forma de arte, *é uma instituição social* que, pela fundação dos concursos trágicos, a cidade põe ao lado de seus órgãos políticos e judiciários. ... [Na tragédia] a cidade se faz teatro; ela se toma, de certo modo, como objeto de representação ... . Mas, se a tragédia parece assim, mais do que outro gênero qualquer, enraizada na realidade social, *isso não significa que seja um reflexo dela. Não reflete essa realidade, questiona-a.* Apresentando-a dilacerada, dividida contra ela própria, torna-a inteiramente problemática.[17]

Ao contrário do espaço público da *ágora*, onde, um século depois, o debate político seria travado pelos cidadãos sob a égide dos *dissòi logòi*,[18] a cena trágica pode ser considerada a presença ritual de Outra cena no coração da cidade, constitutiva do laço social antigo. O sentido da ação humana é ali apresentado em ato, encarnado singularmente na figura do herói trágico, numa perspectiva radicalmente diversa da especulação filosófica sobre a ética, ainda por se constituir – a rigor, no século IV a.C. Esta irá se desenrolar no campo do pensamento e do conceito, através de um debate *in abstracto* no plano das ideias. Seu escopo é o de servir de orientação aos cidadãos em nome do bom funcionamento da cidade e de acordo com o modelo platônico da cidade ideal. Em outros termos, a especulação filosófica sobre a ética visa ao Bem, categoria universal, ao passo que a tragédia apresenta o herói como indivíduo singular diante de uma escolha pela qual responderá através de sua própria perda. A paradoxal responsabilidade do herói trágico reside no fato de que o sentido de sua ação lhe é revelado *a posteriori*, como efeito de seu ato.

O campo filosófico, fundamentado na ideia de um bem comum que poderia ser compartilhado por todos, assim como apre(e)ndido pela via de um saber que se engendra na e pela própria especulação filosófica, constitui radical antinomia àquilo que a tragédia põe em relevo: a dimensão de ato. E, nessa perspectiva, da emergência, *avant la lettre*, do sujeito – encarnado na figura do herói –, ainda que a rigor este seja tributário do advento da ciência moderna.

Ao me interessar pelo tema da tragédia, na medida em que esta ilumina a relação de um sujeito ao seu ato – questão ética por excelência –, tal escolha recai exclusivamente sobre a tragédia ática. A tragédia é antiga, isto é, a tragédia antiga é tragédia *tout court*. A menos que consideremos esse termo como definindo um gênero teatral ou literário, sendo esta, todavia, uma de suas acepções.

A rigor, talvez não seja pertinente falar em tragédia moderna ou contemporânea, exceto se estivéssemos nos referindo à representação ou encenação teatral. A tragédia é uma espécie de reflexão em ato, apresentando no real da cena trágica a posição do herói diante de uma escolha, e a relação dessa escolha com os móbeis que supostamente a determinam. O modo singular de interrogar a relação da ação humana e seus determinantes, bem como a forma pela qual essa relação se declina, é o que, a nosso ver, caracteriza o que é próprio da tragédia antiga, esse evento singular e sem precedentes que desponta no século V antes da era cristã, desaparecendo com este.

A tragédia ática constitui o modo pelo qual a civilização grega do século V a.C., pela primeira vez, interroga o sentido da ação humana – perspectiva ética por excelência. A poesia épica, que lhe é imediatamente anterior, caracteriza-se pelo canto em louvor do herói e seus feitos inigualáveis; já o advento da filosofia, no século subsequente, abordará a questão ética a partir da constituição de um saber, formulando princípios de caráter abstrato e valor universal.

A tragédia ática apresenta a interrogação ética através da relação singular do herói com seu ato, sem que este possa ser inteiramente subsumido aos móbeis ou determinantes da própria ação trágica. É, a meu ver, devido à especificidade dessa relação que a escolha de Lacan, ao tratar da ética da psicanálise em um de seus seminários, recai sobre a apreciação – ímpar, é preciso destacar – da tragédia. E, dentre as inúmeras que compõem o que hoje consideramos um material relativamente uniforme, a saga da heroína trágica Antígona, filha de Édipo, personagem-título de uma das peças teatrais que integram o conjunto conhecido como a trilogia tebana de Sófocles.

O próprio Lacan, no seminário que se segue àquele sobre a ética da psicanálise, afirma "em toda tragédia situada em seu pleno contexto, isto é, *no contexto antigo* ...",[19] donde se pode concluir que o contexto próprio da tragédia é a Antiguidade grega. É esse contexto que a tragédia problematiza e ao qual se encontra intrinsecamente relacionada.

E que contexto seria esse? É aquele que interroga, retomo, em ato e não por meio de uma formulação abstrata, a questão da ação humana, seus móbeis e fundamentos. É o modo como essa problemática se articula na tragédia antiga que interessou a Lacan no que tange à dimensão ética constitutiva da relação do sujeito ao ato. O contexto trágico é aquele no qual não há saber, constituído ou não, que venha responder pela decisão de um sujeito – no caso, o herói trágico, ainda que os termos não sejam equivalentes. Esse fato, longe de caracterizar uma insuficiência própria ou intrínseca à Antiguidade e ao universo trágico, constitui, ao contrário, sua positividade.

Justamente pelo fato de o saber ainda não constituir um regulador da vida humana na *polis* é que o herói trágico se vê confrontado com uma decisão que deverá tomar na mais absoluta solidão, pela qual deverá se responsabilizar integralmente, tendo apenas como referência um campo que lhe é exterior e que caracteriza uma dimensão da mais radical alteridade – o campo dos deuses. A despeito de sua incidência, a tomada de posição do herói trágico – no caso, Antígona – não pode ser subsumida a esse campo; antes, é por seu ato que ela garante esse campo como causa.

Acreditamos ser importante destacar a radical formulação de Lacan na qual afirma que "*o desejo* não se apresenta com o rosto descoberto, e ... ele *não está no lugar que a experiência secular da filosofia*, para chamá-la por seu nome, *designou para contê-lo e*, de certa maneira, *excluí-lo do direito de nos reger*".[20] O desejo inconsciente se articula por meio de uma injunção cujo sentido é opaco, não podendo ser apreendido pela via do saber. Essa dimensão de opacidade, presente tanto em relação ao desejo inconsciente como no que diz respeito ao campo dos deuses, permite a Lacan assimilar este último ao primeiro.[21]

Assim, circunscrever o campo do desejo por intermédio do conceito seria evitar – no limite, impedir – sua incidência real. De acordo com Lacan, o desejo enquanto móbil do ato de um sujeito poderá ser encontrado, *avant la lettre*, isto é, antes que a psicanálise venha formulá-lo, na posição inegociável assumida pela heroína trágica: trata-se, ali, do desejo em ato. Ao final de seu comentário sobre a *Antígona* de Sófocles, Lacan assinala o que teria sucedido à dimensão trágica do desejo:

> Creio que, ao longo desse período histórico, o desejo do homem, longamente apalpado, anestesiado, adormecido pelos moralistas, domesticado por educadores, traído pelas academias, muito simplesmente refugiou-se, recalcou-se na paixão mais sutil, e também a mais cega, como nos mostra a história de Édipo, a paixão de saber.[22]

O domínio do conhecimento seria, assim, antinômico ao campo do desejo. Na vigência do primeiro, o segundo encontra-se, necessariamente, excluído – saber (positivado) e desejo (inconsciente) caracterizam campos mutuamente excludentes. Em relação ao "longo período histórico" mencionado por Lacan, seria possível compreendê-lo como aquele que se seguiu à morte da tragédia – de acordo com a expressão cunhada por Steiner –, com o surgimento da filosofia a partir do século IV a.C. Apreendida conceitualmente, a questão do desejo perde sua incidência constitutiva; de resto, o *Begierde* hegeliano não se confunde com o campo que Lacan isola a partir do *Wunsch* freudiano. É pelas mãos de Freud que a dimensão do desejo retornará não mais referida à cena do mundo, mas àquela Outra, inconsciente, como um saber de outra ordem, opaco, injunção que opera por meio de uma convocação ao sujeito para que este se responsabilize pelo que advém desse campo de alteridade, Outro.

Vale lembrar que é justamente no seminário em que tratará da ética própria ao campo psicanalítico que Lacan toma a tragédia antiga como paradigma dessa problemática, especialmente no que concerne à relação do sujeito com o desejo inconsciente e a posição subjetiva que daí pode resultar – no limite, de seu ato. A injunção ética, tal como isolada por Lacan, formula-se nos seguintes termos: "Agiste conforme o desejo que te habita?"[23] É em relação a essa interrogação que a tragédia antiga é trazida à cena, por Lacan, a título de fazer ressaltar aquilo que estava em jogo para o herói trágico – nomeadamente, Antígona.

As considerações de Lacan a propósito do que ele nomeia como tragédia moderna – ainda que, de acordo com o exposto, essa forma de nomear caracterize uma espécie de contradição em termos –, tomando como exemplo a trilogia do escritor francês Paul Claudel, abordam precisamente os impasses do sujeito moderno frente ao desejo. Nem Hamlet, nem Sygne, de Coûfontaine, poderiam ser considerados heróis trágicos, no senso estrito do termo. Não há, em nenhuma das três peças que compõem a trilogia de Claudel, nem no *Hamlet* de Shakespeare, a dimensão de opacidade – encarnada pelos deuses gregos na tragédia ática – diante da qual cada um deverá tomar a decisão que lhe cabe e, em consequência disso, agir. Tanto em relação à heroína contemporânea Sygne quanto em relação ao príncipe da Dinamarca, haveria no horizonte de suas ações certa dimensão de sacrifício. Esta, ao contrário, se encontra inteiramente ausente na decisão de Antígona. Talvez seja esse o sentido da observação de Lacan sobre a trilogia claudeliana como sendo uma tragédia cristã.[24]

Contudo, não entrarei no mérito das tragédias moderna e contemporânea; o escopo deste livro não é o de realizar um recenseamento da problemática referente à tragédia desde a perspectiva da psicanálise. Antes, interessa investigar aquilo que a tragédia antiga articula no que diz respeito ao trinômio: móbil (desejo), herói (sujeito em sua dimensão objetal), ação (ato). Para tanto, retomarei brevemente o solo em que a tragédia floresceu, assim como a problemática que ela enceta no real da cena e em ato.

A tragédia e a *polis*

A constituição da cidade-Estado grega é consequência de um longo processo. De acordo com Mossé,[25] aquilo que conhecemos como civilização grega desenvolveu-se entre os séculos VIII e IV a.C., numa extensa área geográfica que ia do mar Negro (as então chamadas Colunas de Hércules) ao estreito de Gibraltar, conhecido à época como Ponto Euxino. Antes de constituir uma civilização, tratava-se primeiramente de uma língua, o idioma grego; a chegada dos povos que falavam essa língua costuma ser situada no início do segundo milênio anterior à era cristã. Estabeleceram-se inicialmente em Micenas, no Peloponeso, dando início, a partir do século XV a.C., à civilização micênica, que viveu seu apogeu entre os séculos XV e XIII anteriores à nossa era. Os Estados micênicos eram centralizados em torno de um palácio, onde se concentravam as autoridades política, militar e também religiosa, assim como as atividades econômicas. Nesses Estados havia uma classe de escribas (encarregados da manutenção dos arquivos e responsáveis pela contabilidade do palácio) e uma classe de guerreiros, além de um campesinato dependente do palácio real. A civilização micênica sofreu uma brusca derrocada com o alvorecer do século XII. Contudo, não cabe, no âmbito deste livro, entrar no mérito das diversas hipóteses para tal queda.

É fato que o renascimento da civilização grega ocorreu no início do século VIII a.C., após cerca de quatro séculos – os chamados séculos obscuros –, com o ressurgimento de vários sítios abandonados, geralmente em torno de um santuário ou túmulo monumental. Esses reagrupamentos populacionais deram origem, nos séculos seguintes, às cidades-Estado autônomas, isto é, à *polis* grega. Ao final das Guerras Médicas – ou Medas –, Atenas se firmou como cidade-Estado hegemônica, tornando-se o centro da vida intelectual e artística da Grécia no século V anterior à era cristã e capitaneando a constituição da civilização dita clássica, conforme afirma Mossé.

É no apogeu da civilização grega que tem lugar o advento da tragédia, num espaço diverso daquele da *ágora* – local livre de edificações onde eram realizadas as assembleias nas quais os cidadãos tomavam parte das decisões que diziam respeito ao funcionamento da *polis*. A cena trágica constitui uma cena Outra que não aquela eminentemente política, diante da qual a própria *polis* será conduzida a refletir, fora do escopo do saber, sobre a condição humana. Apesar de caracterizar um elemento inseparável da *polis* grega, a tragédia ática pode ser considerada seu Outro.

É tarefa assaz difícil para nós, modernos, aquilatar o pleno sentido e a função da tragédia no mundo grego do século V anterior à nossa era. Hoje conhecemos as tragédias gregas *Édipo rei*, *Medeia* e *Oréstia* – para citar algumas – como obras literárias, eventualmente encenadas e às quais assistimos na interpretação daquele ator ou daquela atriz por nós conhecidos e admirados, ou ainda na *mise en scène* de tal ou qual diretor polêmico ou consagrado. Na maior parte das vezes sabemos de antemão o enredo da peça, o destino dos personagens e o desfecho da trama. Assistimos à encenação dos textos trágicos nas noites de fim de semana, a título de lazer, como uma espécie de entretenimento erudito após a faina cotidiana.

Nada mais distante da experiência trágica e de sua função na Grécia antiga. Primeiramente, porque as peças teatrais trágicas tinham uma inscrição muito precisa na vida da *polis*. A tragédia fazia parte do festival de Dionísio, divindade formalmente cultuada através de uma festividade realizada anualmente na Atenas do século V a.C., cujo caráter político, jurídico e religioso era, à época, indissociável. Esses três aspectos da vida social confundiam-se ou, dizendo de forma mais rigorosa, encontravam-se então intrinsecamente articulados. De um lado, a tragédia era um elemento interno ao funcionamento institucional da *polis*; de outro, nela – na tragédia – essas três dimensões da vida social grega se mostravam problematizadas.

De acordo com Vernant, um dos mais proeminentes estudiosos da Antiguidade grega, o poema trágico é uma instituição indissociável do advento da *polis* grega:

> enquanto a cidade permaneceu viva, a atividade poética continuou a exercer esse papel de espelho que devolvia ao grupo humano, permitindo-lhe apreender-se em sua dependência em relação ao sagrado, definir-se ante os Imortais, compreender-se naquilo que assegura a uma comunidade de seres perecíveis sua coesão, sua duração, sua permanência através do fluxo das gerações sucessivas.[26]

Para além de refletir o laço social vigente na *polis*, a tragédia o institui enquanto tal. A poesia trágica é o modo de reflexão por excelência do século V anterior à era cristã. Porém, trata-se de uma reflexão *sui generis*, uma vez que não caracteriza – nem pretende demonstrar – uma verdade insofismável de caráter universal. Antes, o poema trágico poderia ser descrito como uma enunciação em ato, trazendo à cena a aventura nem sempre venturosa do herói que, de um lado, encontra-se determinado pelas potências divinas e, de outro, é convocado a se responsabilizar por aquilo que não delibera e, não obstante, escolhe. Esse é o cerne da decisão trágica, dimensão que também se encontra em jogo na experiência analítica.

De acordo com a helenista De Romilly,[27] não é possível negar à tragédia uma origem religiosa, mais precisamente no culto a Dionísio. Contudo, seria preciso fazer a ressalva quanto ao caráter único desse deus: embora tenha sido admitido no mundo dos deuses olímpicos, Dionísio encarna, de acordo com a fórmula de Gernet destacada por Vernant, a própria figura do Outro. Ao contrário dos demais deuses, cujo papel ordena e confirma a ordem humana – social e política –, Dionísio a questiona, fazendo com que esta se despedace ao revelar, por intermédio de sua presença, outra dimensão do sagrado – já não mais regular e estável, mas desconcertante, estranho e inapreensível. Assim, se a tragédia é indissociável da vida política, ela também encarna o seu Outro, instituindo a Outra cena que faz corte com a ordenação cósmica – de resto, tão cara ao homem grego – predominante na *polis*.

A helenista Saïd[28] assinala o caráter religioso das cerimônias públicas que caracterizavam as representações teatrais no século V a.C., ligadas ao culto de Dionísio. Mas, apesar do laço inegável entre esse deus e a tragédia, a autora salienta que os próprios antigos afirmavam não haver nada que dissesse respeito a Dionísio no espetáculo trágico. Já Demont e Lebeau[29] especificam que

> o adjetivo *tragikos* é derivado de *tragos*, "bode" ... . Mas, de fato, *tragikos* serve de adjetivo a *tragoidia*, com o sentido de "trágico, característico de uma *tragoidia*." ... A palavra *tragoidia*, "tragédia", é o derivado de uma palavra composta. A *tragoidia* é a atividade, ou o resultado da atividade do *tragoidos*, cujo único sentido atestado é "membro de um coro trágico". ... A segunda parte do composto é clara: *-oidos* é um derivado de *aeido*, "cantar", e significa, portanto, "aedo", "cantor". [Quanto à primeira parte, *tragos*, "bode"] ... a única coisa dada como certa é que o bode fazia parte dos animais comumente associados ao deus Dionísio.[30]

O *tragoidos* seria, então, aquele que canta em louvor a Dionísio. Ou ainda: a manifestação do deus através da palavra/canto na tragédia, o que explicaria o caráter religioso desta. Retomando a própria denominação do gênero, Saïd indica que, de acordo com os recursos da filologia, alguns teriam se interessado pelo termo *drama*, de acordo com o sentido supostamente primeiro do verbo *drân*, a saber, "representar por meio de gestos", fazendo com isso a tragédia derivar da mímica. Outros, porém, detendo-se sobre o substantivo grego *tragoidia*, teriam se interrogado pelo sentido de um termo composto que uniria o "bode" (*tragos*) ao "canto" (*oide*). Em decorrência dessa ligação, considerariam o "canto do bode" (*trag-oidia*) seja um canto executado por atores disfarçados de bode, isto é, sátiros, seja um "canto sobre o bode". Em outras palavras, um canto ligado ao sacrifício de um bode ou, ainda, um canto em louvor do bode (Dionísio), que, por sua vez, seria o prêmio do concurso trágico.

Já Vernant[31] problematiza a origem da tragédia afirmando que esta constitui, na realidade, um falso problema, pois é uma invenção ateniense do século V a.C. Nesse caso, seria mais apropriado falar de antecedentes do gênero trágico – e não de postular uma origem para a tragédia ática. O helenista destaca também que no século V a.C. a tragédia é "tragédia de fato". Vale dizer, a articulação, em termos próprios, de uma problemática singular, independente de sua origem religiosa.

A fim de sustentar sua hipótese, Vernant fornece como exemplo a questão da máscara utilizada pelo protagonista, contestando que seu uso destacaria a ligação da tragédia com as mascaradas rituais religiosas arcaicas. O autor explicita que a *persona* trágica, por sua natureza e função, se distingue da transmudação religiosa. Seu papel não é ritual, mas estético, integrando o personagem trágico em uma categoria social e religiosa definida, a saber, a dos heróis. Por conseguinte, a máscara trágica "é uma máscara humana, e não uma fantasia bestial. Sua função é de ordem estética: responde a exigências precisas do espetáculo,* e não a imperativos religiosos".[32]

A máscara trágica, portanto, em vez de remeter a uma origem ancestral tem uma função significante: representa o herói trágico. Representa-o na sua função de encarnar, pela primeira vez, "o personagem individualizado cuja ação forma o centro do drama",[33] bem como a problemática do agente em relação à ação. Além disso, o uso desse artefato na tragédia antiga remete a algumas funções, dentre as quais poderíamos destacar a prevalência da palavra sobre a imagem. Com a face coberta, é na força da enunciação do herói trágico que reside o essencial do que ali é apresentado. Assim, paradoxalmente, a função da máscara trágica seria a de barrar a dimensão imaginária em prol da discursiva – colocando a imagem a serviço da palavra.

Retomando o tema da origem da tragédia, Saïd[34] considera que a diversidade de respostas não diz respeito apenas à dificuldade objetiva do problema, mas aos próprios termos em que este é formulado. De acordo com a helenista, a chamada escola inglesa teria se dedicado a reconstruir o substrato ritual da tragédia através da explicação da palavra pelo gesto, fazendo do mito um mero reflexo do ritual. A autora afirma que a maior parte dos autores modernos, em lugar de procurar identificar o ritual que estaria na origem da tragédia, interessou-se pela utilização, por parte da tragédia, de palavras e gestos tomados de empréstimo a diversos rituais.

---

* Vale lembrar que a máscara foi utilizada pela primeira vez por Téspis, criador do gênero trágico. Além disso, não havia atrizes na Grécia antiga: as personagens femininas eram representadas por homens, que portavam máscaras (*personas*) femininas, donde o termo "personagem".

Saïd prossegue argumentando que, frequentemente, os críticos se deixaram levar pelas enigmáticas e contraditórias indicações contidas na *Poética* de Aristóteles, de acordo com as quais o filósofo atribuiu a origem da tragédia ao ditirambo – que, no seu entender, seria uma maneira de explicar o obscuro pelo pouco conhecido –, referindo-se à sua presumida origem satírica. Quanto a esta última, afirma que tal suposição contradiz a cronologia tradicional, que considera o drama satírico posterior à tragédia. Sua posição metodológica é a de que, em vez da obstinação em procurar uma origem para a tragédia, seria mais profícuo empreender a tentativa de reconstituir o processo que deu causa ao novo gênero a partir de uma combinação de elementos tomados de empréstimo a todos os gêneros anteriores. Saïd considera que os concursos trágicos se inscrevem na sequência dos concursos de poesia, que, por sua vez, remontariam ao século VIII anterior à nossa era. Desse modo, em seu aspecto formal a tragédia combina – com seu coro e seus atores – as características da lírica coral e da poesia épica.

Ainda que a origem da tragédia não possa ser precisada com clareza, parece não haver dúvidas quanto ao fato de que a cena trágica propriamente dita surge no início do século V a.C., com Téspis – o primeiro ator de que se tem notícia. De acordo com Mossé, ao introduzir-se diante do coro, com o qual estabelece uma alternância, ele cria o diálogo. Reza a lenda que Téspis, destacando-se do coro do qual fazia parte, pôs-se a dialogar com ele fazendo uso de uma máscara, através da qual interpretou o papel de ninguém menos que o próprio deus Dionísio, criando, assim, a figura do protagonista. Dando uma nova dimensão ao culto a esse deus, e de certo modo laicizando a liturgia, Téspis passa por cima da autoridade do arconte, legislador da *polis*. Até então, os atores do coro eram denominados *hipokrités* (fingidores, simuladores, falseadores). Assim, as condições para o surgimento da tragédia ática, tal como hoje a conhecemos, seriam tributárias de uma espécie de transgressão – se preferirmos, de um ato, aquele protagonizado por Téspis.

Doravante, estaremos em presença de dois *logos* – diálogo –, sem que haja solução de compromisso entre ambos. Até então o destino do herói trágico era ditado pelos deuses e cantado em forma de louvor pelo *aedo* (poeta-cantor, rapsodo da Grécia antiga, que recitava fazendo-se acompanhar pela lira) no poema épico. Com o advento da tragédia, o homem, na figura do primeiro ator ou protagonista – literalmente, *protos* (primeiro, anterior) + *agôn* (debate, disputa verbal que definirá o conflito central da peça) –, pela primeira vez fala em nome próprio e, diante da *polis* reunida, torna-se responsável por seu destino. Protagonizar é, assim, tomar a palavra e, com ela, o próprio destino em mãos.

Vernant argumenta que o poema trágico, em seu recurso à escrita, prolonga e modifica a antiga tradição da poesia oral, ocupando um lugar central no laço social da Antiguidade grega. No seu entender, a tragédia é "uma verdadeira instituição que serve de memória social, de instrumento de conservação e comunicação de um saber, cujo papel é decisivo".[35] Entretanto, esse saber a que se refere o helenista não é um corpo articulado de conceitos e noções de cunho abstrato, mas um saber articulado em ato, que toma corpo na própria cena trágica.

Convém lembrar que a cena trágica tinha lugar na festa em homenagem ao deus Dionísio, que costumava ser celebrada na primavera e que era, igualmente, uma festa nacional ateniense. Na ocasião, ocorria um concurso trágico que durava três dias, patrocinado pela cidade; a cada dia um autor pré-selecionado apresentava três tragédias (por exemplo, a dita trilogia tebana de Sófocles: *Édipo rei*, *Édipo em Colono* e *Antígona*). Toda a população da cidade era convidada a assistir a essas apresentações, que caracterizavam, para além do aspecto religioso, uma manifestação nacional de caráter cívico. As peças teatrais eram representadas uma única vez. Muito embora o homem grego não desconhecesse os mitos nos quais as tragédias se inspiravam, fornecendo-lhes, por assim dizer, sua matéria-prima, a audiência ignorava por completo o drama que iria se desenrolar no real da cena trágica e diante de seus olhos, por vezes atônitos, outras vezes deslumbrados, mas, invariavelmente, assombrados.

A esse respeito, Demont e Lebeau[36] consideram que a organização e o desencadeamento dos concursos trágicos fazem aparecer claramente o caráter político do teatro, que é a ocupação [*l'affaire*] da comunidade cívica como um todo. Na Atenas do século V a.C. não havia representação dramática que não fosse parte integrante de uma festa religiosa celebrada pela *polis*, cujo destinatário fosse outro que não o povo ateniense reunido no teatro. Os metecos* compunham parte da audiência, assim como os estrangeiros que estavam em

* Estatuto civil e jurídico do estrangeiro residente em Atenas; não cidadão. Título concedido ao estrangeiro de há muito residente em território ático, sob a proteção de um patrono ateniense (Cf. Loraux, "La main d'Antigone", p.16).

Atenas por ocasião das chamadas Grandes Dionísias, as mulheres e até alguns escravos participavam dos concursos trágicos, levados por seus senhores.

Esse é também o entendimento de Saïd,[37] para quem o teatro ático era estreitamente ligado à *polis* e aos seus deuses. A *polis* como um todo – tanto os cidadãos atenienses quanto os metecos, mas também os estrangeiros – se encontrava presente por ocasião dos concursos trágicos. A autora observa que as representações trágicas integravam diversas manifestações no âmbito da celebração do poderio de Atenas, de caráter eminentemente cívico. Durante as Grandes Dionísias, nas quais os concursos trágicos tinham lugar, assinalavam-se o início da estação de navegação e as campanhas militares.

De acordo com Demont e Lebeau, as Grandes Dionísias (ou Dionísias Urbanas) eram festividades cívico-religiosas realizadas em Atenas na primavera que duravam vários dias. Nos últimos, eram apresentados os concursos trágicos, por sua vez precedidos de uma procissão solene em que um touro era sacrificado. Havia banquetes no primeiro dia, e no segundo e terceiro, o grande *kommos** em honra do deus. A audiência da tragédia antiga era composta pelo conjunto dos cidadãos, em sua maior parte iletrada; o teatro de Dionísio comportava até cerca de 17 mil pessoas. Vale notar que, a despeito do significado do termo *theatron* – transcrição da palavra grega que designa um determinado espaço físico e cujo sentido é "lugar de onde se pode ver" –, no teatro antigo a dimensão que prevalecia era a da palavra.

O coro se expressava de forma poética, utilizando o tetrâmetro próprio à tradição lírica, portanto, heroica (no sentido do ideal homérico), ao passo que o protagonista da tragédia – e, na sequência, os demais atores – se expressava em prosa, utilizando o trímetro jâmbico. Na concepção de Aristóteles, esse seria o metro mais aparentado ao diálogo. Para Vernant, esse expediente formal aproximaria o herói trágico da audiência de cidadãos em um "intercâmbio direto de propósitos entre protagonistas que o dramaturgo, pela primeira vez na literatura, coloca diante do público, como se seus personagens conversassem no palco, em carne e osso".[38]

Ainda de acordo com Vernant,[39] essa diferença de linguagem típica da tragédia ultrapassa em muito a questão meramente estilística, indicando a ambi-

---

* *Kommos*: diálogo cantado. "O *kommos* é, no sentido mais preciso, o canto que se canta batendo no peito, em sinal de luto" (Demont e Lebeau, *Introduction au théâtre grec antique*, p.75, tradução livre).

guidade intrínseca à tragédia antiga, na qual os planos – arcaico/heroico e político/cidadão, divino/humano – se superpõem sem que se contradigam ou se anulem mutuamente. Ao contrário, a arte trágica consistiria propriamente em tornar simultâneo o que é sucessivo, em que a força da injunção divina se atualiza no caráter do herói, fazendo ressaltar a tensão ineliminável entre *daimon* e *ethos*. O resultado seria uma ação cuja causa é exterior ao herói trágico, mas em relação à qual ele é inteiramente responsável. Esse aspecto relevante será tratado mais adiante.

Uma importante distinção entre poesia e verso é efetuada por Steiner,[40] uma vez que a dimensão poética diria respeito a um atributo – e, como tal, poderia ser uma qualidade da prosa –, enquanto o verso distingue uma forma técnica. Ao contrário da fala coloquial, na literatura se observaria uma precedência do verso sobre a prosa, que, por suas características formais (métrica, rima, um determinado padrão de recorrência), impõe um distanciamento entre a ação trágica e a audiência, dado que a tragédia antiga foi escrita em verso. Na tragédia ática a linguagem se encontraria em um estado rítmico, isto é, as palavras estariam condicionadas por um movimento ordenado.

Steiner assinala ainda que, de acordo com a crença clássica, o verso não teria sido feito para expressar fatos ordinários, mas, antes, em decorrência "da elisão, concentração, obliquidade, assim como da capacidade de sustentar uma pluralidade de significados, a poesia fornece uma imagem da vida bem mais densa e mais complexa do que a prosa".[41] Avançando em seu argumento, o autor afirma que a poesia tem seus próprios critérios de verdade, distintos dos critérios da prosa e, no seu entender, mais rigorosos do que estes. Se o prosaico é linear, não admitindo a contradição e dispondo de critérios eminentemente atributivos, o critério de verdade da poesia, ao revés, é o de sua própria consistência interna, sendo que esta admite discordâncias simultâneas, uma vez que suas figuras de linguagem podem carregar significados múltiplos e concomitantes, ainda que aparentemente disparatados.[42]

"A sintaxe do verso é, em parte, liberada da causalidade e do tempo", afirma Steiner.[43] Ou seja, a própria estrutura sintática em que o verso é concebido implica que sua enunciação não se encontra submetida às determinações causais – bem como espaço-temporais – predominantes no pensamento racional, caracterizando, antes, uma ruptura com o tempo cronológico, espacializado e sucessivo. Por conseguinte, da própria concepção linear de causalidade, formalizada por Aristóteles, em que a causa antecede cronologicamente o efeito: *Cessante causa cessat effectus*. Assim, a poesia inaugura uma temporalidade outra, subvertendo a lógica causal de caráter linear.

Vemos que a própria estrutura de linguagem poética da tragédia caracteriza uma forma de pensamento singular, distinta e anterior ao pensamento lógico-conceitual, em que as contradições não se anulam reciprocamente e diferentes patamares de temporalidade coexistem sem que haja a primazia de uns sobre outros. A linguagem poética, não subsumida ao princípio de não contradição, seria aparentada ao funcionamento inconsciente. Talvez seja possível supor que, em seu funcionamento, o inconsciente tem uma forma poética de proceder, de acordo com sua estrutura de linguagem assinalada por Lacan – metáfora e metonímia são mecanismos análogos à condensação e ao deslocamento postulados por Freud.

De todo modo, Steiner é categórico ao afirmar que "o verso simplifica e complica ao mesmo tempo o retrato da conduta humana. Esse é o ponto crucial. Simplifica porque despoja a vida dos embaraços da contingência material".[44] Em consequência, haveria uma relação entre as formas poéticas e as categorias da verdade não empiricamente verificáveis, resultando na formulação "verdade poética" não menos verdadeira que a verdade empírica, mas de outra ordem, uma verdade Outra. Esta diz respeito ao fato de que, ainda que algo possa ser declarado falso ou sem sentido por meio de uma prova empírica, pode, ao mesmo tempo, implicar uma verdade de caráter inegável no domínio moral, psicológico ou formal.

O autor conclui que "o verso não é unicamente o guardião especial da verdade poética [contra a crítica do empirismo]. É o divisor primordial entre o mundo da tragédia e o da existência comum".[45] A poesia trágica não se opõe a uma realidade (empírica, material ou, ainda, mais "verdadeira"), mas, por sua própria estrutura, cria a verdade – no caso, poética. Essa formulação de Steiner faz eco à de Lacan,[46] quando afirma que a verdade é inseparável dos efeitos de linguagem considerados enquanto tais.

Uma vez que distancia o homem dos dramas comezinhos – se quisermos, a miséria neurótica assinalada por Freud[47] –, o poema trágico "é uma exaltação da ação, acima do fluxo da desordem e do compromisso prevalente na vida habitual, ele requer a forma do verso".[48] Vemos, então, que a verdade que a tragédia antiga atualiza não é distinta da forma por meio da qual ela se apresenta.

A tragédia não diz sobre alguma coisa, ela é em si mesma; não reflete, mostra em ato. Não é da ordem do dito, mas caracteriza um dizer.

Em seu aspecto formal, destaca-se a oposição entre palavra e canto característica da tragédia, assim como entre a coletividade (representada pelo coro) e os indivíduos (pelos atores "profissionais"). A permanente interação entre os indivíduos e o grupo constituiria a originalidade da tragédia, permitindo avaliar as ações do herói em face dos valores e dos interesses da coletividade. Dito isso, seria preciso admitir a dificuldade em resumir numa fórmula geral o papel desempenhado pelo coro na tragédia, uma vez que este varia conforme a obra.

De acordo com a história do gênero trágico, teria ocorrido um apagamento progressivo do coro concomitante ao desenvolvimento das partes faladas e a expensas das partes líricas, com o progressivo aumento do número de atores (de um a três, sendo que a inclusão do terceiro ator corresponderia ao final da carreira de Ésquilo e ao início da de Sófocles). O texto trágico, dividido entre o coro e os atores, é rigorosamente estruturado pela alternância das partes faladas e cantadas: o prólogo é falado, a entrada do coro ou *parodos* é cantada, os episódios são falados, separados pelos estásimos ("canto no lugar"), e, finalmente, o *exodos* ou saída. De acordo com Saïd,[49] posteriormente teria surgido o *kommos*, canto alternado entre os atores e o coro, caracterizando uma espécie de diálogo lírico.

Em relação ao coro, Vernant[50] assinala que este é uma espécie de personagem coletivo, cujos membros são escolhidos entre os cidadãos cuja função é exprimir os temores, as expectativas, as interrogações e os juízos da comunidade cívica. Já Nietzsche[51] considera que a progressiva perda de importância do coro, que culmina em Eurípides (o último dos grandes poetas trágicos), é um sinal inequívoco daquilo que ele denominará como sendo a "morte" da tragédia.[52]

A tragédia é fundamentalmente para ser ouvida – e não para ser vista. Sua incidência "se situa exatamente no polo oposto do espetáculo".[53] É cantada em verso e prosa pelo coro assim como pelos atores e é a força da enunciação que produz o seu efeito perturbador de *katharsis*, purgação das *pathemata* – temor e piedade, de acordo com Aristóteles em sua apreciação da tragédia –, conforme declara Lacan.[54] A esse respeito, Lacan afirma concordar com Aristóteles, segundo o qual o desenvolvimento das artes teatrais se produziria no nível da audição. "O espetáculo propriamente dito estaria disposto à margem. Quanto a este, não seria o essencial, mas um meio secundário."[55]

A purificação ritual promovida pela *katharsis** guarda estreita relação com a passagem pelo significante realizada por intermédio do coro. Ainda de acordo com Lacan, sua função seria a de realizar o comentário emocional daquilo que ocorre na tragédia. Isto é, as emoções são ditas (e não expressas) pelo coro e, com isso, por intermédio dessa passagem pela ordem da palavra, sofreriam uma espécie de decantação.

A ideia de purificação ritual destacada por Lacan vai de encontro àquela mais difundida, de uma purgação levada a termo por meio da descarga motora. Esta última encontra-se implícita na própria noção de ab-reação utilizada por Freud nos primórdios da clínica da histeria, como uma revivescência da situação traumática que estaria na origem do sintoma histérico. Ali, o que se purgava era o afeto ligado à lembrança de uma vivência desprazerosa.

O que Lacan destaca parece ser de outra ordem. Não se busca, na tragédia, levar a audiência a ser tomada pelas emoções, mas fazer com que estas passem pelo estreito do significante, e é justamente disso que o coro se encarrega. Nesse sentido, é um trabalho, de resto análogo àquele em jogo numa análise. Em vez de descarga dos afetos ou emoções, trata-se de purificação ritual, fazendo-os passar por uma espécie de decantação através da palavra para que se revele a verdade que comanda o herói (e também o sujeito). A função do coro é a de se encarregar de uma espécie de comentário emocional cujo efeito pode ser o de dispensar a audiência de ser tomada pela emoção. "... o coro terá sentido por vocês", afirma Lacan;[56] ou, ao contrário, de torná-la presente quando a audiência se dispersa.

Embora a suposta origem da tragédia remonte ao culto do obscuro deus Dionísio, esta surge em Atenas, efetivamente, no final do século V a.C. A dimensão religiosa ainda se encontrava presente na encenação trágica – havia um altar consagrado a esse deus no teatro que levava seu nome, em Atenas –, mas apenas na medida em que a religiosidade grega consistia em um elemento indissociável da vida na *polis*. A tragédia é, pois, um fato institucional e não estritamente religioso, ainda que a dimensão religiosa não esteja inteiramente ausente.

Saïd[57] destaca que, antes da criação do teatro de Dionísio, as representações teatrais ocorriam na *ágora* (que se refere tanto ao espaço físico da praça

---

* A origem dessa noção remonta à teoria humoral de Hipócrates, segundo a qual a doença seria devida a um desequilíbrio dos humores do corpo – a saber, qualquer substância fluida que circula ou que está contida no organismo. Primordialmente, o sangue, a fleuma, a bile amarela e a bile negra – cuja purgação restabeleceria o equilíbrio perdido e, por conseguinte, a saúde.

pública como à assembleia do povo que ali tinha lugar), que era, no século V a.C., bem como nos que se seguiram a ele, o centro da vida política, assinalando que essa identidade sublinharia o caráter institucional do teatro ático. Da mesma forma, haveria uma alternância entre teatro e política, de acordo com o calendário das representações: durante a celebração das Grandes Dionísias, as atividades estritamente políticas eram suspensas, isto é, não havia assembleia do povo, nem ocorriam julgamentos nos tribunais. Conforme a helenista, o teatro, enquanto instituição democrática, também era movido pelo espírito de competição característico da civilização grega.

No seu entender, o gênero trágico é marcado por um contexto ao mesmo tempo religioso e político, unindo de forma indissolúvel texto e espetáculo. Contudo, essa autora faz a importante ressalva de que poderíamos ser levados a pensar que um teatro tão fortemente integrado à vida política da cidade, como foi o ático, representaria em eco as preocupações dos cidadãos, tomando a seu encargo os problemas da época. Nada mais distante das características do teatro antigo: a tragédia é, de acordo com a helenista, estrangeira à política, compreendida em seu sentido cotidiano:

> ... *precisamente porque ela mantém cuidadosamente a atualidade a distância*, a tragédia pode ser a ocasião para a democracia ateniense de, em relação a si mesma, tomar uma distância crítica, de articular seus conceitos e, confrontando-os aos valores heroicos, de tornar-se o lugar onde se elabora uma verdadeira arte política.[58]

Não obstante, não conviria compreender a "verdadeira arte política" sublinhada pela autora como sinônimo ou equivalente de uma arte politicamente engajada, a serviço da ideologia da cidade-Estado grega. Ao revés, a tragédia ática se caracteriza como o Outro da *polis*, não o seu duplo. Justo por tomar distância da esfera estritamente política, a cena trágica constitui o lugar privilegiado em que a cidade pode interrogar-se, refletir sobre o seu próprio funcionamento. À medida que o herói trágico, por não se confundir com o cidadão, faz ressaltar o caráter singular e irreproduzível do homem diante de uma escolha cujo sentido lhe é opaco e pela qual deverá se responsabilizar integralmente, a tragédia traz à cena pública a dimensão de alteridade encarnada pelo campo dos deuses e suas enigmáticas injunções.

Conforme diz Saïd, as dificuldades têm início quando se tenta extrair lições políticas da tragédia, seja através do argumento de que um teatro subvencionado pelo Estado só poderia servir aos interesses da classe dominante; seja por intermédio de uma visada que destaca uma suposta função crítica da tragédia, segundo a qual esta teria por objeto explorar as tensões internas, assim como as aspirações da sociedade ateniense, confrontando diferentes concepções sobre a *polis*; seja ainda servindo de contraponto à ideologia oficial.

Contudo, em ambos os casos prevaleceria uma dimensão de subordinação da tragédia ática aos interesses da cidade, quer numa relação de subserviência, quer, ao contrário, de contestação aos valores políticos. Isso seria lançar um olhar estrangeiro – prevalentemente político – sobre a tragédia ática, negando-lhe um estatuto próprio. Apesar de ser contemporânea à organização da cidade, a tragédia não pode ser subsumida a esta. Em certo sentido, a tragédia é em si mesma, vale dizer, sua função e especificidade não podem ser encontradas em outro lugar senão na própria articulação de seus termos. Aquilo que a tragédia articula é a relação do homem com o sentido de sua ação; em outras palavras, a função da tragédia antiga é a de trazer à cena a dimensão ética, em ato.

Tragédia como invenção: um sujeito para o objeto

Em um artigo paradoxal e surpreendentemente intitulado "O sujeito trágico", Vernant propõe que a tragédia caracteriza a invenção por excelência do século V anterior à nossa era. O helenista assinala que no campo da arte o que está em jogo não é a produção de um objeto para o sujeito, mas, ao revés, produz-se um sujeito para o objeto. A rigor, o próprio objeto que é criado – no caso, o gênero trágico.[59] De acordo com essa hipótese, a tragédia, ao articular a palavra fora do âmbito do saber e da mestria, cria – lembrando que a criação é *ex nihilo*, inaugurando um novo começo[60] – *avant la lettre* e, por assim dizer, um sujeito: o sujeito trágico. Na cena trágica, é esse sujeito que será problematizado no que diz respeito a seu ato, uma vez que é convocado a se responsabilizar por aquilo que advém como sendo da ordem de uma injunção divina, sob a forma de um destino inelutável. De acordo com o argumento do helenista,

> A invenção da tragédia grega na Atenas do século V não se limita apenas à produção de obras literárias, de objetos de consumação espiritual destinados aos cidadãos e adaptados a eles, mas, através ... da criação de um "sujeito", abrange a produção de uma consciência trágica, o advento do homem trágico.[61]

Vemos, portanto, que o sujeito trágico de que trata Vernant não se confunde nem pode ser subsumido ao cidadão ático, isto é, ao homem político, mas nasce na cena trágica, no palco do teatro grego. O sujeito trágico advém em ato.* Para além de sua inserção na *polis*, o *ethos* trágico diz respeito a um novo modo de "o homem se compreender, se situar em suas relações com o mundo, com os deuses, com os outros e também consigo mesmo e com os próprios atos".[62] Afora essa dimensão, a enunciação trágica articula uma verdade que "é decifrada em tudo o que a tragédia trouxe de novo e de original para os três planos em que modificou o horizonte da cultura grega".[63] De acordo com a avaliação do helenista, três planos da cultura grega antiga foram radicalmente modificados com o advento da tragédia: o plano das instituições sociais, o das formas literárias e aquele da experiência humana, sendo que este último se relaciona com o surgimento de uma "consciência trágica".[64]

Sobre o primeiro plano, o das instituições sociais, pelo fato de a comunidade cívica instaurar os concursos trágicos sob os auspícios de um tirano, estes obedeciam às mesmas normas que regiam as assembleias e os tribunais democráticos. O autor considera que é a própria *polis*, em seu funcionamento institucional, que é posta em cena: "[n]a tragédia é a cidade que se faz teatro".[65] Quanto ao ineditismo formal literário, trata-se de um gênero poético "escrito para ser visto, ao mesmo tempo que ouvido".[66] A rigor, mais ouvido do que visto, conforme já apontado.

Para De Romilly,[67] o nascimento da tragédia encontra-se ligado ao surgimento da tirania, regime político que sucedeu à aristocracia e em oposição a esta. Sobre esse ponto concordam Demont e Lebeau,[68] que atribuem a reorganização das festas em homenagem a Dionísio – sobretudo as Grandes Dionísias ou Dionísias Urbanas – à influência da tirania, e teria sido nesse quadro político

---

* Já o sujeito de que trata a filosofia surge no século XVII com Descartes, como elemento extraído de uma ordem de razões e identificado ao pensamento (Cf. Vorsatz, "Antígona, Descartes e a ética da psicanálise", p.64-9).

que as primeiras tragédias áticas foram representadas. Já Rosenfield[69] considera a tirania uma forma de governo que marca a ascensão da democracia ateniense.

O tirano grego não era apenas um usurpador do trono, mas também aquele que ascendia a este por mérito – como no caso do herói trágico Édipo. O idioma grego dispõe de dois termos distintos que se aplicam ao substantivo "rei": *basileus* designa aquele que descende de uma linhagem real, ligada a uma origem divina; *tyrannos*, em contrapartida, refere-se àquele que conquista o trono por mérito ou, ainda, por meio da usurpação. Haveria ainda um terceiro termo, *anax*, que designaria os reis veneráveis da lenda heroica.[70]

Vale lembrar que a tragédia sofocliana *Oedipus tyrannos* (traduzida por *Édipo rei*) joga com a ambiguidade intrínseca ao termo, indicando, no próprio título, que Édipo é rei de Tebas tanto por mérito (o de ter decifrado o enigma proposto pela Esfinge e, assim, posto fim à peste que assolava a cidade) quanto por usurpação do trono (uma vez que ele é o assassino de Laio, rei [*basileus*] de Tebas). Assim, o título dado à tragédia de Édipo faz ressaltar a notória ironia trágica atribuída a Sófocles. Como descendente da linhagem dos Labdácidas, ele teria se tornado rei (*basileus*) de Tebas, caso não tivesse sido condenado à morte após o seu nascimento e banido da cidade por ordem de Laio, que temia o cumprimento da profecia de Apolo – com todas as consequências de que trata a referida tragédia.

Em um estudo consagrado a demonstrar que na Grécia antiga a tirania consistiu em um regime político caracterizado como o negativo do regime ideal proposto por Platão e centrado na figura do rei filósofo, Bignotto considera que "a tirania apareceu muitas vezes como uma solução, ou um desdobramento necessário de uma crise, que ameaçava a própria sobrevivência das cidades".[71] Vale dizer, em decorrência da derrocada da aristocracia e antes do estabelecimento do regime democrático. Segundo esse autor, as modificações sofridas pelas instituições atenienses tinham um significado muito maior do que aqueles que atualmente atribuímos às mudanças institucionais, uma vez que, para os gregos, a *polis* se constituía à imagem e semelhança do cosmos. Nesse sentido, assim como ocorria na natureza (*physis*), os membros de uma cidade participavam de um sistema equilibrado que, para se manter vivo, respeitava uma determinada ordenação. O advento da democracia veio justamente pôr em xeque essa ordem desde sempre estabelecida, bem como seus valores.[72]

No vácuo entre a queda do antigo regime aristocrático e antes do surgimento da nova ordem política democrática que viria substituí-lo definitivamente, têm lugar tanto a tirania quanto a tragédia. Bignotto considera que "surge, assim, no século V a.C., o que chamaremos de tirano trágico, figura diferente da imagem que a poesia forjara no século VI a.C., e da que a filosofia forjará, pelas mãos de seus grandes mestres, nos séculos seguintes".[73] Tirania e tragédia caracterizam, pois, cada uma à sua maneira, uma espécie de dobradiça entre um tempo anterior fundado na tradição de origem divina e o tempo seguinte, o do estabelecimento da democracia ateniense e sua contrapartida no campo do pensamento, a filosofia. Entre uma e outra coisa, emerge a figura do tirano, assim como a do herói trágico. Contudo, cumpre esclarecer que a tirania não chegou a ser uma experiência característica de Atenas no século V a.C.[74]

Vê-se que não há solução de continuidade entre a derrocada da aristocracia, poder fundado sobre a ordem divina – portanto, religiosa –, e a instauração do regime democrático, do poder que emana do *demos*, da organização da cidade. Nessa hiância, a figura do tirano toma lugar, seja por razões de mérito seja ainda por meio da violência; de todo modo, por um ato que ele realiza sem referência à legitimação divina ou ainda em decorrência da vontade da maioria. Analogamente, o herói trágico é aquele que, embora submetido à injunção divina, não faz dela o álibi de seu ato; ao contrário, é em seu próprio nome que se responsabiliza por aquilo que advém de um campo Outro, exterior à sua vontade – o campo dos deuses. Tampouco age em nome do bem – comum ou privado –, mas em nome de um dever que o ultrapassa e constitui.

Segundo o referido autor, a tragédia reflete a própria condição do homem grego do século V a.C., uma vez que os grandes temas desse século teriam sido acolhidos pelos autores trágicos. Contudo, não se tratava de apresentar uma visão acabada do mundo. Ao contrário, no confronto com os deuses – ou com o acaso – prevaleciam a dúvida e a suspensão do juízo. A tragédia antiga teria expandido o sentido da experiência humana sem chegar a um porto seguro.[75]

O fenômeno da tragédia constitui uma escansão, um corte entre dois momentos precisos e distintos da Antiguidade grega, ambos marcados pela referência a um ideal. De um lado, o ideal homérico de virtude guerreira (*areté*); de outro, o ideal filosófico – sobretudo platônico – da razão (*logos*) como princípio regulador das relações entre os homens na *polis*. Conforme observa Vernant, o universo trágico

> situa-se entre dois mundos, e essa dupla referência ao mito, concebido a partir de então – como pertencente a um tempo já decorrido, mas ainda presente nas consciências, e aos novos valores desenvolvidos tão rapidamente pela cidade … é que constitui uma de suas originalidades e a própria mola da ação.[76]

A tragédia caracteriza, pois, um "entre": uma ruptura e, simultaneamente, uma espécie de dobradiça entre um tempo – mítico –, tornado anterior por meio de seu próprio advento, e um novo tempo, político, em franca constituição. Se, como supomos, o pensamento filosófico é herdeiro da *polis*, a tragédia é fruto desse descompasso em que o homem grego se vê desprovido do antigo modelo heroico para balizar sua ação no mundo, sem que a futura organização política tenha lançado as bases para a constituição do uso do saber como regulador da ação humana. O herói trágico surge dividido, situando-se no ponto de corte entre um tempo anterior e aquele em vias de se constituir.

Vale registrar, na íntegra, o comentário de Vernant a propósito desse breve hiato – sua duração foi de apenas um século – que caracteriza o advento da tragédia antiga:

> A tragédia tem, como matéria, a lenda heroica. … Mas, no espaço do palco e no quadro da representação trágica, o herói deixa de se apresentar como modelo, como era na epopeia e na poesia lírica: ele se tornou problema. O que era cantado como ideal de valor, pedra de toque da excelência, acha-se, no decorrer da ação através do jogo dos diálogos, questionado diante do público; o debate, a interrogação de que o herói é doravante o objeto atinge, através de sua pessoa, o espectador do século V, o cidadão da Atenas democrática. *Na perspectiva trágica, o homem e a ação humana se perfilam, não como realidades que poderíamos delimitar e definir, mas como problemas que não comportam respostas*, enigmas cujo duplo sentido está sempre por decifrar.[77]

A tragédia ática apresenta, de forma inédita, a relação do homem com sua ação – de um sujeito a seu ato? –, em que esta aparece como efeito de uma injunção divina que é assumida, pelo herói trágico, em seu nome. Problemática, a nosso ver, intrinsecamente relacionada à questão da responsabilidade.

Assinalamos anteriormente que a consolidação dos ideais democráticos que passaram a regular a vida do cidadão da *polis* veio calar a dimensão real da ética posta em jogo pela tragédia antiga. Não obstante, numa espécie de reversibilidade dissimétrica, é possível considerar que a própria dimensão social do cidadão é interrogada pelo enigma encarnado pelo herói trágico. Essa problematização do homem grego do século V a.C., tomado como objeto pela tragédia antiga numa dimensão muito específica – aquela que diz respeito à responsabilidade por seus atos –, é conduzida na medida em que que a relação do herói trágico com os móbeis de sua ação se apresenta na dimensão de opacidade que lhe é intrínseca e constitutiva. Vale dizer, na contramão do ideal político-filosófico de transparência, adquirida através da constituição de um saber de caráter universal.

A esse respeito destacamos o pertinente e esclarecedor comentário de Alaux em *Le liège et le filet* sobre a questão da filiação e do laço familiar na tragédia ática do século V a.C., no qual esse autor afirma que esta deve ser problematizada ao nível da linguagem. Uma vez que a própria linguagem da tragédia antiga comporta uma dimensão de equivocidade e, portanto, de obscuridade, ela interroga o ideal de transparência e controle da palavra em seu uso cívico na *polis*.[78]

Dissemos que a tragédia é um dos elementos que compõem o funcionamento institucional da *polis*, e o século V antes da era cristã é considerado o século de ouro dessa manifestação indissociável da vida política grega antiga. A cena trágica não se resume a uma manifestação artística e menos ainda a uma atividade que visaria à distração e ao lazer, mas implica uma função específica, a de refletir a problemática que concerne ao homem daquele século. E o faz de maneira singular, apresentando, numa espécie de dimensão real, as questões que atravessam o sujeito humano: no caso do grego antigo, a divisão irreconciliável perante a injunção divina e uma escolha pela qual deve assumir responsabilidade plena. Antes que a filosofia venha interrogar-se sobre o que é o ser, a virtude e o bem, fazendo dessa interrogação um sistema de pensamento, a tragédia apresenta, em ato, o herói diante de uma espécie de escolha forçada, de um ato que, levado a termo, resulta em sua própria perda, mas em relação ao qual não pode se furtar. A tragédia antiga exibe a dimensão ética em ato, no real da cena pública, fora da perspectiva do saber.

No entender de Lauxerois, a tragédia ática – nomeadamente, a *Antígona* de Sófocles – tem por objeto a questão da morte e o lugar central ocupado por esta no laço social constitutivo da Antiguidade grega. O autor considera que

> é esta verdade primordial que o teatro exprime, em Atenas. Nem simples espetáculo nem religião revelada, ... o teatro trágico foi, desde logo, a questão [*l'affaire*] da comunidade. Tragédia e democracia andam juntas ... : à própria maneira de funcionar da democracia, a cidade deveria constantemente saber se recolocar em questão. Não haveria comunidade se não [sob a forma de um] tornar-se [*en devenir*], em metamorfose e *em trabalho* [*à l'oeuvre*].[79]

A tragédia antiga seria, portanto, o modo privilegiado através do qual o homem grego refletiria sobre sua condição: a de que, à diferença dos deuses, ele é um mortal. Por conseguinte, marcado pela precariedade e fadado à finitude. Desamparado frente aos desígnios divinos – opacidade real – e sem recurso ao saber para se orientar em suas ações. A comunidade humana sob a forma da democracia constituiria, a partir desse traço comum, objeto de uma reflexão em ato na cena trágica. O teatro grego seria, assim, uma espécie de Outro da *polis*, onde a dimensão divina se atualiza por intermédio da assunção, por parte do herói trágico, de seu próprio destino. Este, longe de se encontrar traçado, constitui-se apenas na medida em que o herói se responsabiliza por seu ato.

A tragédia antiga, afirma Vernant, é a invenção característica do século V a.C. Ela não se encontra em solução de continuidade com o poema épico que a antecede e menos ainda com o advento do pensamento filosófico que a sucederá. Para além da criação do gênero trágico, absolutamente singular – que introduz o diálogo em substituição ao canto épico –, a tragédia efetivamente inventa, uma vez que apresenta em novos termos e bases a categoria do agente, invenção sem precedentes na Antiguidade. Mas essa categoria se apresenta de forma tanto inédita quanto inaudita, já que, de um lado, não remete à noção de vontade – a rigor, inexistente no século V a.C.; de outro, não implica a ideia de autonomia.

Assim, que espécie de agente é o herói trágico, que faz de seu ato o próprio instrumento da ação divina sem que, no entanto, aquele seja subsumido desta? É propriamente na tensão ineliminável entre os planos divino e humano, entre um real que se impõe e um sujeito – o herói trágico – que, contingencialmente, aí se responsabiliza, que a dimensão ética ressalta da tragédia antiga. Aqui, Vernant é nosso guia:

> Na decisão trágica colaboram, assim, os desígnios dos deuses e os projetos ou paixões dos homens. Essa "cumplicidade" se exprime com recurso a termos jurídicos:

> *metaítios*, corresponsável, *xynaitía*, responsabilidade comum, *paraitía*, responsabilidade parcial. ... É essa presença simultânea, no seio de sua decisão, que nos parece definir, por uma constante tensão entre dois polos opostos, a natureza da ação trágica. ... É claro que *a parte que, em sua decisão, cabe ao próprio sujeito não é da ordem da vontade*. ... a ambiguidade da decisão trágica continua a mesma. Num e noutro caso, *a resolução tomada pelo herói emana dele mesmo*, corresponde a seu caráter pessoal; nos dois casos também ela manifesta, no seio da vida humana, a intervenção de potências sobrenaturais.[80]

Considerando a problemática em termos lógicos, podemos afirmar que diz respeito ao entrecruzamento de duas ordens causais heterogêneas: necessidade e contingência. No caso de uma causalidade estritamente necessária não haveria lugar para a decisão trágica; já na hipótese de esta última ser exclusivamente contingente, não haveria apelo ao campo dos deuses, enquanto exterioridade e também anterioridade. É a própria noção de responsabilidade que articula – em disjunção – essas duas séries causais presentes na tragédia antiga. A meu ver, trata-se menos de ambiguidade, como quer Vernant, do que de um paradoxo intrínseco à ética trágica: o herói trágico deve se responsabilizar pela injunção divina.

Somos levados a supor que o século V a.C. testemunha uma ruptura com a ordem anteriormente estabelecida em que a problemática ética, aquela que diz respeito à questão sobre "como agir?" destacada por Lacan a propósito da *démarche* cartesiana conhecida como o *cogito*,* é representada – ou melhor, apresentada – na cena trágica como um real diante do qual a *polis* antiga é convocada a tomar posição. A dimensão ética encarnada por um sujeito – a saber, o herói trágico – será calada justamente pelo advento da democracia regulada pela constituição de um saber, o conhecimento filosófico, em nome da construção da cidade ideal.

* "O que é que procura Descartes? É a certeza. *Tenho*, diz ele, *extremo desejo de distinguir o verdadeiro do falso* – sublinhem desejo – *para ver claro* – no quê? – *em minhas ações, a caminhar com segurança nesta vida*. Não se trata aí de coisa completamente diferente da visada do saber?" (J. Lacan, *O Seminário*, livro 11, *Os quatro conceitos fundamentais da psicanálise*, p.210-1, grifos do original).

Tragédia, função real em ato

Nas lições proferidas durante o semestre de verão de 1870 na Universidade da Basileia, o então professor de filologia clássica Friedrich Nietzsche já destacava o caráter de "acontecimento" (*Ereignis*) presente na tragédia antiga, que contrapunha ao caráter puramente literário – no sentido de "drama para ser lido" –, característico da tragédia moderna. Aos olhos desta última, a tensão entre destino e culpa constitutiva da tragédia antiga representaria uma contradição irreconciliável e, por conseguinte, o ponto fraco da tragédia ática, segundo a apreciação desse autor.[81]

Aquilo que na tragédia antiga irrompe como "destino" é solidário à noção de determinação inconsciente formulada por Freud. Veremos que a problemática constitutiva da tragédia antiga é homóloga – sem, no entanto, se confundir – àquela encontrada no cerne da psicanálise: a que diz respeito à ética. Nessa medida, a tragédia interessa à psicanálise, uma vez que é possível encontrar ali, em germe, os elementos em torno da relação de um sujeito com seu ato. É justo do paradoxo aparentemente irreconciliável entre uma injunção que se põe sob a forma de destino e a escolha realizada pelo herói – ainda que ao preço de sua perda – trazida à cena na e pela tragédia antiga que sobressai a dimensão ética.

Não por acaso Lacan retoma a tragédia sofocliana *Antígona* no terço final de seu seminário intitulado *A ética da psicanálise*, proferido nos anos de 1959-60. Desde a introdução a esse seminário ele assinala que a ética que concerne à psicanálise refere-se à posição do sujeito em relação ao real, e não a um ideal,[82] à diferença do que ocorre na tradição filosófica.

Nesse sentido, a tragédia grega *Antígona* é paradigmática, uma vez que apresenta em ato (não representa, no âmbito do pensamento) o sujeito, "encarnado" pela *dramatis personae* homônima, diante de uma espécie de escolha forçada em relação à qual se deve responsabilizar. O corpo do irmão morto é um real diante do qual urge que a heroína trágica se posicione – não lhe cabe especular qual seria a melhor forma de fazê-lo –, e ela não hesita: toma em mãos o dever de sepultá-lo, honrando sua memória assim como a de seus ancestrais.

Já nos primeiros anos de seu ensino Lacan sublinhara a radical antinomia entre saber e ato, como se pode notar a partir da seguinte formulação a propósito da ciência:

> Não é a troco de nada que este campo unitário [da física einsteiniana] é chamado de campo teórico – é o sujeito ideal e único de uma *theoria*, intuição, até mesmo contemplação, cujo conhecimento exaustivo nos permitiria, ao que se supõe, engendrar tanto todo seu passado como seu futuro. É evidente que não existe nisto aí nenhum lugar para aquilo que seria uma realização nova, um *Wirken* [atuar; agir], uma ação propriamente falando. *Nada se acha mais afastado da experiência freudiana.*[83]

Segundo Lacan, o campo teórico-especulativo não é capaz de fundamentar uma ação digna desse nome – um ato – mas, ao contrário, pode constituir um obstáculo à sua efetiva realização. O que move, o que é capaz de produzir uma realização nova, o que sulca (n)o real[84] é o desejo. Naquilo que diz respeito ao seu campo próprio, aquele da psicanálise, não se trata tanto de apreendê-lo pela via conceitual, mas de fazer valer sua operação. Quanto a esse ponto Lacan não poderia ser mais explícito, afirmando que

> a experiência freudiana parte de uma noção diametralmente oposta à perspectiva teórica. Ela começa por estabelecer um mundo do desejo. … *O mundo freudiano* não é um mundo das coisas, não é um mundo do ser, *é um mundo do desejo* como tal.[85]

O paradigma ético proposto por Lacan se fundamenta na *ex-sistência* do desejo inconsciente; este, por sua vez, caracteriza uma relação do ser com a falta.[86] Assim, o mundo do desejo mencionado por Lacan seria aquele que a *Antígona* de Sófocles revela de modo radical. Quanto ao ser, noção tão cara à perspectiva filosófica, seria apenas uma forma positivada e enganosa que escamoteia a relação do ser com a falta, isto é, uma espécie de encobrimento dessa relação fundante e constitutiva.[87]

Na tragédia antiga a problemática ética não é posta em termos de uma consideração abstrata – por exemplo, "o que é o bem, a justiça, a verdade?". Antes, é apresentada numa espécie de dimensão real que toma corpo e voz na cena pública. Reunido no coração da cidade e no interior do próprio funcionamento institucional, o conjunto dos cidadãos é convocado a experimentar uma suspensão temporal por meio da qual o espaço é também subvertido, e, nessa Outra Cena ritual que o teatro grego dispõe, um real assume contornos. A problemática ética – como devo agir? – apresenta-se encarnada, e não como uma formulação de caráter abstrato, como será, um século depois, retomada pelo pensamento filosófico (sob a fórmula geral "o que é preciso saber para bem se conduzir, isto é, em nome do bem comum?"). É na tomada de posição do herói na tragédia que a dimensão ética salta aos olhos da *polis*.

É importante notar que "a palavra grega *drama* quer dizer ação";[88] nesse sentido, "dramático" teria o sentido de "relativo à ação" – caso em que a expressão "ação dramática" seria, pois, uma redundância: se é dramática é justamente porque há uma ação em curso. O termo *drama* é oriundo do dialeto dórico *drân*, que, por sua vez, corresponde ao ático *práttein*, agir.[89] Vernant e Vidal-Naquet destacam que, ao contrário da poesia lírica e da epopeia, nas quais o homem jamais é apresentado como agente, na tragédia o herói invariavelmente se encontra "em situação de agir".[90]

Em sua apreciação da *Antígona* de Sófocles, Lacan destaca que "a tragédia é uma ação. Será *ágein*? Será *práttein**?", interroga.[91] Com a afirmação de que o que aí está em jogo é da ordem da ação, ele parece demarcá-la do campo especulativo, típico do pensamento filosófico. A tragédia não teoriza: mostra, por intermédio de uma ação que é apresentada em tempo real – se assim podemos nos exprimir. A problemática é exposta à medida que a ação dramática transcorre, e é diante do que se passa no real da cena trágica que sobressai a perspectiva ética. Esta diz respeito a como agir e é problematizada em ato. Ou seja, trata-se de uma dupla volta, uma vez que a problemática em causa e a forma pela qual esta é apresentada são homólogas. Se como consequência desse fato a *polis* é levada a refletir sobre o que a tragédia encena diante de seus olhos, essa reflexão ocorre por acréscimo, como uma espécie de subproduto do trabalho – ou seja, da ação ali levada a cabo –, parafraseando Freud em relação à cura.

Se a tragédia antiga promove uma reflexão sobre a condição humana no século V a.C., esta se faz por meio de uma interrogação em ato: "A tragédia se define mais pela natureza das questões que ela coloca do que por aquela das respostas que ela fornece."[92] A tragédia interroga, questiona, problematiza, por meio de uma ação que se desenrola em presença, ao invés de responder – como fará a filosofia através da constituição de um saber.

---

* *Ágein*: agir, fazer. *Práttein*: infinitivo do verbo que designa, em grego, uma ação levada a cabo. No platonismo, *práttein* designa uma conduta moral que visa à *eudaimonia* (felicidade).

A tragédia antiga não tem por objetivo responder às questões que suscita, e sim apresentá-las por meio de uma ação que se desenrola na cena pública, diante dos cidadãos. Expõe a questão ética em sua dimensão real. No vazio deixado pela queda do modelo épico e antes da constituição de um saber que venha fornecer uma resposta, surge essa enunciação singular caracterizada pelo poema trágico.

Conforme assinalado no início deste capítulo, a tragédia se situa entre dois momentos da *démarche* grega nos quais um ideal servia de balizamento para a interrogação ética – de um lado, o ideal épico; e, de outro, aquele constituído por intermédio da filosofia. Esta concerne ao sentido de nossa ação, como aponta Lacan.[93] Entre o ideal apresentado na epopeia e aquele que orientará o pensamento filosófico há o hiato caracterizado pelo século V da era pré-cristã. A tragédia diz respeito a uma interrogação por parte do homem grego da Antiguidade de modo próprio e absolutamente singular. Tal problematização, por meio da qual o gênero trágico se constitui, efetiva-se de modo distinto da precedente, fornecida pelo poema épico sob a forma de um modelo virtuoso encarnado pelo herói homérico. E também da que, no século seguinte, será formulada em termos de um saber (*sophia*) ao qual o homem grego deverá aderir, como uma nova modalidade de virtude, bem como a mais sublime – o amor ao saber (*philosophia*).

Ainda que os temas tratados pela epopeia e pela tragédia sejam os mesmos, pois a fonte é sempre a mesma, a saber, o mito – a rigor, os mitos fundadores ou de origem –, o tratamento dispensado ao tema é distinto. "A epopeia conta: a tragédia mostra", afirma De Romilly;[94] a filosofia demonstra, acrescentaríamos. A tragédia é uma narrativa em ato; já a epopeia caracteriza um gênero literário (ainda que baseado na tradição oral), e a filosofia, um sistema de pensamento.

Consideramos que a tragédia antiga representa um batimento, uma pulsação, um breve intervalo no qual, antes da constituição de um saber que pretende dar conta da problemática que concerne à relação de um sujeito com sua ação – questão ética por excelência –, esta é apresentada em ato, diante da *polis*.

Na tragédia antiga encontramos a presença dos deuses em sua dimensão real, banida da cena do mundo com o advento da filosofia enquanto precursora da ciência, *episteme*. De acordo com De Romilly, "cada tragédia era então presença, e presença aterrorizante. Mas presença de quê? ... presença divina".[95] A tragédia atualiza essa presença real, devidamente contornada por um simbólico – o espaço onde era representada, a dimensão da palavra, sua inscrição na *polis*.

Os deuses falam na cena trágica; há ali a presença dessa dimensão inescapável que se impõe ao herói e diante da qual ele deverá tomar posição. É do resultado dessa ação que advirá uma posição ética – e não uma formulação sobre a ética. Os deuses falam na tragédia como os planetas falariam, caso a ciência moderna não os houvesse calado.[96] Os deuses são, na tragédia, uma presença real, e não uma referência abstrata ou ainda transcendente.

Ao tratar da presença divina na tragédia antiga, De Romilly introduz, junto a esta, a dimensão propriamente humana de responsabilidade, assinalando que seria um equívoco considerar a injunção divina uma fatalidade inescapável:

> Ainda que os eventos sejam apresentados como marcados por uma decisão divina, irrevogável e soberana, falar de fatalidade é simplificar as coisas. Ou ao menos o termo é impróprio se ele sugere que a responsabilidade [humana] será negada. Um dos traços mais notáveis do pensamento grego é, com efeito, a possibilidade de explicar todo evento em relação a dois planos e por duas causalidades, que se combinam ou se superpõem. ... essa dupla causalidade existe quase desde sempre na tragédia.[97]

A injunção divina presente na tragédia não exime a responsabilidade humana; ao contrário, convoca-a. Trata-se, pois, de uma dupla ordem de causalidade: aquela em si mesma irrevogável posta em jogo pela dimensão real dos deuses e sua contrapartida, a responsabilidade humana diante dessa injunção. A determinação divina não é álibi para a ação (ou inércia) humana: cabe ao herói trágico uma tomada de posição. Tampouco há, para o grego, contradição entre essas duas ordens distintas de causalidade. Elas coexistem, e sua articulação constitui o próprio fundamento da ética trágica: ali mesmo onde os deuses impõem, o herói deve se responsabilizar.

A psicanálise proporá, a título de um juízo ético, a máxima *Wo es war, soll Ich werden* (Onde isso era, devo advir).[98] No esteio da interpretação que dela fornece Lacan, é possível afirmar que cabe ao sujeito advir como responsável ali onde a hiância do inconsciente se abre apenas para tornar a se fechar.[99]

No comentário a propósito do conceito de inconsciente em seu estatuto ético, Lacan retoma o *Wo es war, soll Ich werden* freudiano apontando que "os deuses são do campo real",[100] dimensão que se encontra perdida desde então. Esta é, no mínimo, uma curiosa observação. Por que introduzir o campo dos deuses no momento em que tratava do inconsciente e do sonho? O que teria esse campo (dos deuses) em comum com o campo da psicanálise?

Lacan sustenta que ali mesmo onde o sonho se apresenta como pensamento inconsciente o sujeito deve tomar lugar. O sonho – a rigor, o desejo inconsciente que nele se realiza – é, portanto, uma espécie de presença real que convoca o sujeito, numa dimensão que é propriamente ética, a se responsabilizar, e apenas por intermédio desse passo o inconsciente pode alcançar um mínimo de *ex-sistência*. Seu estatuto não é ontológico, mas ético. A rigor, o inconsciente não "existe" senão conforme o sujeito se responsabilize por essa instância que o determina sem que ele o saiba.*

Lacan se refere aos deuses como pertencendo ao campo real, dimensão que escapa ao simbólico e que, ao mesmo tempo, é por ele constituída. Podemos considerar que na tragédia antiga esse real – o campo dos deuses – existe (*ex-siste*) apenas se e somente se o herói se submete às suas injunções. Ali onde o desígnio divino se impõe (*Wo es war*), o herói deve agir (*soll Ich werden*). Assim, arrisco dizer que do mesmo modo que o conceito de inconsciente tem um caráter pré-ontológico, é da ordem do não realizado,[101] também a injunção divina não pode prescindir da decisão do herói trágico para que se realize, *a posteriori*, como tendo estado na origem de seu ato.

Na tragédia antiga, uma verdade se impõe sem dar ensejo à constituição de um saber. Para sermos fiéis à letra de Lacan quando ele afirma que "é que a uma nova verdade não podemos contentar-nos em dar lugar, porque é de assumir nosso lugar nela que se trata",[102] diríamos que é preciso que o sujeito – no caso, o herói trágico – possa tomar lugar na verdade que o constitui e que é a sua. Esta advém de um campo heterogêneo da mais absoluta alteridade: na tragédia antiga, este é do domínio dos deuses; quanto à psicanálise, diz respeito ao desejo inconsciente. Contudo, na tragédia essa verdade não se encontra dada, constituída como tal pelo campo dos deuses; ela se inscreve como verdade por intermédio da decisão trágica do herói, ao preço de sua própria perda. Assumir

* Lembrando que o termo *unbewusst* é particípio passado do verbo *wissen*, "saber"; assim, *das Unbewusste* é também o *insabido*, aquilo que não se pode apreender por intermédio do saber.

seu lugar na verdade que o constitui é uma operação de ordem ética, conforme disposto nos termos do enigmático *Wo es war, soll Ich werden* freudiano.

Cabe lembrar aqui a advertência lacaniana de que "o significante introduz duas ordens no mundo, a verdade e o acontecimento. … Na tragédia, em geral, não há nenhuma espécie de verdadeiro acontecimento. O herói e o que está à sua volta situam-se em relação ao ponto de visada do desejo".[103] O ponto de visada do desejo seria, na tragédia antiga, uma injunção cuja dimensão real advém de um lugar Outro, do campo dos deuses. Essa dimensão real diz respeito à ordem da verdade. Em *Antígona*, é dessa ordem que a personagem homônima extrai a força de sua decisão trágica, bem como de seu ato. A princesa tebana não pode escapar à verdade de sua origem: é uma Labdácida e deve honrar as leis dos deuses ctônicos que velam pela linhagem e pelos laços de sangue. No entanto, essa é uma condição necessária, mas não suficiente: Antígona age movida apenas por sua decisão, cujo caráter é irreconciliável. Nas palavras do coro, ela é *autonomos*, aquela que faz sua própria lei. Retornaremos a esse ponto relevante no Capítulo 3.

Desde o início da peça sua decisão está tomada – ao contrário dessa espécie de anti-herói que é o Hamlet shakespeariano, personagem que se debate, ao longo da peça teatral homônima, em torno dos acontecimentos que cercam a morte de seu pai e de seu clamor por vingança sem que jamais possa se decidir, a não ser no final. Antígona, ao avesso dessa posição atormentada de dúvida que caracteriza o herói moderno, encontra-se, desde o primeiro momento, resoluta, rechaçando todos os argumentos que fazem apelo à razoabilidade, à prudência e ao bom senso. Vale dizer, ela se mantém irredutível em sua decisão, a contrapelo do princípio de prazer ou ainda da perspectiva do bem. Esse é o seu dever, engendrado pelo desejo, em relação ao qual a heroína trágica não recua. É do que trataremos a seguir.

2. *Antígona* e o desejo como dever ético

Vivo della mia morte e, se ben guardo,
Felice vivo d'infelice sorte;
E chi viver non sa d'angoscia e morte,
*Nel foco venga, ov'io mi struggo e ardo.**

Michelangelo Buonarroti, *Rime*

No biênio 1959-60, Jacques Lacan dedicou um de seus seminários anualmente proferidos no âmbito da formação de analistas da Sociedade Francesa de Psicanálise a até então inédita questão de uma ética intrínseca ao campo psicanalítico. Nesse seminário, ele destacou a dimensão trágica da experiência analítica a partir de Antígona, personagem-título da tragédia homônima de Sófocles. Tradicionalmente, o campo da ética pertence ao domínio da filosofia, cujo marco zero pode ser situado com a reflexão aristotélica, no século IV a.C. Entretanto, foi em relação à tragédia sofocliana – concebida um século antes do surgimento da reflexão filosófica – que Lacan procurou demarcar o fundamento de uma ética própria à psicanálise como sendo referida ao desejo, isolado por Freud como constituindo o campo do *Wunsch*.

O encaminhamento de Lacan a propósito da ética da psicanálise foi marcado pela retomada dessa tragédia, de modo a destacar a inarredável posição ética que orienta sua principal personagem. De acordo com ele, a ética que concerne à psicanálise "não é uma especulação que incide sobre a ordenação … do que chamo de serviço dos bens. Ela implica … a dimensão que se expressa no que se chama experiência trágica da vida. É na dimensão trágica que nossas ações se inscrevem …".[1] De saída, Lacan assinala que, a contrapelo do encaminhamento filosófico sobre a ética, a perspectiva psi-

* Poema sem título: "Vivo da minha morte, e, se olho bem,/Vivo feliz de uma sorte infeliz;/Quem não sabe viver de angústia e morte,/Venha para o fogo, onde me consumo e ardo" (tradução livre).

canalítica não é uma especulação, nem se encontra orientada pelo ideal do Bem. Antes, se refere a uma experiência, à ação, cuja dimensão é fundamentalmente trágica.

Ao afirmar que a ética da psicanálise não diz respeito a uma especulação, Lacan retira qualquer possibilidade de fazer dela uma consideração teórica de caráter abstrato. Ela não trata do acesso a um bem, imanente ou transcendente. Ao contrário, Lacan fundamenta a ética da psicanálise numa experiência, isto é, no terreno da ação (e não do pensamento), cuja dimensão trágica busca ressaltar. Nesta, a ação humana não visa a qualquer espécie de ganho, mas se inscreve em perda, por meio de um ato, e não referida à intencionalidade. Esse é o passo ético empreendido por Antígona, personagem trágica do século V a.C. que Lacan elege como paradigma da relação do sujeito com o campo do desejo inconsciente.

A Antiguidade grega constituiu, inequivocamente, o berço da cultura ocidental e do *logos*. Entre o poema épico de Homero e o surgimento da *polis* e seu corolário, a filosofia como saber regulador da vida política, há o hiato ocupado pelo poema trágico. Os maiores poetas trágicos da Antiguidade grega foram Ésquilo, Sófocles e Eurípedes. Por que razão Lacan localiza em Sófocles, e mais precisamente em sua *Antígona*, o valor exemplar da ética própria ao campo psicanalítico? Este deve ser entendido não como modelo a ser adotado, mas a título da mais absoluta singularidade, isto é, que não prediz e não normativiza, advindo fora do âmbito da mestria e sem qualquer referência ao saber. Nem tampouco pode ser subsumido a uma ordem de razões – familiar, religiosa, cívica ou moral. Eis o que se trata de demarcar.

Conforme abordado no capítulo anterior, a experiência trágica testemunha um momento específico da *démarche* grega. No breve intervalo entre monarquia e democracia surge o poema trágico, cuja discursividade característica não é mais a outrora cantada pelo poema épico enquanto modelo a ser adotado baseado numa representação ideal de homem, tampouco a que será articulada em termos políticos, de caráter universal e universalizante, na categoria cidadão. O poema trágico canta – descreve e louva – a singularidade na figura de seu herói. Na hiância entre a antiga norma estabelecida pelo poder real e a determinação do bem comum como princípio regulador da vida na *polis* irrompe o canto trágico como anunciador de uma verdade singular, encarnada na figura do herói trágico – no caso em questão, da personagem Antígona.

De acordo com o helenista Segal,[2] *Antígona* é considerada, por seu estilo poético denso – o vocabulário e a sintaxe empregados –, uma peça escrita por Sófocles em plena maturidade, não apenas cronológica, mas artística, isto é, dramática.[3] A peça teria sido apresentada no festival cívico conhecido como Grandes Dionísias, provavelmente em março de 442 ou 441 a.C. Em função de seu estrondoso sucesso, Sófocles teria sido eleito um dos dez generais a comandar o exército ateniense contra a revolta na ilha de Samos. *Antígona* precede em cerca de dez anos a peça *Édipo rei*, com a qual compartilha determinadas características.

O mito de Édipo pode ser encontrado em Homero, bem como em diversos poemas épicos e também líricos dos séculos VII e VI a.C. que sobreviveram apenas em fragmentos esparsos. Conforme revela Segal,[4] muito embora essas antigas fontes forneçam versões variadas do mito, nenhuma delas coincide com a versão de Sófocles. Dessa forma, ainda que não seja possível asseverar que esse autor trágico tenha sido o primeiro a fazer Antígona pagar com a vida o sepultamento do irmão traidor da *polis*, é altamente provável que Sófocles tenha criado o conflito entre Creonte e a heroína trágica – assim como sua morte e a de Hemon na caverna, além da figura de Eurídice, ausentes nas diversas versões do mito.

Na tragédia *Sete contra Tebas* (que, juntamente com as peças *Laio* e *Édipo*, compunha a trilogia esquiliana), Ésquilo aborda os eventos imediatamente anteriores à ação dramática da *Antígona* de Sófocles. A saber, a tentativa de invasão de Tebas pelo exército argivo capitaneado por Polinices e a batalha travada entre os filhos de Édipo no sétimo portão de acesso à cidade, cujo desfecho é o fratricídio. Essa tragédia termina com um lamento do coro (em algumas versões o lamento é dividido em duas partes, cabendo a Antígona e a Ismênia) sobre os irmãos caídos em combate. Nesse exato momento entra um arauto que anuncia um decreto promulgado pelos chefes de Tebas proibindo o sepultamento de Polinices em solo tebano. Antígona enuncia sua determinação de enterrar o irmão, e a peça se conclui com o coro dividido entre o apoio à decisão da heroína trágica e o suporte ao decreto da *polis*. Não há menção a Creonte, nem a filha de Édipo ficaria isolada, segundo o comentário empreendido por Segal.

Ainda de acordo com esse comentador, em sua *Antígona* Sófocles desloca a ênfase dada por Ésquilo à maldição que recai sobre a família dos Labdácidas como o móbil da ação trágica, destacando o embate entre Creonte e a filha de Édipo a partir de seu desafio heroico à autoridade do recém-empossado rei de

Tebas. Na tragédia sofocliana o móbil da ação trágica é a decisão de Antígona, cabendo destacar a dimensão de responsabilidade aí implicada, ausente na perspectiva de Ésquilo. Essa questão, crucial, será retomada Capítulo 3.

No entender de Loraux,[5] *Antígona* é a tragédia ática por excelência. Trata-se da última peça da chamada trilogia tebana, muito embora tenha sido a primeira dessa trilogia a ser escrita por Sófocles. Em *Édipo em Colono*, o antigo rei de Tebas, então um velho andarilho cego, exilado da *polis* em virtude de seus crimes – incesto e parricídio –, lançara uma maldição condenando os dois filhos, Etéocles e Polinices, a morrerem um pelas mãos do outro. O primeiro havia usurpado o poder, recusando-se à alternância no trono de Tebas inicialmente pactuada entre ambos. Polinices, expulso da cidade, refugiara-se em Argos, retornando a Tebas na condição de invasor, logo, como inimigo da *polis*, para retomar o poder das mãos do irmão mais moço.

Mortos reciprocamente em combate, a Etéocles são concedidas honras funerárias, ao passo que ao cadáver de Polinices é interditado o sepultamento. Antígona, então, decide proceder às exéquias do corpo do irmão, contrariando a proibição imposta por Creonte. Ela desobedece ao decreto do tio materno, recém-tornado rei, que proibira que o corpo de Polinices – considerado traidor, portanto, inimigo da cidade – fosse enterrado em solo tebano, devendo o cadáver permanecer insepulto para ser devorado por cães e aves de rapina. A filha de Édipo não se curva ante essa determinação real e presta as homenagens fúnebres ao irmão, evocando em favor de seu ato leis divinas, não escritas, em resposta à proibição imposta pelo novo soberano. Contudo, não é a maldição de Édipo – nem aquela dos Labdácidas[6] – que justifica o gesto da princesa tebana; este é tributário apenas de sua decisão fundamentada na *Dikè*, as leis não escritas das divindades ctônicas.

A cena trágica em *Antígona* se desenrola em torno da interdição imposta por Creonte, rei de Tebas, ao sepultamento de Polinices e da determinação da heroína trágica de não permitir que o corpo do irmão fique exposto à execração pública, insepulto. A tensão dramática se estabelece em torno da posição de dois personagens, Antígona e Creonte; em linhas gerais, este representa a lei da cidade – o serviço dos bens destacado por Lacan –, uma vez que seu decreto visa ao bem de todos. A heroína trágica, ao contrário, não se orienta por nenhum bem, nem mesmo o próprio, e sua decisão não decorre da devoção familiar ou religiosa, ainda que a ela esteja relacionada. Vejamos em que contexto emerge a decisão trágica por parte da filha de Édipo.

Na Grécia do século V anterior à nossa era, o cadáver pertence ao mundo de baixo, aos deuses inferiores ou infernais que habitam o Hades. Sua inumação cumpre, pois, o desígnio desses deuses ctônicos, aos quais se dirige o gesto de Antígona, ao passo que o decreto de Creonte faz apelo aos deuses superiores, olímpicos, protetores da vida na *polis*. De acordo com Rosenfield,[7] essa divisão obedece à narrativa mítica que se encontra na origem do mundo grego descrita na *Teogonia* de Hesíodo, que relata a luta dos antigos deuses telúricos contra os (futuros) deuses olímpicos. Zeus vence a luta e reorganiza o cosmos. Juntamente com seus aliados olímpicos, são os protetores da organização política e religiosa das cidades. Os deuses de baixo, por sua vez, protegem a pureza do solo (*chtôn*) e dos laços de sangue, fixados por costumes imemoriais. Constituem, por assim dizer, o que foi recalcado pelo ordenamento civilizatório.

Cabe ressaltar que o culto aos mortos desempenha um papel importante no mundo grego antigo: "é essencial para um grego antigo obter uma sepultura, e considera-se não apenas ímpio, mas também muito perigoso, deixar os mortos sem honras fúnebres, pois as almas errantes se transformariam em fantasmas que perseguiriam os vivos."[8] A propósito da proibição relativa à inumação do cadáver de Polinices, Rosenfield salienta que o tirano de Tebas poderia ter determinado que o corpo fosse levado para além dos muros da cidade, onde os parentes poderiam proceder às honras fúnebres sem com isso colocar a *polis* em risco. Mas ele não o faz. O decreto é, assim, uma medida extremada, e representa a sorte mais aviltante que existe no imaginário grego (putrefação e dilaceramento pelos carniceiros). A mutilação do corpo, além de enfraquecer o espírito do morto, atinge gravemente a honra da estirpe. O sepultamento é um dever sagrado que faz o morto descer ao Hades, onde ele se torna um *numen* (espírito ou gênio) protetor da linhagem.

As considerações de Segal[9] apontam nessa mesma direção. O autor destaca que, embora fosse legalmente justificada, a recusa à inumação do corpo de um traidor da *polis* poderia ser percebida como uma atitude de excessiva severidade. De modo geral, o sepultamento do cadáver do traidor pela família era concedido fora dos limites da cidade, evitando-se, assim, o perigo inerente à poluição do solo e as catástrofes que poderiam advir para a *polis*, bem como para os seus cidadãos. Nas demais tragédias antigas a proibição referente ao sepultamento também é considerada cruel e ímpia. No caso da *Antígona* de Sófocles, trata-se do filho de sua irmã, Jocasta, isto é, alguém a quem Creonte estava ligado por laços de consanguinidade. Esse comentador da tragédia antiga destaca que a cidade tem deveres para com os mortos, assim como em relação às divindades ctônicas que os protegem e que zelam pelos rituais que mantêm apartados os vivos e os mortos. Tais rituais fariam com que os mortos fossem finalmente conduzidos ao seu domínio, o Hades.

De acordo com Lauxerois,[10] tradutor dessa tragédia, *Antígona* apresenta, de saída, uma situação de natureza eminentemente política. Para ele, o édito promulgado pelo tirano de Tebas caracteriza um estado de exceção: a *polis* se encontrava em risco, pois acabara de sair não apenas de uma guerra contra o estrangeiro, mas de uma guerra civil e fratricida. O sangue dos irmãos mortos reciprocamente em combate, derramado em solo tebano, conspurcava e profanava a cidade. Contudo, indo de encontro a todas as regras e práticas culturais – e esperadas – de reconciliação, Creonte impede que sejam concedidas as honras fúnebres ao traidor da *polis*. Para Lacan, Creonte extrapola, incorre em *harmatia* ("erro de julgamento", "engano") ao pretender ser mais realista que o rei – que ele, de fato, é; justamente porque esse personagem se arvora em fazer a lei, pagará por isso.

Em um ensaio sobre as noções de "puro" e "impuro" na Grécia antiga, Vernant[11] indica que a noção grega de mácula pode ser encontrada em Homero e se declina positivamente como sujeira, mancha (de sangue, lama, suor), devendo ser lavada com água, pois o homem só pode ser considerado puro se estiver limpo, asseado. Para tratar com as divindades, o homem deve se lavar, livrando-se da sujeira que conspurca o corpo e, por extensão, o espírito. Já em Hesíodo, a limpeza ritual assume valor moral, como testemunho da obediência humana à vontade divina. A partir do século V a.C. as purificações religiosas se impõem em diversas circunstâncias, a saber, após o parto da mulher, no nascimento da criança, antes do sacrifício a um deus, diante da morte e, sobretudo, nos casos de assassinato. As máculas atingem tanto os homens quanto as famílias, as cidades, os lugares e os próprios deuses.

No entender de Vernant,[12] para o grego do século V anterior à era cristã a mácula é inseparável das realidades materiais (como o sangue e a sujeira) e dos seres concretos (o cadáver e o culpado de um crime). A purificação ritual deve ser efetuada através de operações também materiais, como a lavagem (limpeza pela água) e a combustão, purificação pelo fogo. Quanto ao morto, ele é, ao mesmo tempo, impuro e sagrado; a terra deve recobrir o cadáver, e a poeira que o parente do morto esparge sobre sua fronte marca a convivência com o mundo da morte. Portanto, os diversos rituais de purificação testemunham operações de cunho eminentemente simbólico.

Essas importantes observações de Vernant permitem compreender a significação do gesto de Antígona, rigorosamente em consonância com o laço social vigente na Antiguidade grega. Para além dessa dimensão, Lauxerois[13] destaca, em relação à posição assumida pela heroína trágica, que o gesto de derramar terra sobre o morto mostra a comunhão do vivente com a morte, conforme veremos em detalhe mais adiante.

Vernant distingue as cerimônias fúnebres dos demais sacrifícios e oferendas aos deuses, destacando que as primeiras – que não se resumem aos funerais propriamente ditos, mas se prolongam e se renovam periodicamente – visam fazer com que o morto desapareça para sempre do mundo dos vivos, no qual não tem mais lugar. O helenista diz que "graças aos diversos procedimentos de comemoração ... esse vazio, esse não-ser do morto, pode revestir a forma de uma presença na memória dos sobreviventes".[14] Vemos, portanto, que os rituais fúnebres comemoram a morte, circunscrevendo o vazio a partir do qual a função da memória poderá emergir.

Desse modo, a decisão do *tyrannos* de Tebas, ao proibir o sepultamento do corpo de Polinices, atinge não apenas o morto, considerado traidor da *polis*. Constitui uma ofensa à linhagem e aos deveres implicados nos laços de sangue, indo de encontro ao laço social vigente na Atenas do século V a.C. Vale destacar o comentário de Saïd a propósito dessa candente questão:

> O decreto de Creonte está em contradição com as leis (*nomima*) eternas e inabaláveis porque divinas .... Elas foram efetivamente proclamadas por Zeus, e também são estreitamente ligadas aos deuses de baixo, pois a Justiça que as instituiu "está sentada ao lado dos deuses infernais" [*Antígona*, v.451, 519, 1074-1076], Hades as deseja e as Erínias velam por sua manutenção. Anteriores à cidade e suas leis escritas, essas leis não escritas ... foram "estabelecidas" desde os tempos imemoriais, ... e parecem se confundir com as leis da natureza, uma vez que toda infração contra elas aparece ao mesmo tempo como uma perturbação violenta da ordem cósmica.[15]

O édito de Creonte, ao infringir o fundamento não escrito da lei, tem consequências adversas sobre a *polis*, incidindo sobre a ordem natural (*physis*) e desencadeando uma série de eventos funestos. Ainda de acordo com Saïd, os sacrifícios não mais são aceitos pelos deuses, as chamas não ardem nos altares, os pássaros lançam gritos bárbaros e se atacam mutuamente. Desse modo, está instaurada a desordem nas relações entre os homens e os deuses.

A autora destaca a subversão da ordem natural implicada tanto no decreto que visa ao cadáver de Polinices quanto na sentença de morte proclamada contra Antígona. Conforme observa, o vate Tirésias aponta que Creonte, ao reter um morto sobre a terra (Polinices), confinando sob ela um vivo (Antígona), coloca o mundo de cabeça para baixo – literalmente e em sentido figurado. Em seu afã legiferante, faz com que as funções e os lugares sejam subvertidos: os vivos são enterrados, e os mortos jazem insepultos. A situação resulta no *chaos*; a própria natureza desordenou-se e a ordem cósmica, tão cara ao grego antigo, foi revirada pelo avesso. A sentença do soberano sobre o ato de Antígona apenas redobra a anterior, a proibição do sepultamento de Polinices: este, condenado a apodrecer entre os vivos; aquela, a viver entre os mortos.

Em relação à penalidade estabelecida por Creonte, cabe aqui um comentário sobre sua modificação por parte do governante de Tebas no decorrer da ação trágica. Ao promulgar o édito proibindo o sepultamento do traidor e invasor da cidade, ele havia determinado que, caso a proibição fosse desobedecida, o responsável seria apedrejado até a morte. Contudo, ao tomar conhecimento de que sua sobrinha Antígona – sangue de seu sangue – fora a responsável pela transgressão, o tirano recua da decisão, comutando a pena de lapidação pela de emparedamento. Conforme o esclarecimento enunciado por diversos comentadores dessa tragédia, isso se deve ao fato de que a lapidação ocasionaria o derramamento do sangue de Antígona, poluindo, uma segunda vez, o solo tebano e caracterizando um novo miasma.* Assim, por temer o castigo divino pelo derramamento de sangue de um membro da família, o soberano teria voltado atrás em sua decisão inicial, modificando a sentença em virtude do estatuto familiar – isto é, do laço de consaguinidade – que o liga à responsável pelo descumprimento do decreto.

* *Miasma*: "Poluição causada por uma transgressão. ... O miasma constitui uma impureza e uma perturbação objetivas que independem da intenção e da consciência ou deliberação do agente. As consequências do miasma não se restringem, portanto, ao agente causador, mas ameaçam todo o solo, a família e a cidade onde ocorreu" (Rosenfield, *Sófocles & Antígona*, p.66).

Conforme observa Segal,[16] apesar de Creonte haver adotado tal medida de modo a deixar tanto a *polis* como a si mesmo livres das nefastas consequências de uma nova poluição do solo tebano, Antígona reverte o curso dos acontecimentos ao adquirir o controle sobre a própria morte, supostamente suicidando-se no interior da tumba à qual fora condenada a ser emparedada viva. Desse modo, a heroína trágica, tomando as rédeas da situação, teria transformado sua morte numa poluição da cidade, cujo responsável seria, em última instância, o governante de Tebas.

Essa reversão dos fatos e acontecimentos – *peripeteia* – é, de acordo com Aristóteles, uma das principais características da tragédia ática, apontando para o fato de que as coisas não são exatamente como aparentam ser de início, e que o homem (*ánthropos*) não está no comando de sua vida, não sendo, portanto, senhor de seu destino. Há um real em causa que se impõe a despeito das invenções e deliberações. O caso paradigmático seria aquele apresentado na tragédia sofocliana *Édipo rei*, em que, justamente ao evitar o destino anunciado pelo oráculo de Apolo, o herói trágico o cumpre.

Quanto à maldição dos Labdácidas, o gesto de Antígona não poderia ser resumido ao cumprimento de uma imprecação proferida em um passado longínquo; ao contrário, a princesa tebana toma em mãos o próprio destino. Ao fazê-lo, não cumpre um desígnio divino; torna-se responsável pelo ato que realiza ao preço de sua vida, fazendo ver – conforme assinalado por Lacan em seu comentário sobre essa tragédia e a propósito da ética da psicanálise – que o desejo não se confunde com a realização de um bem. No limite, o desejo só se realiza em perda, por meio de um apagamento radical do sujeito. Essa é, propriamente, sua dimensão objetal, que advém por intermédio de uma cessão, libra de carne a pagar por sua constituição pelo significante, queda do objeto que ele, no limite, é. Essa problemática será retomada no Capítulo 4.

As leis não escritas

Os versos em que Antígona evoca as leis não escritas da *Dikè* em favor de seu ato vêm sendo objeto de inúmeros comentários – e também de polêmica – por parte dos mais renomados helenistas, filósofos, poetas e apreciadores do gênero trágico, além de terem sido postos em relevo por Lacan. Sua adesão às leis divinas que regem os laços de sangue não necessariamente levaria a supor que a heroína trágica age em nome de uma soberana liberdade individual que estaria sendo cerceada pelo decreto real, mas em nome de leis não escritas, que, por não serem positivas nem tampouco positivadas na letra de um código, não podem ser revogadas. Assim, retomaremos essa importante passagem apresentando e discutindo as principais traduções e comentários realizados sobre os célebres versos de Sófocles.

> Mas Zeus não foi o arauto delas para mim,
> nem essas leis são as ditadas entre os homens
> pela Justiça,* companheira de morada
> dos deuses infernais; e não me pareceu
> que tuas determinações tivessem força
> para impor aos mortais até a obrigação
> de transgredir normas divinas, não escritas,
> inevitáveis; não é de hoje, não é de ontem,
> é desde os tempos mais remotos que elas vigem,
> sem que ninguém possa dizer quando surgiram.[17]

O comentário do helenista Knox deixa claro que, em sua réplica ao soberano, a filha de Édipo faria dele o verdadeiro transgressor, uma vez que as leis (*nomoi*) proclamadas por Creonte não têm força para revogar aquelas não escritas (*nomima*) dos deuses. A atitude por parte da heroína trágica denota a força do *heroic temper* sublinhado por esse comentador do texto sofocliano, já que Antígona é apenas uma jovem órfã, e Creonte, o rei de Tebas:

> Ele [Creonte] acusou-a de ter ultrapassado as leis; ela [Antígona] usa um termo mais forte para a sua [de Creonte] transgressão – ele tentou "ir além" e com isso "derrotou" o "costume/ritual divino". ... Às suas [de Creonte] *nomoi* "leis" [ela concede esse título à proclamação] ela opõe a *nomima* dos deuses, seus "costumes, hábitos, usos".

* Trata-se da *Dikè* (justiça divina) dos deuses inferiores, que zelam pelos laços de sangue, pela linhagem e governam o reino dos mortos, e não da entidade abstrata vigente na *polis* e representada pela figura do rei.

> Esses são costumes consagrados pelo tempo e reverenciados pela religião, que não foram gravados na pedra ou ratificados por uma assembleia. … eles são eternos.[18]

"Zeus não foi o arauto delas [das leis em nome das quais Creonte proíbe que sejam concedidas honras fúnebres a Polinices, supostamente traidor de Tebas] para mim", desafia Antígona com a altivez característica dos verdadeiros heróis. Esse verso admitiria, no entender dos comentadores, pelo menos duas interpretações. A primeira, mais imediata, levaria a crer que a heroína trágica afirma não admitir receber ordens de Creonte, mas apenas de Zeus – isto é, do próprio deus em pessoa. Mas há ainda uma segunda interpretação, quase consensual entre os comentadores: a de que com essa frase o que Antígona diz é que nem mesmo às supostas ordens de Zeus – o deus olímpico e supremo, protetor da *polis* – ela se submete, mas apenas aos desígnios dos deuses ctônicos, que salvaguardam os laços de sangue e a linhagem.

Knox procura elucidar essa passagem estabelecendo, de início, uma distinção entre as *nomoi* (leis) proclamadas por Creonte e a *nomima* (usos, costumes, hábitos) dos deuses evocadas por Antígona. Eis o argumento do helenista:

> Finalmente, a palavra que ela [Antígona] usa não é *nomoi*, "leis", mas *nomima*. A história dessa palavra ainda está por ser escrita … . Mas é bastante claro que na Grécia do século V a.C. o uso corrente do adjetivo *nomimos* era "costumeiro", e que o plural neutro *nomima* significava correntemente "costumes". Com muita frequência … esses costumes pertencem ao domínio religioso, mais do que ao da lei. E a palavra *nomima* era muito usada para descrever os "costumeiros" rituais de sepultamento.[19]

Ao evocar as leis não escritas, ancestrais (*nomima*), Antígona não invoca a seu favor uma lei abstrata e universal, mas um costume imemorial que a autoriza a clamar pelo direito de enterrar o irmão morto, zelando, desse modo, pelos laços de sangue que constituem seu pertencimento – assim como seu dever – à linhagem. O helenista sublinha o fato de que o apelo de Antígona não é geral, mas específico, e que a heroína trágica não está apenas opondo um conjunto de leis não escritas às leis da *polis*. Ela não faz apelo ao universal, que, sob a forma de lei, recobriria a totalidade do real; antes, sua decisão é singular e, por conseguinte, irreproduzível. Portanto, não se trata de um debate *in abstracto* a respeito de que lei é mais razoável ou justa, mas da evocação de uma injunção que garante a ela, mais do que um direito inalienável, o dever de prestar as homenagens fúnebres ao irmão. Vale a pena registrar na íntegra o comentário:

> Ela reivindica que os antigos "costumeiros" ritos de luto e sepultamento dos mortos, que são não escritos uma vez que existem mesmo antes que o alfabeto fosse inventado ou a *polis* organizada, *têm força de lei*, não escritos mas inquebrantáveis, vêm da linhagem divina e são aqueles cujo cumprimento é exigido pelos deuses. Se ela desafiasse essas *nomima*, ela diz, ela teria que se submeter ao julgamento dos deuses. ... No momento de sua verdade ela é movida apenas por seu amor pela família morta, *não a família como uma instituição, um princípio*, mas àqueles seres humanos singulares, pai, mãe, irmãos ... . A fonte de seu espírito heroico é revelada, em última análise, como puramente pessoal.[20]

Se considerarmos o adjetivo "pessoal" utilizado pelo helenista como equivalente a "singular", na acepção de "único" ou de "exemplar", como faz Lacan,[21] vemos que as leis dos deuses não implicam o estabelecimento de uma universalidade, em relação à qual o "caso", ou, ainda, o "indivíduo" Antígona apenas configuraria sua declinação particular. Logo, estamos em presença de uma singularidade a mais radical. Esse é seu valor exemplar: não pode ser subsumido ao universal, nem se encontra inteiramente capturado em suas malhas. Tampouco pode ser apreendido através de uma formulação abstrata sob a forma de conceito, mas apenas transmitido em ato, no real da cena trágica.

"Para mim" é também a expressão utilizada pela filha de Édipo em seu diálogo com Ismênia no prólogo da tragédia, cujo estilo vigoroso não escapou à observação de Lacan.[22] Ela conclama a irmã a tomar parte nas exéquias do corpo do irmão, auxiliando-a. Após informá-la sobre o decreto promulgado por Creonte interditando a inumação do cadáver, cuja infração estaria sujeita a pena de lapidação, Antígona afirma que o tirano de Tebas impôs o referido decreto a ambas, ressaltando "a mim e a ti (melhor dizendo: *a mim somente*)".[23]

De modo geral, vê-se – antes, lê-se – na réplica da heroína trágica à irmã um sinal de empáfia, bem como de arrogância de sua parte, como se suas palavras atribuíssem ao governante de Tebas a ousadia de lhe dar ordens, a ela, princesa Labdácida e herdeira legítima do trono tebano. Também se costuma assinalar uma espécie de tentativa de subtração, por parte da heroína trágica, do alcance da lei da *polis*, e até mesmo da linhagem familiar.

Contudo, não nos parece que Antígona pretenda arrogar-se um estatuto de exceção com relação à promulgação do édito real. Para além dessas interpretações, consideramos que, ao dizê-lo, o que sobressai é o espanto da heroína trágica diante de uma espécie de antecipação indevida, por parte de Creonte, àquilo que não se coloca para ela como deliberação. É como se Antígona se surpreendesse com a audácia do tirano de pretender governar sobre aquilo que nem mesmo ela sabe que irá fazer; em outras palavras, sobre seu ato (nesse momento, ainda não consumado) e, por conseguinte, pelo desejo que o terá movido.

"Para mim/a mim" atestaria, assim, a posição radical da heroína trágica, numa alusão ao desejo como uma lei que incide de modo singular e não universal – a rigor, não passível de operar por decreto –, conforme indicado por Lacan.[24] As palavras de Antígona revelam que não há lei positiva que possa legislar sobre uma decisão que, em última instância, caberia somente a cada um – decisão de caráter inantecipável, inclusive para ela mesma. A decisão da heroína trágica diz respeito a um ato, e este, de acordo com Lacan, é criacionista, *ex nihilo*, fundando, por sua incidência, um começo absoluto.[25]

Assim, de que modo Creonte poderia impor uma proibição sobre algo que ainda não se impôs a ela a título de uma injunção à qual responderá em ato? O édito antecipa, interditando, o que é da ordem do desejo – em si mesmo, imprevisível e ingovernável. Tampouco a referência de Antígona às leis não escritas poderia ser abordada a partir de um viés estritamente religioso. Antes, seu ato seria rigorosamente ateu, inantecipável e não solidário à *Dikè*, bem como se situa para além dos limites da *Atè*, conforme destaca Lacan.[26]

Em relação à problemática que concerne à candente questão da relação de Antígona com as leis não escritas, os versos de Sófocles têm merecido a atenção de inúmeros e renomados comentadores e vêm sendo objeto de diferentes traduções e interpretações. Destacaremos algumas delas cotejando seus principais argumentos e proposições. Não obstante, cabe ressaltar que, a meu ver, a despeito da referência da heroína trágica às leis não escritas, sua decisão em sepultar o corpo do irmão não pode ser subsumida à existência dessas mesmas leis. Antes, implica a dimensão intríseca ao ato – portanto, ética – tal como este pode ser compreendido a partir da indicação que dele nos fornece

Lacan: "Falamos de ato quando uma ação tem o caráter de uma manifestação significante na qual se inscreve o que poderíamos chamar de estado de desejo."[27] Longe de caracterizar uma definição exaustiva, a proposição de Lacan aponta para a relação intrínseca entre ato e desejo que se inscreve como um fazer ("uma ação"); não um fazer qualquer (o cumprimento de uma tarefa ou de uma obrigação moral), e sim uma manifestação significante. Nesta, o sujeito não seria o agente (do ato), mas estaria nele representado, em perda, numa dimensão propriamente objetal.

Pretendemos destacar que, apesar de sua referência às leis não escritas e à *Dikè*, estas não justificam o ato de Antígona. Se assim fosse, sua irmã Ismênia deveria assumir a mesma posição (vale dizer, se tratasse apenas do cumprimento de um dever familiar ou religioso), o que não ocorre na tragédia de Sófocles. Ao contrário, por meio de seu ato a princesa tebana garante, em perda, o campo dos deuses como tendo estado na origem de sua decisão trágica. Seu ato é sua lei, conforme será discutido no Capítulo 3.

Proponho que o campo dos deuses encarna a figura do Outro na Antiguidade grega, vale dizer, o modo pelo qual o homem trágico concebe a exterioridade que diz respeito a cada um da forma mais íntima – *extimidade*, seguindo o neologismo cunhado por Lacan. Embora não seja senhor de seu destino, cabe-lhe, entretanto, se responsabilizar por este. O herói encarna, *avant la lettre*, a questão do sujeito diante do desamparo que lhe é constitutivo, a partir do qual ele deve se engajar em um ato sem o amparo do saber. A ética da psicanálise implica uma condição trágica segundo a qual o sujeito humano deve transpor o limiar do bem a fim de garantir, em ato, o campo do desejo.

Retomando a enigmática passagem em que a heroína trágica evoca as leis não escritas dos deuses contra o édito do rei de Tebas, cabe destacar a interpretação de Lauxerois a partir de sua tradução dessa tragédia sofocliana. Em relação a esses versos, o comentador assinala que em sua maior parte as traduções da *Antígona* de Sófocles tenderiam a reduzir sua importância, pois ignoram a leitura magistral empreendida por Karl Reinhardt desses intrigantes versos. Apenas esta última, no seu entender, permite compreender o laço que une a heroína trágica ao divino.

Em resposta à interpelação de Creonte na qual ele lhe diz que ela, Antígona, teve a audácia de transgredir as leis da *polis*, isto é, o *kerygma* por ele promulgado, a filha de Édipo responde: "Sim, uma vez que não foi Zeus quem promulgou para mim essa proibição (*tade*), e *Dikè*, aquela que habita com os deuses de baixo, não estabeleceu tais leis entre os homens."* Esse exegeta destaca a observação de Beaufret, segundo a qual teoricamente seria possível ler assim esses versos de Sófocles. Contudo, o próprio Beaufret prefere tomar o partido de Reinhardt, tal como faz Lauxerois em relação a esses mesmos versos, conforme veremos adiante. Dessa forma, nem Zeus, nem a *Dikè*, afirma a heroína trágica, determinaram tal proibição, que, por sua vez, contraria o laço social vigente no século V anterior à era cristã. Antes, porém, vejamos como tais versos foram traduzidos e considerados por diferentes estudiosos dessa tragédia de Sófocles, e quais são suas implicações.

A consagrada tradução realizada por Paul Mazon diz: "Sim, uma vez que não foi Zeus que a proclamou, não foi a Justiça, sentada ao lado dos deuses infernais; não, estas não são as leis que eles jamais impuseram aos homens ..."** Embora na edição francesa consultada a tradução de Mazon não seja comentada pelo autor, a interpretação do excerto citado parece inequívoca. A heroína trágica interpela o tirano de Tebas afirmando que o édito real teria sido obra apenas de Creonte, e não uma determinação divina por parte de Zeus ou da *Dikè*. Ou seja, ela distinguiria a lei da *polis* das leis não escritas dos deuses, não se submetendo à primeira, apenas às últimas.

A título de comparação, cotejemos esses versos decisivos com a tradução empreendida por um autor anglo-saxão: "Não foi Zeus quem fez esta proclamação para mim; tampouco foi a Justiça, que reside na mesma morada com os deuses sob a terra, quem determinou aos homens tais leis como as suas."*** Em seu comentário sobre esses versos, Segal assinala que Antígona expressaria, com essas palavras, sua defesa dos princípios da justiça divina, assim como dos que dizem respeito à conduta humana. De um lado, identificando-os às leis

* "*Oui, car ce n'est pas Zeus qui a promulgué pour moi cette défense* (*tade*), *et Diké, celle qui habite avec les dieux d'en bas, n'a pas établi de telles lois parmi les hommes*" (Sophocle/J. Lauxerois, *Antigone*, p.109, tradução livre).

** "*Oui, car ce n'est pas Zeus qui l'avait proclamée! ce n'est pas La Justice, assise aux cotés des dieux infernaux; non, ce ne sont pas là les lois qu'ils ont jamais fixées aux hommes* ... " (Sophocle/P. Mazon, *Antigone*, p.37, tradução livre).

*** "*It was not Zeus who made that proclamation/To me; nor was Justice, who resides/In the same house with the gods below the earth,/Who put in place for men such laws as yours*" (Sophocles/R. Gibbons/C. Segal, *Antigone*, p.73, tradução livre).

não escritas das divindades ctônicas que zelam pelos ritos funerários; de outro, pelo direito plenamente reconhecido dos funerais apropriados aos mortos na Atenas do século V a.C.

Em nosso idioma, além da tradução da referida passagem por Mario da Gama Kury, já mencionada, vale registrar as traduções de Guilherme de Almeida e Lawrence Flores Pereira dos versos em que Antígona faz menção às leis não escritas dos deuses. Respectivamente: "Pois não foi Zeus quem a ditou, nem foi a que vive com os deuses subterrâneos – a Justiça – quem aos homens deu tais normas",[28] e, logo, "... pois não foi o meu Zeus que a proclamou/E nem a justiça dos deuses lá debaixo,/Que fixaram aos homens as perenes leis."[29] Vemos que as traduções, embora apresentem variações, não se distinguem substantivamente. Ao contrário, parecem indicar uma mesma interpretação, aquela que sublinha a oposição lei da *polis* – às quais a heroína trágica supostamente não se curvaria – *versus* leis dos deuses, primeiras no tempo e também em ordem de importância.

O comentário de Rosenfield ao texto de Sófocles, apesar de considerar que a heroína trágica invocaria Zeus como divindade oposta ao decreto, remete à distinção efetuada por Jebb quanto a duas outras funções desse deus, a uraniana e a ctônica. A autora menciona, então, a tradução de Hölderlin para os versos em apreço, em que Antígona diria a Creonte: "Meu Zeus [Zeus *Herkeios*, deus do lar, protetor da linhagem que habita o palácio de Tebas] não me proclamou [o decreto]/Nem aqui em casa, a *Dikè* dos deuses de baixo."[30] No entender dessa comentadora, *pari passu* com a interpretação de Hölderlin desses mesmos versos, o que estaria em jogo no diálogo entre Creonte e Antígona seria a luta pelo palácio de Tebas, isto é, pela legitimidade do poder não apenas de reinar sobre a *polis*, mas de restabelecer a ordem e a lei na cidade devastada pela guerra fratricida, cujo sangue derramado pelos irmãos mortos em combate havia conspurcado o solo tebano.

Cabe lembrar que Zeus, além de ser o deus supremo do panteão grego, se declina em distintas modalidades da mesma deidade. Conforme salienta Rosenfield, assim como há um Zeus *Herkeios*, protetor do lar (*oikos*), há também um Zeus *Basileus*, que, no entender de Vernant, permaneceria junto ao rei nas circunstâncias em que o soberano é convocado a exercer o poder, uma vez que este emana dos deuses e extrai sua eficácia através das potências divinas.[31]

Naquilo que nos interessa especificamente, importa destacar que a potência soberana de Zeus, senhor do Olimpo, "por um lado ..., encarna o céu com seus movimentos regulares, o retorno periódico dos dias e das estações, significa uma soberania justa e ordenada. Por outro, há nela um elemento de opacidade, de imprevisibilidade".[32]

A um só tempo luminoso[33] e opaco, Zeus garante a ordem cósmica e, concomitantemente, representa uma dimensão inassimilável à deliberação e ao entendimento humanos. Mas, segundo Rosenfield, mesmo supondo que a heroína trágica invocasse uma espécie de divindade privada protetora da linhagem dos Labdácidas, isso não garantiria a correção nem a pertinência de sua decisão em sepultar o corpo do irmão. Seja Zeus, as divindades ctônicas ou ainda a *Dikè*, Antígona não faz de sua evocação um álibi. Em seu aspecto opaco, imprevisível, nem mesmo Zeus *Herkeios* poderia responder, pelo ato da princesa tebana, sendo ela é a única responsável.

Retomando a célebre passagem sofocliana, vemos que as traduções de Reinhardt e de Gibbons/Segal se assemelham, exceto pela interpretação de um termo que, de acordo com a hipótese de Lauxerois, confere uma surpreendente nuance aos versos de Sófocles e, consequentemente, àquilo que estaria em jogo na posição assumida pela filha de Édipo, conforme veremos na sequência da exposição.

A propósito dos mesmos versos, Beaufret afirma que, apesar de a interpretação do referido diálogo entre Creonte e Antígona permanecer problemática, é possível conceber que a heroína trágica recorre a Zeus e a *Dikè* contra a injustiça do decreto por parte do rei de Tebas. Contudo, de acordo com a tradução desses versos por Hölderlin, a princesa tebana diria: "Porque não foi meu Zeus quem a ditou ...", opondo seu "próprio" Zeus àquele de Creonte.[34] Em seguida, Beaufret, inspirando-se na interpretação de Reinhardt, propõe a seguinte tradução para as palavras da filha de Édipo: "Certamente não foi Zeus quem me conclamou a fazer o que fiz/Tampouco a *Dikè*, que habita com os deuses de baixo,/Fixou entre os homens *as leis que faço minhas*."[35]

A partir dessa tradução dos versos sofoclianos, Beaufret considera que Antígona arroga-se um conhecimento mais imediato das leis não escritas, indagando: "Pois se não foi do alto, Zeus, nem de baixo, *Dikè*, que inspiraram Antígona em sua conduta, de quem, então, recebeu o sinal? De quem, senão dela mesma [?] ... ."[36] Entretanto, é preciso ressaltar que há uma diferença entre supor que o ato de Antígona equivaleria à lei segundo a qual ela age ("minha lei", conforme a tradução proposta por Lauxerois) e aquela proposta por Beaufret, de acordo com sua tradução dos referidos versos: "as leis [não escritas] que faço minhas." Uma coisa é tomar para si as leis divinas, outra é evocar sua própria lei, extraindo-a de seu ato. Esta, justamente, será a proposição de Lauxerois, que examinaremos em seguida. Sua interpretação do termo grego *tade* no contexto da frase descortina uma nova perspectiva quanto à compreensão dos versos. Segundo Lauxerois,

> Na resposta de Antígona à pergunta de Creonte, o demonstrativo neutro plural *tade* não diz respeito a "minhas leis" de Creonte, mas designa *o ato de transgressão que ela cometeu*. Assim, *Antígona* não opõe as leis de Zeus e da *Dikè* ao decreto de Creonte, mas ela *afirma que seu ato não responde nem às leis do alto* [de Zeus] *nem às leis de baixo* [*Dikè*], que ela não agiu segundo nenhuma lei estatutária, *mas que sua conduta responde às regras não escritas, que não são menos imperiosas.*[37]

Conforme observa o comentador, se o termo *tade* não diz respeito ao decreto (*kerygma*) de Creonte, ao qual este atribui o estatuto de lei (*nomos*), em sua resposta ao tirano de Tebas a heroína trágica afirma que sua inarredável decisão de conduzir os ritos funerários junto ao corpo do irmão morto não obedece nem à lei vigente na *polis*, determinada por Creonte, nem às leis dos deuses. Sua decisão em sepultar o corpo de Polinices não diz respeito a qualquer forma de estatuto, compreendido como regulamento ou código (ainda que divino ou moral) com significado e valor de lei ou de norma. De acordo com essa visão, cai por terra a oposição falaciosa entre lei humana e lei divina, lei da *polis* e leis que regem o *genos* ou o *oikos*, entre indivíduo e Estado, ou, ainda, entre imanência e transcendência.

Esse comentário indica que as leis não escritas, às quais o ato de Antígona se refere, não se confundem nem com as leis de Zeus, olímpicas, nem com aquelas dos deuses ctônicos, que zelam pelos laços de sangue e também pelos mortos. De acordo com a interpretação conferida ao termo grego *tade* na réplica da heroína trágica ao soberano de Tebas, Lauxerois propõe a seguinte tradução para esses versos: "Certamente, não foi uma proclamação de Zeus que me ordenou fazê-lo,/E *Dikè*, esta que habita com os deuses de baixo,/Tampouco definiu entre os homens leis como *a minha*."[38]

Trata-se de uma nova e surpreendente exegese do texto sofocliano, segundo a qual Antígona, em seu ato, não evocaria nem Zeus nem a *Dikè*, a justiça divina, como causa de seu ato. Nem esta nem aquele, diz a princesa tebana, teriam ditado a "sua" lei. Como compreender essa desconcertante formulação? Tratar-se-ia de uma suposta afirmação de autonomia por parte de Antígona, em relação às leis não escritas dos deuses?

O que nos interessa destacar na interpretação de Lauxerois do texto grego – provavelmente informada pelo comentário de Lacan a propósito dessa tragédia em seu seminário sobre a ética da psicanálise – é a dimensão de transgressão contida no ato de Antígona, em descontinuidade com as leis de Zeus e da *Dikè*. Em descontinuidade, mas não em oposição. De um lado, Antígona evoca as leis não escritas dos deuses ctônicos, que zelam pelos laços de sangue assim como pelos mortos; de outro, ela não justifica seu ato por meio dessas mesmas leis. Por conseguinte, não seria possível subsumir o ato da heroína trágica às leis não escritas dos deuses e da *Dikè*.

Diremos, antes, que as leis não escritas só têm validade, por assim dizer, por meio do próprio ato de Antígona, isto é, que seu ato, mais do que validar, funda o campo dos deuses no qual vigem – e do qual decorrem – essas mesmas leis. As ressonâncias com a máxima freudiana são praticamente inevitáveis: *Wo es war, soll Ich werden*. A heroína trágica advém, em ato, ali onde isso – as leis não escritas – era. Mas que não era antes, passando a *ter sido* por intermédio de sua decisão trágica, advento de ordem ética. O ato de Antígona inscreve, de forma pontual e contingente, as leis que não cessam de não se escrever.

De acordo com esse encaminhamento da problemática, seu ato é a sua lei ("a minha"). Contudo, não convém considerar essa hipótese a título de petição de princípio ou elogio da insubordinação. O gesto de Antígona para com o irmão morto é único, irreproduzível, pelo qual a jovem tebana responderá integralmente. Sua decisão e seu ato valem apenas para ela – não para sua irmã Ismênia, por exemplo –, e a heroína trágica não visa nada além do que o dever de cumpri-lo, sem com isso pretender desafiar nem o rei de Tebas nem as leis da cidade, nem tampouco estabelecer um padrão universal de conduta.

A observação de Lacan quanto aos referidos versos subsidiam essa interpretação, uma vez que na tradução que propõe para eles – a saber, "Pois de maneira alguma foi Zeus quem proclamou essas coisas para mim" – ele observa que, sendo perfeitamente compreensível o sentido dessa réplica, não obstante "é importante não compreender para compreender".[39] Assim, considera que, em sua réplica a Creonte, a filha de Édipo

> repudia o fato de que seja Zeus que lhe tenha ordenado fazer isso [conceder as honras fúnebres ao irmão morto]. Nem tampouco a *Dikè*, que é companheira, a colaboradora dos deuses daqui de baixo. Precisamente, *ela [Antígona] se dessolidariza da Dikè*.[40]

Desse modo, a decisão da heroína trágica em sepultar Polinices não obedece a um mandamento de Zeus, deus maior do Olimpo, tampouco à Justiça que vige no Hades, que, por sua vez, diz respeito aos deuses ctônicos. Apesar de evocar essas divindades em relação ao dever de conceder as exéquias ao irmão morto, Antígona não justifica seu ato por meio de uma obediência religiosa de caráter pio. Nem Zeus nem a *Dikè* determinam sua decisão: não se trata de submissão a um mandamento divino, menos ainda de uma estrita observância às leis não escritas, *nomima*.

A posição da heroína trágica advém em disjunção com a ordem de causalidade de que, entretanto, é tributária. A visada do desejo de Antígona não é solidária à *Dikè* (justiça divina), assim como se situa (e a situa) para além da *Atè*, da linhagem amaldiçoada dos Labdácidas, que Lacan relaciona a uma cadeia, aos próprios termos da articulação significante.[41] Vale lembrar que a noção de *Atè* vigente na Antiguidade significa inicialmente "cegueira", sendo utilizada por Homero no sentido fisiológico. Na tragédia esse termo emerge ganhando novo sentido, aquele que se refere ao estado objetivo de "ruína", "calamidade" ou "desastre", condensando por justaposição a problemática intrínseca à tragédia: a tensão ineliminável entre destino e vontade livre, entre plano divino e escolha humana, vale dizer, entre determinismo e responsabilidade.[42]

Por conseguinte, no século V a.C. vemos o herói trágico diante de uma injunção advinda de um campo de opacidade que lhe é radicalmente exterior (o campo dos deuses e suas leis não escritas), constrangido a garantir em ato essa ordem Outra que o antecede e ultrapassa, a contrapelo da conformidade a um bem e ao preço de sua própria perda. A relação do herói trágico com as leis dos deuses seria, assim, homóloga à relação do sujeito com o desejo – de resto, devidamente destacada por Lacan.[43] Assim, é possível considerar que a dimensão propriamente objetal do sujeito – que será problematizada no último capítulo deste livro – já se encontra indicada no ensino de Lacan em relação à posição da heroína trágica sofocliana, dimensão que viria a ser plenamente desdobrada em suas considerações sobre o ato psicanalítico.[44] Nesse seminário Lacan evoca a analogia entre essa dimensão e o ato trágico, afirmando que, à semelhança do que se passa com o sujeito que se encontra determinado pela função de caducidade do objeto de que ele é o suporte, o herói é aquele que advém como dejeto de sua própria empreitada.[45]

Proponho, assim, que as leis não escritas não constituem a ordem de razões mediante as quais Antígona age; ao contrário, é justamente porque a heroína trágica toma em mãos o seu destino e age que as leis não escritas têm, por conseguinte, validade. Com isso, pretendo destacar uma anterioridade lógica – e não cronológica – na relação do ato de Antígona com as leis não escritas. Seu ato não pode ser subsumido a essas leis, às quais, todavia, a heroína trágica se refere. Não é exclusivamente porque as leis não escritas vigoram desde os tempos imemoriais que Antígona decide sepultar o cadáver de Polinices. Ela o faz apenas porque "é assim porque é assim", conforme destaca Lacan, "... como sendo a presentificação da individualidade absoluta",[46] em consonância com o caráter *autonomos* da heroína trágica destacado pelo próprio texto sofocliano. Ou seja, seu ato não se justifica de nenhum modo, o que não significa dizer que seja injustificável.

Mais ainda, este ato escreve, em perda, a lei de "seu" desejo ("minha lei"), que advém de um campo Outro – os desígnios não escritos dos deuses –, opaco, inassimilável à vontade ou ainda à deliberação, sejam estas fundamentadas ou não. O desejo não se justifica, mas deve ser sustentado em ato. Sua relação com a lei é intrinsecamente paradoxal: o desejo constitui transgressão à lei sobre a qual se funda. Aproximando o herói trágico do sujeito da psicanálise, Lacan afirma que se trata, para este, numa análise, de conquistar a própria lei, da qual ele apura o escrutínio.[47] "Apurar o escrutínio" não diria respeito a um exame cuidadoso a ser levado a cabo no plano do pensamento, mas naquilo que retorna ao sujeito como consequência de seu ato, no qual – paradoxalmente – ele não está presente como sujeito, mas como objeto cedido ao Outro, de modo a garantir sua *ex-sistência*.

O juízo ético proposto por Lacan – nos termos "agiste conforme ao desejo que te habita?"[48] – não interpela o sujeito em relação a algo que ele deveria fazer, mas em relação àquilo que terá feito (ou não). Apurar o escrutínio de sua própria lei implica, na temporalidade do *après coup*, ter extraído por intermédio de seu ato o desejo pelo qual terá sido habitado. Ou, ao contrário, arcar com a culpa de não tê-lo feito.[49] A lei do desejo não está dada *a priori*, cabendo ao sujeito apenas se submeter a ela; ela deve ser por ele conquistada a cada vez, através de um ato que acarreta sua perda. O encaminhamento de Antígona é ético, já que ela não recua diante do preço a pagar, conquistando, dessa forma, o acesso à sua lei, aquela do desejo do Outro.

De outro modo, em que código estariam consignadas as leis não escritas, se não naquilo mesmo que Antígona atualiza em ato? Não seriam elas análogas à lei do desejo em sua dimensão ética, que só vigora por intermédio da decisão inantecipável de um sujeito a ela se submeter? Talvez seja este o sentido da proposição de Lacan, que diz que "*Antígona* nos faz, com efeito, ver o ponto de vista que define o desejo",[50] que será discutida adiante. De uma parte, podemos compreender essa afirmação no sentido de que o ponto de vista que define o desejo é aquele que concerne à posição do sujeito – em ato – que consente em pagar o preço de sua própria perda, tornando-se, pontualmente, e por intermédio desse passo (ético), o garante de um campo Outro, imperscrutável, uma vez que a opacidade constitui como que a substância do desejo.[51]

Linguagem e segunda morte

Em uma carta ao amigo Giorgio Vasari, o escultor e pintor renascentista Michelangelo Buonarroti,[52] já idoso, conclui a missiva de forma poética e contundente, dizendo que "não nasce em mim pensamento onde não esteja dentro esculpida a morte".[53] Trata-se de uma imagem forte, sobretudo em se tratando de um artista que se dedicou a extrair da pedra bruta, *per forza di levare*, isto é, por um esforço de extração, as figuras que ali se encontravam "escondidas e em potência".[54] A morte, para o artista, abriga-se no âmago da vida, que não seria outra coisa senão a labuta de desbastar todo o excesso e, por fim, fazer emergir sua temível figura. Nisso consistiu a incansável faina do escultor florentino; *mutatis mutandi*, nisso consiste o trabalho da palavra. O cinzel do significante corta, perfura, retalha o corpo, desnaturalizando a vida e introduzindo, por meio dessa operação, a morte. Ali onde na natureza não há perda, apenas transformação, a palavra secciona, corta, disjunta. A seguir, veremos como a problemática referente à morte é apresentada na tragédia da qual tratamos.

Vimos que, frente ao arbítrio de Creonte, Antígona evoca as leis não escritas dos deuses, as divindades ctônicas, e não os deuses olímpicos que protegem a vida da *polis*. A instituição da *demokratía* – o poder que emana da cidade – fará calar os deuses ancestrais aos quais a heroína trágica se dirige, emudecendo por esse mesmo passo a enunciação articulada, que é a sua, em prol dos enunciados (*nomoi*) que doravante irão reger a vida dos cidadãos. Quanto à especificidade da reivindicação dessa personagem trágica, Knox comenta:

> ... o culto aos mortos e aos deuses inferiores era em todo caso independente da *polis*, uma vez que as divindades ctonianas, à diferença das olímpicas, nunca foram estreitamente associadas a nenhuma cidade em particular, e sua adoração não tinha parte na pompa e cerimônia da vida da *polis*. ... *A cidade do Hades fica em lugar nenhum e em toda parte*. Para esse deus as cidades dos homens não têm importância; diante dele todos os homens são reduzidos à igualdade pelo destino comum da morte. A devoção de Antígona ao Hades e aos deuses de baixo dá a ela a sanção religiosa que é completamente independente da *polis*.[55]

Nessa mesma direção, Lauxerois destaca que "*Antígona reivindica a fraternidade com o mundo dos mortos*",[56] fornecendo elementos importantes para uma nova compreensão dos versos sofoclianos discutidos anteriormente. Nisto consiste o cerne da interpretação do tradutor dessa tragédia: a comunidade com os mortos explicitada no ato da heroína trágica. O laço que a une a Polinices, o irmão morto sem direito às exéquias, se expressaria no traço comum a ambos, à vida marcada pela morte e desde sempre perdida. Assim, o gesto de Antígona diria respeito menos à piedade fraterna ou à lealdade familiar do que ao fato de que, enquanto mortais, ambos participam de um destino comum. Seu ato testemunha a mais radical forma de compaixão.[57]

De acordo com Lauxerois, no idioma grego falado por Homero, bem como naquele de Sófocles, o homem não seria apenas *ánthropos* – designação genérica, que indica tanto o indivíduo quanto a humanidade –, e sim *brotos*, isto é, um mortal. A morte, para o homem grego do século V a.C., não é uma abstração; caracteriza aquilo que é próprio ao humano – ao contrário dos deuses, que são imortais. O grego antigo não se ocupa da questão sobre a morte, nem sobre o que é a morte; ocupa-se, antes, do fato de que a morte é. Desse modo,

> A morte grega não é nem uma ideia filosófica nem uma questão de foro íntimo, como será pelas sabedorias da Antiguidade tardia, ciosa do indivíduo e de sua felicidade. A morte grega é sempre uma figura concreta e comum. *Ela é o nome do limite a partir do qual tudo se ordena no mundo*: os deuses e os homens, a cidade e a terra, os vivos e os mortos – os quais permanecem presentes, mesmo se eles não estão mais [vivos]. Disso resulta que sepultar os mortos, honrar os mortos, reverenciar os mortos decorre da piedade essencial que dá sentido à vida dos homens e à comunidade[58] de mortais à qual eles pertencem.[59]

Por conseguinte, a morte ordena o mundo antigo a partir de sua incidência real. Ela não é uma vicissitude da vida nem do vivente; constitui a vida humana enquanto tal: parcial, contingente e finita. O estatuto da morte seria aquele de uma negatividade operativa, e não apenas a ausência de vida, nada – que, de resto, é impensável para o homem grego do século V anterior à nossa era. Na Antiguidade a morte não seria, portanto, percebida como o limite da vida; ao contrário, seria a borda que constitui a vida humana, o traço comum àqueles que compartilham um mesmo destino – mortal –, humano por excelência.

No mundo antigo havia uma fronteira nitidamente demarcada entre o campo dos deuses e a vida humana. Esse litoral é traçado pela morte. Os deuses não são eternos, e sim imortais, traço distintivo que os aparta radicalmente do homem, essa criatura efêmera que surge para desaparecer.[60] Os deuses desconhecem a miséria humana: a fome[61] e a sede, a fadiga, as doenças, o envelhecimento, o nascimento por meio da procriação e, com ele, a finitude.[62] A morte é um divisor de águas que define tanto o homem (*brotos*) como os deuses (*athánatoi*), instituindo entre eles um limite claro e intransponível. Ao homem é interditado igualar-se aos deuses;[63] o campo dos deuses, embora seja parte integrante e indissociável do cosmos grego, é inassimilável à vida humana.

A divisa do oráculo de Delfos – "Conhece-te a ti mesmo" – é menos uma exortação (ao autoconhecimento) do que uma advertência: trata-se, para o homem, de reconhecer-se enquanto mortal. Isto é, reconhecer a própria finitude, a precariedade de sua existência, seu desamparo frente às exigências da vida e à injunção do desejo. "Conhece-te a ti mesmo" é, assim, "conhece teu limite, tu não és senhor da tua vida. A morte é o senhor absoluto." O desamparo, *Hilflosigkeit*, é a condição humana por excelência, que leva o sujeito a endereçar-se ao Outro (nas tragédias, aos deuses), a pedir sem saber qual será a resposta – se é que haverá alguma.

Freud considera que o inconsciente desconhece a negatividade, assim como toda e qualquer forma de negação. Daí decorre que não há representação da morte em nível inconsciente; por conseguinte, a morte é tratada como uma vicissitude indesejável e fortuita. Contudo, essa atitude em relação à morte acarreta o empobrecimento da vida, uma vez que esta já não pode ser arriscada. O segredo do heroísmo residiria no fato por não considerar a vida um bem a ser preservado, o herói estaria mais próximo da dimensão inconsciente.[64]

Cabe aqui uma palavra sobre a dimensão da piedade na Atenas do século V antes da era cristã, tantas vezes evocada na tragédia de que estamos tratando e apontada por Lauxerois na citação apresentada. A anterioridade cronológica indica que a piedade grega antiga em nada se assemelha àquela que vigora na tradição judaico-cristã. De acordo com o entendimento proposto por Lauxerois, a piedade trágica (*eusèbeia*) encontra-se associada ao gesto de solidariedade para com os mortos, uma vez que essa noção abarcaria aquilo que concerne aos mortos, para além de todo ritual e de toda e qualquer forma estatutária de respeito, sem caracterizar uma mera reverência ao divino e aos deuses.[65] Para esse comentador, a piedade encarnada por Antígona articula-se com sua posição em relação às leis não escritas dos deuses, conforme veremos adiante.

A religiosidade presente na Antiguidade grega não se funda sobre a palavra revelada nem depende da salvação da alma por intermédio da vinda de um messias. Ao contrário, o campo dos deuses gregos delimita uma radical dimensão de alteridade à qual o homem se encontra apenso. No entender de Latte, "a consciência religiosa não é apenas sujeita a paradoxos morais, mas frequentemente percebe neles a revelação mais profunda do sentido trágico da vida".[66] Assim, o dito paradoxo moral – ou tensão – entre a determinação referida ao campo dos deuses e a responsabilidade humana de fazer valer essa injunção é constitutivo da religiosidade trágica. No mesmo ponto em que se encontra submetido à injunção divina, o herói deve se responsabilizar por uma decisão que é, em si mesma, ato (e não intenção ou deliberação).

Lauxerois considera ainda que a proibição do sepultamento do cadáver de Polinices por parte do governante de Tebas representa uma dupla condenação:

além de desonrar a memória, afeta o laço social (*communauté*) vigente no século V a.C., que é tecido sobre o vazio da morte. Assim, o decreto de Creonte causaria "prejuízo [*porte atteinte*] ao laço que une os vivos e os mortos e, pelo mesmo golpe, ao laço que reúne o ser mortal a ele mesmo, assim como à comunidade que ele forma com seus 'semelhantes' [isto é, com os demais *brôtoi*]".[67]

Desse modo, ao negar a Polinices a dignidade intrínseca ao sepultamento de seu corpo, Creonte desconsidera aquilo que caracteriza o laço social na Antiguidade: o fato de que o homem é um mortal. A "humanidade" do homem grego seria, portanto, caracterizada pelo compartilhamento dessa marca da qual ele é o único portador, à diferença dos deuses, e também dos animais – a morte. Esse seria o traço humano por excelência que o ato de Antígona faz ressaltar: a marca da morte inscrita na vida. Para Lauxerois,

> Antígona … sabe imediatamente antes dos outros, por meio de um saber inato, imemorial, que o fim já está posto no próprio começo. É o quinhão daqueles que os gregos nomeiam os mortais (*brôtoi*), por estarem já mortos na própria plenitude da vida. E é esse mortal que é preciso honrar, [enquanto] morto ou vivo, morto e vivo … . Ao estado de exceção decretado por Creonte, Antígona opõe, *em ato*, a resistência do ser mortal como assombrosa [*effrayante*[68]] exceção.[69]

O ato da heroína trágica em desafiar o decreto real testemunha, assim, sua sujeição ao destino comum do humano: a morte. O que é inerente ao humano é o fato de ser mortal, *brôtoi*, carregar a morte em vida. Essa invasão da morte na vida, destacada por Lacan em seu comentário da tragédia sofocliana no seminário sobre a ética da psicanálise, diria respeito à dimensão objetal do sujeito da psicanálise. Em plena vida, o sujeito humano já é dejeto, resto mortal, uma vez que, marcado pelo significante, traz a morte inscrita na carne. Como no dito grilhão de uso antigo evocado por Lacan, em que o sujeito ignora o fato de trazer tatuado no couro cabeludo a sentença que o condena à morte.[70] Mortificado por sua constituição no significante, essa é a condição estruturalmente trágica do sujeito. A relação do desejo com a morte que incide sobre o sujeito decorre de sua constituição no campo do Outro.[71]

Ao comentar o *kommos* nessa tragédia, Lacan afirma que a queixa de Antígona tem início no momento em que a heroína trágica transpõe um limiar, aquele que demarca vida e morte: "para Antígona a vida só é abordável, só pode ser vivida e refletida a partir do momento em que ela já perdeu a vida, em que ela está para além dela – mas de lá ela pode vê-la, vivê-la sob a forma do que está perdido."[72] Trata-se de uma belíssima formulação, prenhe de consequências. O sujeito é também aquele que só tem acesso à vida no momento em que consente perdê-la, nela se perdendo. É sob a forma do que está perdido que o acesso à vida é – parcialmente – franqueado ao sujeito. Não há sujeito fora da linguagem, isto é, da ordem significante, e sua entrada nesse campo advém por intermédio de uma perda, cessão de objeto – que, em última instância, ele é.

O advento do sujeito no campo do Outro – da palavra e da linguagem – implica um corte com o *bíos*, a vida como um infinitamente relançado ciclo de geração e corrupção, onde não há perda, mas constante transformação. A linguagem, incidindo como lâmina cortante, cinde, disjunta, operando uma subversão na ordem natural. Determinado pela cadeia significante em que é apenas representado de um significante para outro, o sujeito, de saída, perde o ser, termo último da existência. "Ali onde ele é representado, o sujeito está ausente", afirma Lacan.[73] Justamente por estar ausente, ou seja, onde ele não é, deverá ali mesmo tomar lugar, numa dimensão que já é ética (não ontológica nem mesmo ôntica). Apenas se o sujeito consente em perder a vida (a ser nada além do que aquilo que um significante representa para outro), nela se perdendo – vale dizer, renunciando à mestria e ao agenciamento –, só então poderá ter acesso à vida, uma vida decepada, marcada por uma perda constitutiva.[74]

Antígona não desconhece o fato de que há um preço a pagar por sua decisão trágica, e ela sabe qual é este. A primeira sentença, lapidação, posteriormente comutada em emparedamento, é inequívoca: ela deverá ser enterrada viva. A morte decretada por Creonte não é aquela do corpo, a extinção do funcionamento biológico, mas a condenação a uma vida no reino dos mortos, uma vida fora da linguagem; por conseguinte, a mais cruel e radical forma de banimento. No sepulcro, viva entre os mortos, ela habitará o mesmo limbo que o amado irmão, cadáver insepulto sobre a cidade, morto entre os vivos. A propósito dessa passagem, Knox comenta:

> Por sua ação, ela, aos seus [de Creonte] olhos, renunciou à cidadania e tornou-se uma *metoikos*, um estrangeiro residente, e esse estatuto, que depende da permissão da *polis*, ele [Creonte] a priva dele. Ela não tem mais cidadania ou residência legal no mundo de cima, mas tampouco o terá no mundo de baixo; ela terá que ser uma

> vivente no reino da morte, nem morta nem viva, não será cidadã de pleno direito nem mesmo no Hades, mas, como ela mesma diz, uma *metoikos*, uma forasteira, mesmo ali.[75]

Assim, a sentença proclamada por Creonte contra Antígona apenas reduplica a anterior, a proibição do sepultamento de Polinices: este, condenado a apodrecer entre os vivos; aquela – seu negativo – destinada a viver entre os mortos. Não há lugar na linguagem para descrever semelhante forma de morte, ou, ainda, de vida; portanto, já não é de morte ou vida que se trata, pois ambas só existem na – e por meio da – linguagem. Trata-se do "entre-duas-mortes", zona impossível de ser habitada por um sujeito humano: "Seu suplício vai consistir em ser trancada, suspensa na zona entre a vida e a morte. Sem ainda estar morta, ela [Antígona] já está riscada do mundo dos vivos."[76]

Em referência a essa questão, Lacan cunha a expressão "segunda morte" (a primeira é a cessação da vida, conjunto de reações bioquímicas que anima o vivente), aquela que o sujeito humano deve à natureza por sua constituição no significante. Mas Lacan utiliza essa mesma expressão em outro sentido ao tratar da proibição de Creonte quanto às exéquias de Polinices, afirmando que o governante da *polis* visa infligir uma espécie de segunda morte ao morto. Ao recusar-lhe uma sepultura, é a morte do nome que está em jogo e, com isso, a elisão do sujeito, bem como degradação da linhagem.

O édito de Creonte reduz Polinices à putrefação da carne. Interditando a inumação do cadáver, recusa-lhe a morte, aquela que o significante vem cernir por meio dos ritos fúnebres. Isso Antígona não pode tolerar. Trata-se, para ela, de salvaguardar a humanidade de seu irmão, tributária da morte – engendrada por sua inscrição no campo da palavra e da linguagem – à qual ambos estão destinados. É preciso dar lugar à morte, velar seu sono eterno, traçar uma borda em torno de seu vazio inominável. "Não se trata de acabar com quem é homem como se faz com um cão. Não se pode acabar com seus restos esquecendo que o registro do ser daquele que pôde ser situado por um nome deve ser preservado *pelo ato* dos funerais", assinala Lacan.[77]

A dimensão simbólica está posta. A sepultura não é outra coisa senão uma inscrição simbólica cuja função é contornar o vazio – o vazio da morte, da abertura na terra, *chtôn* –, circunscrevendo-o. É menos em nome das divindades ctônicas que habitam o Hades do que diante da opacidade de sua injunção que Antígona vem testemunhar, com sua decisão inquebrantável, a prevalência dessa dimensão Outra, fundando-a retroativamente por intermédio de seu ato. Lacan destaca que o ato é um dizer – logo, enunciação. Nele, "a dimensão do Outro, no sentido de que o ato vem testemunhar alguma coisa, não é mais eliminável".[78] Assim, ao agir, a heroína trágica faz existir (*ex-sistir*) o campo dos deuses.

Para além da questão própria à Antiguidade grega, Lacan destaca em suas considerações o fato de que Polinices, ao receber um nome, é marcado pelo significante. Com isso, já se encontra sob a égide da segunda morte, não aquela que devemos à natureza, e sim a que a estrutura significante determina. O homem é *brotos*, isto é, um mortal, para além da designação genérica *ánthropos*. Ele carrega a morte em vida. Não apenas porque o homem, à diferença dos deuses, é mortal, mas sim em virtude de ser falante, constituído na e pela linguagem. Esta impõe uma segunda morte à natureza, para além da cessação da vida; desnaturaliza o *bíos* onde não há perda nem desvio, apenas o infinitamente relançado ciclo de geração e corrupção. "Ser situado por um nome" é estigma significante, é portar no corpo a marca da morte. É também estar localizado na linhagem,[79] ocupar uma posição singular na cadeia significante, não intercambiável; o nome testemunha uma inscrição simbólica, bem como um pertencimento. "Antígona representa por sua posição esse limite radical que, para além de todos os conteúdos, de tudo o que Polinices pôde fazer de bem e de mal, de tudo o que lhe pôde ser infligido, mantém o valor de seu ser. ... *Esse valor é essencialmente de linguagem.*"[80]

Trata-se, para Antígona, de fazer valer aquilo que, por não estar escrito, funda a ordem significante, propriamente humana, ainda que ao preço da própria perda – uma vez que se situa para além de todo e qualquer *pathos* humano. Desse modo, a heroína trágica não visa se opor à cidade ou às ordens de seu soberano, e sim garantir, por seu ato, essa mesma ordem. Esse é o passo de Antígona, passo ético por excelência.

O *kerygma* promulgado por Creonte elide a dimensão da morte e, sem esta, o que se poderia supor à vida? A vida sem a presença da morte seria a eternidade, dimensão fora do tempo, sem fim e sem começo. Apenas os deuses são imortais; os homens compartilham esse destino comum, mortal, que lhes assegura uma vida decepada, precária, parcial e finita.

"Mortal" é, também, aquele que foi fruto do desejo, ainda que incestuoso – como no caso da filha de Édipo. Há uma relação entre morte e sexualidade devido à reprodução sexuada (e não por cissiparidade, em que o *bíos* se desdobra *ad infinitum*), por meio da qual uma perda se introduz no campo do vivo. Falta real que advém do destino sexuado do sujeito humano, que, por seu intermédio, cai sob o golpe de foice da morte individual. Sobre essa falta real há outra que vem recobri-la, a que se refere ao fato de que o sujeito depende do significante e este se encontra no campo do Outro. Dessa hiância cavada no campo do vivo o desejo poderá brotar.

A morte é colocada, como tal, pela linguagem, já que não há morte na natureza, apenas as diferentes etapas do ciclo vital. Só há a morte que o significante engendra. O significante incide como corte, cindindo o ser, separando-o de qualquer espécie de essência pretensamente natural. "Esse corte é manifesto a todo instante pelo seguinte, a linguagem escande tudo o que ocorre no movimento da vida."[81] Não há perda na natureza: esta é essencialmente conservadora. De acordo com a proposição de Lacan, é o campo da palavra e da linguagem, ou seja, o significante, que introduz a morte – a segunda – ali onde a vida é apenas o eterno retorno do mesmo, criando, *a posteriori* e por assim dizer, a primeira morte, cessação da vida. Dessa forma, o sujeito humano só tem acesso à vida por meio da morte que o significante engendra. Ou seja, a uma vida, de saída, perdida. Portanto, a conquistar a cada vez, a cada passo, em redobrada perda.

Guardiã da morte que a vida carrega, Antígona não hesita: age. É preciso confiar o corpo do irmão morto à terra, nomeada aqui não como *gè*, mas *chtôn* – que significa tanto o solo tebano como as profundezas subterrâneas em que habitam os deuses não olímpicos, o Hades, lugar dos mortos.[82]

> A terra [aqui] não é a *polis*, ela não é o sítio da cidade onde se reúne um mundo. Ela é, ao contrário, o abismo sobre o qual a cidade pode ser "fundada". A terra [*chtôn*] protege o sítio de um mundo. Ela abriga. Os vivos e os mortos. Dos quais ela é a guardiã. Em seu próprio retiro. A tragédia ... lembra à cidade o sentido daquilo que a guarda e a salvaguarda, uma vez que ela esquece essa dimensão da terra como abismo.[83]

Esse abismo que o termo grego *chtôn* representa é o mesmo sobre o qual se lança o ancião cego Édipo na tragédia *Édipo em Colono*, também de autoria de

Sófocles, que compõe, juntamente com *Antígona* e *Édipo rei*, aquela que é conhecida como a trilogia tebana. *Chtôn* diz respeito ao vazio em torno do qual a vida se tece: o vazio engendrado pela morte. É sobre esse mesmo vazio que a *polis* se erige, sobranceira. Para Antígona, trata-se de salvaguardar esse lugar, tão mais sagrado quanto inexpugnável. "Assumindo o abismo … Antígona se situa no lugar onde a morte não mais é representável. Lá onde o Nada a toma [*la saisit*]."[84]

A dimensão trágica da existência destacada pela experiência analítica reside nisto: em seu ato, Antígona já é dejeto, destino compartilhado com o irmão morto, cujos restos é preciso velar, cobrindo-os com uma tênue camada de terra. O corpo de Polinices não poderia ficar exposto, carne em decomposição a ser devorada pelas aves de rapina, pois, conforme adverte Lacan, "o que está para além de um certo limite não deve ser visto".[85] O estatuto do objeto, tal como ele é estabelecido pela psicanálise, diz respeito à sua condição de ser apreendido à medida que é velado. Ao encobrir o corpo do irmão com a terra de Tebas, a heroína trágica tece o fino véu que tolda o objeto, objeto que ela já é, destinada à morte por esse mesmo gesto.

De acordo com Lauxerois, "Antígona está bem distante desse 'amar a morte' … . Não se trata de amar a morte, mas antes de 'ser amical com a morte' … . Aí, mais uma vez, o que está em jogo é a tradução do verbo *philein* [amar]. A morte, por si mesma, exige 'amicalidade'".[86] Não se trata de atribuir a Antígona um traço mórbido nem um apreço incomum ou mesmo patológico para com a morte e os mortos, como indicaria a seguinte frase de Ismênia à irmã, no prólogo da peça: "Tens um coração ardente para os frios",[87] isto é, para com os mortos. Tampouco parece que, conforme afirmou Knox a propósito de outra interpelação por parte da irmã, Antígona estaria "*in love with the impossible*".[88] A heroína trágica não flerta com a morte, consequência de sua desobediência ao decreto real; ela simplesmente não a teme.

A nobre filha de Édipo não pretende aceder à "bela morte" característica dos heróis épicos; Antígona não visa, com seu ato, à glória – ainda que póstuma –, que viria, *a posteriori*, dar sentido ao ato por ela consumado. A heroína trágica não busca nenhuma espécie de bem, presente ou futuro, terreno ou celeste. Importa, para ela, apenas "morrer como é preciso [*comme il faut*], ou como se deve, longe da 'glória' dos heróis, que ela rejeita".[89]

Para a princesa tebana, a morte não é disjunta da vida, do dever engendrado pelo desejo. Ao contrário, é por meio da morte – e não apenas dos laços de sangue – que ambos, ela e Polinices, estão irmanados, mortais (*brôtoi*) que são. Assim, "morrer bem é levar até a incandescência ... a assombrosa [*effrayante*] exceção dos mortais, que às vezes os engaja a fazer a prova do laço que religa a vida e a morte".[90]

Trata-se da invasão da morte na vida assinalada por Lacan em relação ao que seria "ter realizado o desejo".[91] A realização de desejo não seria, pois, o cumprimento de uma promessa levada a cabo pelo princípio de prazer. Ao contrário, "é sempre por meio de um ultrapassamento do limite, benéfico, que o homem faz a experiência de seu desejo".[92] A realização do desejo, por um lado, supõe o franqueamento de um limite – aquele colocado pelo bem ou, em outros termos, pelo princípio de prazer. Por outro lado, implica a submissão à segunda morte, aquela que o sujeito humano deve não à natureza – de um modo ou de outro retornaremos ao pó –, mas ao significante. Do ato, o sujeito cai, como dejeto – esta é sua dimensão propriamente objetal.

É essa presença da morte na vida encarnada pela heroína trágica que confere a ela seu brilho intolerável, *hímeros enarges*, o desejo literalmente tornado visível no dizer de Lacan. Este seria, pois, o desejo em ato, sua marcha inexorável comandada por um tempo sem reversibilidade no qual só é possível avançar em perda. "*Hímeros enarges*, é aí que está a miragem central que, ao mesmo tempo, *indica o lugar do desejo* na medida em que é desejo de nada, relação do homem com sua falta a ser, e impede de ver esse lugar."[93]

Nesse ponto surgiria a função do belo, indicando o lugar da relação do homem com a própria morte, fazendo-o por meio de um ofuscamento.[94] Esse lugar, destacado na citação acima, seria constitutivo do desejo; apenas submetido a este haveria um lugar para o sujeito, aquele marcado pela presença da morte. O desejo seria, então, uma escansão entre-dois; entre um significante e outro, fora da cadeia mas por ela articulado; na báscula entre o ser vivo e sua morte. Lugar de passagem, menos aparentado à extensão do que ao tempo, batimento fugaz, pontual e evanescente.

De certo modo, a heroína trágica encarna uma espécie de imagem do objeto *a* que suspende a representação em que um sujeito se sustenta, fazendo emergir o desejo. Se o objeto *a* justamente não tem imagem nem representação (é não especularizável), essa "imagem" de Antígona seria aquilo que Lacan salienta como sendo da ordem de um brilho intolerável, *hímeros enarges*, que torna o desejo visível por seu efeito de ofuscamento. *Hímeros enarges* seria a miragem que, por um lado, indica o lugar do desejo na medida em que este diz respeito à relação do sujeito com a falta a ser (sua dimensão objetal); e, por outro, aquilo que impede – por um efeito de cegamento – de ver esse lugar. O desejo tornado visível, *hímeros enarges*, é, não obstante, não representável.

A *mise en scène* trágica constitui, portanto, uma moldura para esse efeito de ofuscamento produzido pelo objeto *a* enquanto pura vertigem do exercício do desejo em ato, donde Antígona extrai sua decantada beleza. Nesse sentido, o desejo fundaria uma espécie de nova categoria do belo, não mais relacionada à estética, e sim à ética. Tratar-se-ia de uma apreensão do belo na pontualidade da transição da vida à morte que não diz respeito ao belo ideal, mas que teria por função encobrir, *re-velando*, a segunda morte engendrada pela ação do significante. A imagem evocada por Lacan para destacar essa nova forma de apreender o belo é a natureza-morta, já que esta representa, através de uma espécie de suspensão temporal presentificada por intermédio da representação pictórica, a vida em suspenso, congelada, em vias de se decompor. O ponto de vista do desejo é o que se define à medida que se funda numa certa relação com a morte.

Conforme reza a máxima de La Rochefoucauld, o sol e a morte não podem ser olhados de frente, pois ofuscam nossos olhos pouco afeitos à dura clareza que impõem. O belo surgiria nesse lugar, encobrindo num relance o vazio da morte, diante do que o significante se cala. Vivos, estamos votados à morte, *brôtoi*, mortais que somos. Se houvesse um ser inerente ao sujeito humano, seria este em cujo ventre a morte é engendrada, silenciosa e inexorável. Vivemos para parir a morte, e por ela somos paridos. Não apenas no fim da vida, *bíos*, mas a cada vez que nos lançamos, em perda, na direção apontada pelo desejo.

O argumento de Lauxerois de que o ato de Antígona se encaminha na direção de um mesmo destino comum (a morte), compartilhado com o irmão caído em combate e considerado traidor da *polis*, vai ao encontro daquele que diz respeito à segunda morte destacada por Lacan. No seminário sobre a ética da psicanálise, ele se interroga: "A vida tem algo a ver com a morte?",[95] indagando ainda: "Como o homem, isto é, um vivente, pode aceder ao conhecimento desse instinto de morte, de sua própria relação com a morte?"[96] Na sequência, o próprio Lacan encaminha uma resposta: "... pela virtude do significante e sob a forma mais radical. É no significante, e uma vez que o sujeito articula uma cadeia significante, que ele sente de perto, que ele pode faltar à cadeia do que ele é."[97]

Não seria justamente isso o que está em jogo na tragédia sofocliana, encarnada pela heroína trágica? De seu ato, Antígona cai como o significante subtraído à cadeia que a constitui – quer essa cadeia possa ser compreendida como a *Dikè* articulada pelas leis não escritas dos deuses, quer ainda como a linhagem amaldiçoada dos Labdácidas –, sujeito cortado dessa mesma cadeia, numa dimensão que é, propriamente, objetal.

A determinação de Antígona, o caráter inflexível de sua decisão, a ausência de todo e qualquer *pathos* em sua visada em direção à morte, tudo isso se encaminha no sentido da dimensão ética que Lacan pretende isolar como sendo aquela da psicanálise, dimensão trágica por excelência e anterior à elaboração filosófica da ética. Quanto a isso, ele afirma:

> No que nos concerne, tento mostrar-lhes que numa época que precede a elaboração ética de Sócrates, Platão e Aristóteles, Sófocles nos apresenta o homem e o interroga nas vias da solidão, e nos situa o herói numa zona em que a morte invade a vida, em relação com o que chamei de segunda morte. Essa relação com o ser suspende tudo o que tem relação com a transformação, com o ciclo da geração e das corrupções, com a própria história, e nos leva a um nível mais radical do que tudo, dado que, como tal, ele está suspenso à linguagem.[98]

Antes que a filosofia propriamente dita surja no século IV a.C., vindo a formular parâmetros universais e abstratos de conduta ética sob a forma de um saber regulador da vida na *polis*, a tragédia sofocliana apresenta, em ato, a dimensão ética encarnada na visada da heroína trágica Antígona. Esta representa, de modo exemplar, essa suspensão do ser à linguagem. A filha de Édipo se move nas vias da mais absoluta e radical solidão, sem nenhum guia a lhe indicar o caminho, nenhuma mão amiga a ampará-la, nenhuma palavra para lhe servir de conforto. Essa é a dimensão destacada por Lacan para abordar o desejo, dimensão inumana – para além dos limites da humanidade – que constituiu a ética da psicanálise.

Por intermédio da tragédia, essa Outra cena na qual um real assume contornos, "... o teatro abre a comunidade ao jogo do assombro [*l'effrayant*] que habita invisivelmente a cidade e a existência política".[99] Segundo Lauxerois,

> A obra de Sófocles apresenta essa aposta [*enjeu*] segundo a diferença entre o que se escreve e o que não se escreve. A lei da cidade … sobressai do *escrito e do público*. Do que se lê e do que se proclama. … Essas são as leis de Creonte. [Mas] há a lei de exceção que não se escreve nem se proclama, mas que é *em ato*: aquela de Antígona. … O teatro escreve justamente aquilo que não se escreve, e ele é o único a poder levar tão longe [*porter aussi haut*] a tensão assombrosa e "inumana" da escritura e da palavra, da escrita e daquilo que a divide.[100]

A tragédia antiga desnuda aquilo que a razão não pode alcançar, por constituir o seu mais além. Caracteriza uma espécie de reflexão em ato; de certo modo, aquilo que Lacan assinala como sendo da ordem do "pensar com os pés".[101] Na cena trágica, vemos o herói – aqui, Antígona – diante de uma injunção (divina) pela qual deverá se responsabilizar em nome próprio. Assim, antes que a filosofia venha elaborar conceitualmente a ética, essa dimensão é apresentada em ato, por meio da enunciação trágica. Diante do que deve fazer, o herói age, não pensa nem calcula, segue na contramão do serviço dos bens, olhando a morte de frente, avançando sem temor ou piedade em direção à sua perda. A condição trágica do homem do século V a.C. – a segunda morte, que advém do fato de sua constituição na linguagem – é o leito sobre o qual se ordena o laço social, *philia*,* conforme veremos a seguir.

Philia e laço social trágico

Além dos versos que apresentam a evocação de Antígona quanto às leis não escritas dos deuses, há outras passagens do texto de Sófocles que têm merecido a atenção dos helenistas por seu caráter enigmático. É o caso dos versos 1008-1018, nos quais Antígona sobrepõe o laço que a une ao irmão morto a todos os demais,[102] inclusive aos laços que a uniriam ao futuro esposo e aos filhos que poderiam advir dessa união. Nos versos em que destaca o laço indissolúvel que a liga àquele que, gerado por seus finados pais, não pode ser substituído, o denominador comum não é outro senão a morte. Em seu comentário sobre a *philia*,[103] Lauxerois parece indicar que estaríamos diante

* *Philia*: "amizade", e, por derivação, "filiação".

da mais radical forma de lealdade, a saber, da morte, esse temível germe que a vida carrega em seu ventre.[104] Torna-se possível, assim, aquilatar o peso das enigmáticas palavras de Antígona no *kommos*,[105] quando ela afirma o caráter não intercambiável do laço que a une ao irmão, a cujo corpo o sepultamento é arbitrariamente negado. Nas palavras da jovem tebana, esse é um laço indestrutível sobre o qual nenhuma lei pode legislar, uma vez que tramado no ventre materno pelas mãos diligentes das trágicas fiandeiras: fio, sorte, corte.[106] A morte é interna ao tecido da vida.

No caso de Antígona, a *philia*, laço que a une aos seus, é um laço tecido pela morte. Mortos estão seus pais, Édipo e Jocasta, em decorrência dos crimes que cometeram: parricídio e incesto. Mortos estão seus irmãos, Etéocles e Polinices, pelas mãos um do outro. Se, de um lado, o helenista Knox afirma que a heroína trágica não vê desgraça em honrar "aqueles que vieram do mesmo útero", parece que o que está em jogo na firme posição de Antígona não se restringe ao "laço físico íntimo entre irmão e irmã" alegado pelo referido autor em termos de uma "intimidade física, a unidade próxima, daqueles que nasceram da mesma mãe".[107] Antes, ultrapassa-a em muito. Para além da consanguinidade incestuosa que une os filhos/irmãos de Édipo, a atitude da princesa tebana testemunha a compaixão para com aquele que, como ela, é um mortal, *brotos*. O comentário de Knox, uma vez que valoriza a posição assumida pela heroína trágica, é singular na maneira de abordar a problemática apresentada pela peça de Sófocles, indo de encontro às considerações de grande parte dos autores que, em maior ou menor grau, se detiveram sobre *Antígona*.

Antígona é movida pelos laços da *philia*; a palavra com que se refere ao irmão morto é *philos*. Segundo Knox,

> Essa palavra tem um amplo espectro de referência, estendendo-se desde "amigo", no sentido mais superficial, até objeto ou pessoa amados. Mas seu significado primeiro e original é "pessoa ou coisa amada e próxima", como fica claro a partir de seu uso em Homero como adjetivo possessivo em "meu coração", porque é o mais querido e próximo a mim. ... Na época de Sófocles, poderia significar tanto "parente próximo" como "amigo", dependendo do contexto. ... *No sentido de "parente" [philos] descreve uma situação não apenas arbitrária, imposta pelo nascimento, mas também imutável.* ... Para Antígona, Polinices, que é *philos*, jamais poderia ser um inimigo, *echthros*.[108]

Vemos que os laços de sangue evocados por Antígona atestam uma determinação inescapável; não se trata tanto de amor, mas de dever, para além de todo *pathos*. Seu ato não testemunha, pois, uma insurreição contra a lei da *polis* brandida por Creonte, mas sua adesão àquilo que fundamenta essas mesmas leis: justamente porque a heroína trágica não pode fazer de outro modo, ela deve agir. Determinada por uma dimensão que a ultrapassa, ainda assim Antígona deve escolher – em que pese o oximoro. Trata-se do mesmo paradoxo implicado na dimensão ética – trágica – da psicanálise: o sujeito deve advir, responsabilizando-se, ali onde o desejo inconsciente constrange. Por seu ato – posição ética – ela atesta e confirma uma adesão ao pacto por oposição ao contrato, à Lei em detrimento da lei positiva, à cadeia geracional e não à cidadania, à filiação em contraposição à *polis*; em suma, ao dever engendrado pelo desejo.

Antígona, por não visar ao bem, encarna a essência da ética trágica, que é também aquela da psicanálise: não se orienta pela ideia de bem que se encontra na origem da lei da *polis*, aquela que é consoante o bem de todos – os gregos legaram ao Ocidente a democracia, literalmente, "governo do povoado"[109] –, sendo orientada pelas leis não escritas da *Dikè*, a justiça divina que governa as leis da terra e os laços de sangue, ctonianos,[110] o desígnio dos deuses. As leis que governam a cidade, invocadas por Creonte, pretendem se sobrepor ao fundamento que constitui a lei da *polis* ao ultrapassarem o limite imposto pelas leis não escritas, divinas, defendidas por Antígona: o confronto é inevitável. Porém, não devemos ver aí um antagonismo entre indivíduo e Estado, ou a oposição livre-arbítrio *versus* ordem social; Antígona não quer enterrar seu irmão Polinices contra a vontade de Creonte: ela simplesmente deve fazê-lo.

O desejo engendra deveres: não diz respeito a obedecer a uma prescrição de caráter moral, mas à instauração da ordem ética. O campo ético é aquele em que o desejo encontra-se articulado ao dever; trata-se menos de um exercício de liberdade do que de constrangimento, uma vez que o desejo é inconsciente. Evocando leis não escritas ao invés de cumprir a lei da *polis*, Antígona funda, a um só tempo e *a posteriori*, o campo do desejo como tendo estado na origem de seu ato, assim como o sujeito que dele resulta. "As leis do céu em questão são justamente as leis do desejo", afirma Lacan,[111] conforme veremos no Capítulo 3.

A heroína trágica faz apelo a uma anterioridade que funda, como tal, a cadeia significante, uma exterioridade interna à ordem da linguagem. Tudo o que pode ser dito só pode ser dito com palavras, inclusive o que concerne a seu irmão – traidor, amaldiçoado, amado, e assim por diante. Por sua posição inflexível, Antígona se situa para além de todo o bem ou mesmo todo o mal que Polinices teria feito; seu apelo, segundo Lacan, visa manter o valor do ser do irmão, sendo que "esse valor é essencialmente de linguagem".[112]

A essência do trágico é, segundo Lacan, "essa pureza, essa separação do ser de todas as características do drama histórico que ele atravessou, é justamente o limite, o *ex nihilo* em torno do qual Antígona se mantém. Nada mais é do que *o corte que a própria presença da linguagem instaura na vida do homem*".[113] Esse corte, Antígona o encarna. Impõe-se a ela fazer valer aquilo que, por não estar escrito, funda a ordem significante, ainda que ao preço de sua perda, uma vez que se situa para além de todo e qualquer *pathos* – humano ou divino. Desse modo, a filha de Édipo não visa se opor à cidade nem às ordens de seu soberano, mas garantir a ordem humana, vale dizer, aquela que se funda por intermédio do significante. Em seu seminário *A angústia*, Lacan afirma que o que está em jogo, para o sujeito, é "dedicar sua castração à garantia do Outro",[114] do campo do Outro enquanto tal. Essa é a decisão trágica de Antígona, passo ético por excelência.

O ato da filha de Édipo é *ex nihilo*, é do nada que ele advém (não de uma ordem de razões, familiares e/ou religiosas), desse vazio instaurado, como corte, pela linguagem. Também do vazio da terra, *chtôn*, boca aberta da morte que traga tudo o que é vivo, furo real em torno do qual a *philia* traça o contorno simbólico. "Quando ela se justifica diante de Creonte sobre o que fez, Antígona se afirma com um *é assim porque é assim*."[115] Vemos que, a rigor, Antígona não justifica seu ato – nem mesmo através da referência às leis não escritas –, apenas o atesta. Sua posição é inarredável, inegociável, a contrapelo do princípio de prazer, bem como da visada do bem – é dessa posição que advém o brilho que dela irradia, sua decantada beleza. É devido à posição firme, decidida e resoluta da heroína trágica diante do que ela tem a fazer – e disso ela não recua, não negocia nem tergiversa – que Lacan a elege como paradigma da posição do sujeito frente ao desejo. Seu ato é em perda, dimensão pela qual a injunção do desejo se inscreve, pontual e fugazmente, a cada vez.

Quanto à questão do vazio sobre o qual a *philia* é formada, destacada por Lauxerois, cabe ressaltar que para o grego antigo o nada não tem (nem pode ter) propriedades; o vazio é impensável, e do nada, nada pode surgir – ou seja, o nada não pode ser causa de coisa alguma. Não obstante, a morte à qual Antígona devota sua inabalável lealdade, destino comum ao vivo e compartilhado com esse fruto do mesmo ventre incestuoso e amaldiçoado, é uma negatividade operativa, causa de seu ato.

Em seu comentário sobre o termo grego *philia* – evocado pela heroína trágica em relação a seu dever fraternal –, Lauxerois aponta que este é "irredutível a essa 'amizade' que a cultura ocidental restringiu ao único registro da subjetividade":

> a *philia* reúne todas as formas de laço segundo as quais se elabora e se mantém a vida dos homens, individual e coletiva. ... A amicalidade supõe que toda a comunidade pertence à errância do mundo, sempre aberta sobre o abismo daquilo que a língua grega denomina o *chaos*. ... o teatro ático não cessa de lembrar que essa amicalidade da *philia* é uma comunidade "fracassada", sempre ameaçada e sempre a ser constituída.[116]

Assim, a *philia* consiste no laço simbólico que se tece sobre um fundo de ausência, a morte que o significante engendra por seu advento. Um tecido a ser tramado – ponto e nó – não de uma vez por todas, mas por cada um por ela concernido, a cada vez que ela é invocada. A tese central do comentário de Lauxerois a propósito da *Antígona* de Sófocles é a de que essa tragédia

> põe em marcha [*met en oeuvre*] uma comunidade a partir da questão dos mortos e do sagrado de que eles são os depositários. Se os mortos são esquecidos, uma vez que um entre eles – apenas um é suficiente – é objeto de uma lei de exceção que o exclui de toda a *philia*, então a comunidade dos mortais não tem mais nenhum sentido. A tragédia de *Antígona* provém de uma preocupação mais elevada do que toda filosofia: essa preocupação comum, que *engaja a decisão de um agir* e de um suportar, é uma insurreição do espírito – uma "piedade".[117]

De acordo com a interpretação de Lauxerois, o decreto de Creonte que proíbe o sepultamento de Polinices caracteriza uma lei de exceção, não legítima, na medida em que exclui o morto da dimensão da *philia*, constitutiva da cultura grega no século V a.C. Como vimos, a *philia* é o traço comum a cada um em sua condição de mortal, isto é, a *philia* "reúne todas as formas de laço segundo as quais se elabora e se mantém a vida dos homens, individual e coletiva".[118] Esse laço é tecido em torno do vazio da morte; logo, o édito real, ao incidir sobre aquilo que a dimensão da *philia* supõe e acarreta, o traço comum aos homens – vale dizer, o fato de serem mortais, *brôtoi* – põe em risco o laço social vigente na Antiguidade grega.

No entendimento de Lauxerois, não se trata de, por meio da *philia*, estabelecer uma ordem de caráter universal sobre o *chaos*, desordem em movimento:

> Não se trata daquilo que o Ocidente nomeará ... "o universal". Antígona afirma que os mortais fazem comunidade a partir daquilo que é sua exceção comum .... *A comunidade não é uma ausência nem uma abstração: ela é uma exigência, sempre a conquistar.*[119]

O traço comum que liga a heroína trágica ao irmão morto, o fato de serem mortais – a morte como destino compartilhado –, não caracteriza um universal que doravante definiria o que é inerente ao sujeito humano, vale dizer, sua humanidade. A princesa tebana não propõe um silogismo – "Todo homem é mortal. Polinices é homem, logo, é mortal, assim como eu" –, ela presta tributo ao liame que enlaça o destino dos mortais.

Antígona não se ilude; sabe que há muito mais coisas entre o céu e a terra – *chtôn*, lugar dos mortos – do que aquilo que a filosofia irá formular no século seguinte através de uma consideração de caráter abstrato e universal. Em sua solidariedade para com o mundo dos mortos, é como se ela atestasse que apenas o ato pode se contrapor ao saber. Regular a ação humana pelo saber, eis o que pretende o amigo da sabedoria, que terá lugar um século após o apogeu da tragédia. Antígona, ao ser tola (não sabida), não pensa e age.

Antinomia entre bem e desejo: Creonte e Antígona

Conforme assinalado no capítulo anterior, o domínio da ética pertence ao campo filosófico desde sua origem, no século IV a.C. Freud, ainda que tenha deixado importantes indicações acerca da implicação do sujeito (através de noções como disposição à doença neurótica, facilitação somática, escolha da neurose e responsabilidade pelo conteúdo dos sonhos), não teve por objetivo destacar a dimensão ética constitutiva de seu legado, mais precisamente em relação ao desejo inconsciente, fundamento do campo analítico. Talvez em virtude de sua notória ojeriza à perspectiva filosófica, abstrata e de caráter universal, radicalmente oposta à visada clínica – que diz respeito ao singular e ao idiossincrático.

Lacan, por sua vez, não evita a questão; ao contrário, subverte-a ao propor, de forma inédita, que a psicanálise encontra-se orientada por uma ética e que esta diz respeito justamente ao desejo inconsciente e ao ato de um sujeito que garante, *après coup*, o primeiro como causa. A questão redobra a formulação freudiana que postula a "existência" de um pensamento inconsciente, isto é, de um pensamento em relação ao qual o sujeito não é o pensador (nem o pensante), mas o pensado. Esse pensamento – articulação de elementos numa sintaxe própria – é por Freud denominado *inconsciente*, para escândalo de toda a linhagem filosófica que, desde Descartes, identifica a *res cogitans* à consciência e ao eu.

Ao formular um pensamento inconsciente como estando na origem de ações psíquicas aparentemente disparatadas, consideradas menores ou irrelevantes – como o lapso, o chiste e o sonho –, mas, sobretudo, na origem do sintoma neurótico, Freud descentrou a consciência e seu correlato, a razão, do lugar em que haviam sido entronados desde sua origem na Grécia antiga, com o advento da filosofia, quando esta se propôs como um saber regulador da ação humana. A consciência não é senhora e o sujeito não é mestre: há inconsciente. Contudo, o inconsciente freudiano não caracteriza uma espécie de álibi, tampouco é sinônimo de involuntário. A aporia implicada no conceito maior freudiano diz respeito ao fato de que ali mesmo onde o eu não é senhor de suas ações, uma vez que o inconsciente constrange, o sujeito deve advir, em ato, como responsável: *Wo es war, soll Ich werden.*

Lacan fundamenta uma ética que se refere ao desejo inconsciente, ou seja, àquilo que o sujeito não comanda nem determina; ao contrário, encontra-se submetido e, ainda assim, e paradoxalmente, é responsável. Mas se isso é verdadeiro – se o sujeito é determinado pela injunção inapelável posta em causa pelo desejo inconsciente –, como falar de ética? Como é possível responsabilizar-se justamente por aquilo que de uma parte se encontra fora de alcance, de sua deliberação e, de outra, se exerce sob a forma de um constrangimento? O que a formulação de Lacan sobre a ética própria à psicanálise pretende indicar é que, fora da dimensão de responsabilidade por parte do sujeito, a rigor não haveria inconsciente. A proposição é radical.

É esse, a meu ver, o pano de fundo da apreciação da tragédia sofocliana *Antígona* por Lacan, em que ele irá tomar a heroína trágica como paradigma da posição de sujeito em referência ao campo do desejo. Essa relação é fundada não sobre a dimensão do saber, mas sobre aquela do ato, por intermédio do qual o sujeito se apaga, cai como objeto, dando lugar – pontual e fugazmente – ao desejo que, como se sabe, é do Outro, advindo de um campo de alteridade. Para que o sujeito o reconheça como "seu" – não obstante, inassimilável à sua vontade e/ou deliberação –, vai um largo passo: a saber, o passo ético.

Tudo leva a crer que é desse ponto, precisamente, que Lacan parte para interrogar, no decorrer do seminário sobre a ética da psicanálise, as duas proposições-chave sobre a ética formuladas pelo campo filosófico: a aristotélica e a kantiana. Quanto à primeira, Lacan destaca que "mais de um século separa a época da grande criação trágica de sua interpretação num pensamento filosofante",[120] numa inequívoca alusão a Aristóteles e sua apreciação do poema trágico. O comentário de Lacan indica que não se pode abordar o que constitui o cerne da tragédia ática ("a grande criação trágica") por intermédio da interpretação ulterior fornecida por Aristóteles, que caracterizaria uma espécie de deturpação filosófica ("sua interpretação num pensamento filosofante") daquilo que se encontra em jogo na tragédia.

Aristóteles aborda a enunciação trágica pelo prisma do pensamento filosófico, sobre o qual não nos deteremos, sob pena de nos afastarmos de nosso propósito. Naquilo que nos interessa tratar – a apreciação ética por parte do filósofo grego –, vale notar que "alguma distância … separa o ensinamento próprio dos ritos trágicos de sua interpretação posterior na ordem de uma ética que é, em Aristóteles, ciência da felicidade".[121] Assim, as considerações aristotélicas sobre a função da catarse na tragédia (discutidas no Capítulo 1), a saber, a purgação do temor e da piedade, encontra-se subsumida à dita ciência da felicidade. A tragédia, para Aristóteles, visa à moral do bem – tanto da *polis* quanto do cidadão.

O personagem Creonte pode ser identificado como aquele que almeja o bem, conforme assinala Lacan. Este seria, justamente, o equívoco por parte do governante de Tebas, o de visar ao bem da *polis*: "Seu erro de julgamento* …

* Essa é a tradução proposta por Lacan para o termo grego *hamartia*.

é de querer fazer o bem de todos ..., a lei sem limites, a lei que transborda, ultrapassa o limite ... que Antígona defende, que se trata das leis não escritas da *Dike*."[122] De acordo com Lacan, Antígona seria o verdadeiro herói.

Vista pelo viés da interpretação hegeliana, a questão caracteriza um embate em torno de interesses antagônicos, no caso, os do Estado e aqueles da família, considerados em oposição recíproca sob a forma da antinomia público *versus* privado, ou entre *polis* e *oikos*. Em suma, trata-se de uma apreensão da lei em sua dimensão universal (uma vez que esta não admite exceção) contra um apelo individual. Mas, como vimos, o desejo tem o caráter de uma lei a mais particular, mesmo que essa injunção se coloque para todo sujeito.[123]

Diante do argumento sustentado por Lacan, a oposição hegeliana cai por terra – ao menos no que diz respeito à dimensão ética posta em causa pelo desejo. Antígona não defende os interesses da família, nem os do irmão morto, menos ainda os próprios. Tampouco as leis não escritas dos deuses têm um caráter universal diante das quais não lhe restaria outra saída senão acatá-las. O dever de sepultar o corpo do irmão, cuidando para que seus restos mortais não fossem desonrados pelos carniceiros, caracteriza a sua lei particular, o modo como para ela – somente a ela, visto que sua irmã Ismênia não a acompanha em sua decisão – se declina a injunção que advém do campo dos deuses. Mesmo não podendo levar a cabo o seu propósito (além de representar uma desobediência ao decreto promulgado por Creonte, cuja pena é a morte, ela é apenas uma jovem mulher, solteira e órfã), Antígona toma a seu encargo o dever de proceder às exéquias de Polinices.

Quanto à posição assumida por Creonte, Lacan não hesita em afirmar que a problemática apresentada pelo dirigente de Tebas se declina de modo

> perfeitamente conforme ao que em Kant se chama conceito, *Begriff*, do bem. É a linguagem da razão prática. ... Do ponto de vista kantiano, trata-se de uma máxima que pode ser dada como regra de razão tendo valor universal. Destarte, o espetáculo trágico não nos mostra a objeção primeira, *avant la lettre*, numa pré-formulação, antes do encaminhamento ético que, de Aristóteles a Kant, leva-nos a destacar a identidade primeira da lei e da razão? O bem não poderá reinar sobre tudo sem que apareça um excesso, de cujas consequências fatais nos adverte a tragédia.[124]

Esse fatídico personagem, o rei de Tebas, cumpre o seu papel de guardião da ordem; assim, não faz mais do que agir em nome do bem comum, como representante das leis da cidade, quando determina que ao traidor não podem ser dispensadas as mesmas honras fúnebres que àquele que caiu em combate ao defender Tebas do ataque inimigo. Sua avaliação é razoável, isto é, pautada na razão. Segundo Lacan, esse é precisamente seu equívoco, erro de julgamento, *hamartia*: querer o bem de todos. Numa perspectiva que poderíamos dizer pré-filosófica (antes, pré-aristotélica), o governante se orienta por uma moral da felicidade com vistas ao bem da *polis* – no dizer de Lacan, pelo serviço dos bens.

Lacan antevê no personagem de Creonte, ou melhor, em sua intransigência na imposição da lei da *polis* (boa, justa, razoável), a identidade entre lei e razão própria ao campo filosófico – ainda por se constituir –, cravando a estaca da razão prática no coração da tragédia. Cabe sublinhar um aspecto importante da questão por ele apresentada: o reinado do bem engendra como seu inevitável excesso uma queda, uma transposição de limites que toma corpo na personagem Antígona. Se a heroína trágica nos faz ver o ponto de vista que define o desejo,[125] é porque não recua diante do temor e da piedade: ela é *omos*,* inflexível, não cede de sua posição, e é daí que extrai seu brilho intolerável, *hímeros enarges*, literalmente, "o desejo tornado visível".[126] Assim, a "estrutura da ética trágica, que é a da psicanálise",[127] é aquela que apresenta, através da posição assumida pela princesa tebana – numa espécie de pré-formulação –, o encaminhamento do desejo articulado.[128]

Sem adentrarmos a problemática kantiana que diz respeito à razão prática, vale lembrar que o imperativo categórico é formulado pelo filósofo de Königsberg justamente em termos de uma máxima que, depurada de todo interesse, de todo *pathos* – isto é, não regulada pelo princípio de prazer, em termos freudianos –, fosse uma espécie de fiel da balança da razão pura prática, incondicional, posto que incondicionada. Seu valor universal residiria justamente no fato de que esta se imporia contrariando (ou ao menos não levando em conta) o interesse individual ou, ainda, o bem-estar de cada um. De acordo com uma perspectiva kantiana, Creonte não agiria em nome de seu próprio bem (contra-

* A tradução de *omos* fornecida por B. Knox (*The Heroic Temper*, p.23), a saber, "selvagem" (não civilizado), "cru", é compartilhada por J. Lacan, *O Seminário*, livro 7, *A ética da psicanálise*, p.319.

riando, inclusive, os laços de consanguinidade que o ligam à sobrinha), mas em nome do bem de todos, do bem em seu caráter universal de conceito, *Begriff.*

Ora, o que a surpreendente formulação de Lacan demonstra é que aquilo que foi expulso pela porta da mansão em que habita a razão pura prática retorna pela janela – com consequências as mais funestas. O bem, no limite, engendra o seu avesso. Se, segundo Lacan, podemos isolar na atitude de Creonte a identidade entre lei e razão tal como será proposta por Kant, supomos que, no que concerne à heroína trágica, seria possível apontar a identidade entre lei e desejo, uma vez que o ato de Antígona funda, no tempo da retroação (*Nachträglichkeit*), a lei que pode ser encontrada em sua origem. Vale dizer, seu ato não seria distinto da lei/desejo que o engendra.

As leis não escritas evocadas pela heroína trágica podem ser consideradas análogas às leis da linguagem, aquelas que articulam o desejo e constituem o sujeito. Logo, é de uma articulação significante que se trata. Antígona encontra-se determinada por uma cadeia significante – a linhagem dos Labdácidas. Contudo, seu ato escapa à imposição do dever familiar e à linhagem amaldiçoada. Apenas desse modo é possível compreender a paradoxal formulação lacaniana sobre a heroína trágica, a de que esta é uma "vítima tão terrivelmente voluntária",[129] já que se entrega à determinação significante como a um destino inelutável. Eis por que o encaminhamento de Antígona é ético: ela escolhe a determinação que a causa. Por sua tomada de posição ela resulta não toda determinada por essa cadeia, "... ele [o sujeito] pode faltar à cadeia do que ele é".[130]

Verifica-se aí o paroxismo do desejo, quando este se impõe sob a forma de condição absoluta: concerne a um desejo puro, que não se articula em nenhuma demanda, desejo radical, trágico – que, no limite (porque sem limites), transpõe todo o temor e também toda a piedade. O sacrifício do bem – e dos bens – em nome do desejo: eis sua vertente tanto trágica quanto ética, sendo que esta "não é uma via em que se possa avançar sem nada pagar".[131] O preço a pagar pelo desejo é, propriamente, o sacrifício do bem; no caso de Antígona, ela não hesita diante do constrangimento imposto pelas leis divinas – análogas às do desejo –, e paga com aquele que é considerado o bem maior: a própria vida. O comentário de Lacan é eloquente:

> Não há outro bem senão o que pode servir para pagar o preço ao acesso ao desejo – na medida em que esse desejo, nós o definimos alhures como metonímia

de nosso ser. O arroio onde se situa o desejo não é apenas a modulação da cadeia significante, mas o que corre por baixo, que é, propriamente falando, o que somos, e também o que não somos, nosso ser e nosso não-ser – *o que no ato é significado* passa de um significante ao outro da cadeia, sob todas as significações.[132]

Vemos surgir aí a dimensão do objetal sujeito, aquele que não é ser e tampouco não-ser, mas apenas o que um significante representa (metonímia do ser) para outro significante, e que apenas por intermédio de um ato – ético – é, *a posteriori*, significado.

Em seu canto final, Antígona não invoca os deuses inferiores para que a salvem; ela nada espera deles. Seu ato tem como fundamento as leis não escritas desses deuses, mas a heroína trágica não lhes dirige nenhum apelo na esperança de que possam livrá-la de seu infortúnio. De acordo com Knox, "Os deuses ... não salvam Antígona. ... Em todo caso, ela não espera por eles. 'Qual dentre os deuses eu devo chamar de meu aliado?', ela pergunta; ela não espera nada".[133] Essa é a dimensão radical de responsabilidade presente no encaminhamento do herói trágico sofocliano: ele não espera nada. Nem compreensão, nem tolerância, nem compaixão, menos ainda salvação – é movido única e exclusivamente pelo ímpeto que extrai de sua decisão.

Freud, num breve comentário a propósito da célebre tragédia sofocliana *Édipo rei*, afirma que o herói trágico não se vale do destino como um álibi para o seu ato:

> O drama grego, embora mantendo o crime, introduz magistralmente a atenuação indispensável, projetando o motivo inconsciente do herói na realidade, sob a forma de uma compulsão por parte de um destino que lhe é estranho. ... Após sua culpa ter sido revelada e tornada consciente, o herói não faz qualquer tentativa de se eximir apelando para o expediente artificial da compulsão do destino. Seu crime é reconhecido e punido como se fosse um crime integral e consciente, algo fadado a parecer injusto à nossa razão, mas, psicologicamente, perfeitamente correto.[134]

Se substituirmos "crime" por "ato" e "punição" por "responsabilidade", podemos supor que a dimensão ética se encontra incluída na apreciação freudiana da tragédia. O que é estranho ao sujeito é o campo do inconsciente e, por conseguinte, do desejo (que é sempre *alter, hetero*); esse é o móbil do ato, pelo qual um sujeito deve, em última instância, se responsabilizar.

Assim, na dimensão do desejo em ato – sujeição radical –, o sujeito se apaga. Portanto, é apenas enquanto traço de seu apagamento por seu advento no campo significante – objeto cedido que, no limite, ele é – que o sujeito faz sua entrada na cena do mundo: eis o que testemunha Antígona, heroína trágica grega, na perspectiva de Lacan.

Knox sublinha o traço que se destaca no herói trágico, que age em pura perda:

> Não é que o herói seja cultuado como um exemplo de conduta humana; ele não pode servir de guia para a vida na cidade real construída pelo homem ou na cidade ideal com a qual ele sonha. Mas ele nos lembra que o ser humano pode, em certos casos, desafiar os limites impostos sobre sua vontade pelo medo da opinião pública, da ação da comunidade, até mesmo da morte, ele pode recusar a aceitação da humilhação e da indiferença e impor sua vontade quaisquer que sejam as consequências sobre os demais *e sobre si mesmo*.[135]

O herói trágico sofocliano não se confunde com uma representação ideal de homem, menos ainda com um exemplo de cidadão. Não age em nome daquilo que Lacan denominou o serviço dos bens, nem mesmo em nome de uma suposta glória póstuma. Antes, encarna, em ato, a dimensão trágica do desejo que nos comanda. Ao ultrapassar os limites humanos ele nos devolve a dimensão de nossa humanidade. Apenas a via do desejo pode nos oferecer esse pequeno lampejo de "heroísmo" através do qual a nossa existência prosaica pode adquirir, mesmo que por um breve instante, algum brilho.

Antígona encarna, *avant la lettre*, a posição ética própria ao sujeito tal como a psicanálise pôde concebê-lo – ainda que, a rigor, este seja o sujeito da ciência, aquele que, de acordo com Lacan, emerge com Descartes, sendo, assim, eminentemente moderno. Se o sujeito é moderno, a ética é trágica – eis o paradoxo constitutivo da problemática.

O desejo deve ser garantido por um sujeito por ele comandado, implicando a responsabilidade por esse campo que o determina e constitui, mas que só *ex-siste* fundado na temporalidade do *après coup*, ou seja, na anterioridade lógica posta em jogo pelo imperativo ético freudiano *Wo es war, soll Ich werden*.

Antígona, por encarnar essa aporia intrínseca ao desejo, é eleita por Lacan como paradigma da dimensão ética da psicanálise.

A princesa tebana fundamenta sua decisão nas leis não escritas da *Dikè*, aquelas que vigem desde os tempos imemoriais em consonância com os desígnios dos deuses inferiores, atestando que os deuses superiores, patronos da *polis*, não podem legislar sobre sua determinação em fazer valer as leis não escritas, inquebrantáveis. Entretanto, sua decisão inarredável não pode ser subsumida a essas mesmas leis. O ato de Antígona, em perda, é trágico: sem justificativa e sem objetivo, exceto fazer o que lhe cabe, fora da visada do bem. À semelhança de Freud, a heroína trágica também poderia, em seu canto, entoar a estrofe de Virgílio como mote de seu ato: "*Flectere si nequeo superos, Acheronta movebo.*"[136]

3. Responsabilidade trágica e lei em ato

*You God, whom I invoke without belief, only I can choose, and only I am responsible.**

Sylvia Plath, *Journals*

Genealogia da noção de lei na Antiguidade

No capítulo anterior, vimos que a problemática trágica em *Antígona* – ética, do ponto de vista da psicanálise – delimita-se em torno da decisão da personagem homônima de sepultar o corpo do irmão, contrariando a proibição por parte do rei de Tebas, em relação à qual ela evoca leis não escritas, ancestrais. A fim de que possamos aquilatar o alcance dessa questão na Grécia do século V a.C., assim como suas ressonâncias acerca da visada ética proposta pela psicanálise, discutiremos as noções de lei não escrita (*agraphos nomos*) e sua contrapartida, a responsabilidade trágica. Procurei ressaltar a dimensão ética presente na tragédia, que é homóloga à que se encontra em causa na psicanálise. De acordo com essa *démarche*, proponho que a lei à qual a heroína trágica se refere não é outra senão o ato que ela inscreve em perda.

Em sua apreciação da lei na Antiguidade grega, a helenista De Romilly afirma que as leis não escritas fazem apelo a princípios gerais que são tributários da ordem moral. Seriam "leis gregas", uma vez que os gregos representam a própria civilização.[1] Nesse sentido, as leis não escritas constituem aquilo que caracteriza a ordem humana: uma ação referida à moral; a própria civilização grega, em oposição à barbárie.[2]

* "Você, Deus, a quem invoco sem crer,/só eu posso escolher,/e sou a única responsável" (tradução livre).

A propósito da importante distinção entre leis escritas e não escritas, a autora esclarece que, à diferença da cultura judaico-cristã, cuja lei é revelada, a lei grega nasce das convenções humanas e dos costumes. A própria definição dos direitos e das liberdades dos gregos confunde-se com as leis da cidade da qual fazem parte, fazendo delas a garantia e o suporte da vida política, que se encontrava devidamente consolidada no século V a.C.[3]

Essa forma de conceber o estatuto da lei na Antiguidade grega é compartilhada por Vernant ao afirmar, a propósito do estatuto a um só tempo religioso e jurídico – a rigor, indissociáveis – constitutivo da lei grega: "O politeísmo grego não repousa sobre uma revelação; não há nada que fundamente, a partir do divino e, com ele, sua inescapável verdade; a adesão baseia-se no uso: os costumes ancestrais, os *nómoi*."[4] Assim, as leis (*nomoi*) dizem respeito à adesão de cada um, e só assim têm validade; mesmo a verdade divina não é fundamentada, isto é, não se inscreve como lei senão por meio dessa adesão, singular e a cada vez. Logo, a própria lei – cujo estatuto divino faz referência a um domínio não assimilável à ordem humana – só se transmite em ato, na medida em que cada um deve se encarregar de fazer valer sua incidência.

Em *La loi dans la pensée grecque*, De Romilly detalha o estatuto e a função da lei no pensamento grego destacando que, à época de Homero, não havia propriamente leis, mas regras estabelecidas no interior da família, uma vez que o poder emanava dos reis e a sociedade grega era feudal. A justiça, *themis*, era uma prerrogativa da família – vale dizer, do *genos* –, ou, então, era decidida pelo debate e pela arbitragem.[5] Essa proposição vai ao encontro da apreciação realizada pelo também helenista Dodds, para quem a família constitui o primeiro domínio da lei, bem como a unidade moral na Antiguidade.[6]

A propósito da noção de *themis*, De Romilly cita a definição fornecida por E. Benveniste em *Le vocabulaire des instituitions indo-europeénnes*. De acordo com essa definição, na epopeia *themis* caracterizava a prescrição que fixa os direitos e os deveres de cada um sob a autoridade do chefe do *genos*, seja na vida cotidiana da casa, seja nas circunstâncias excepcionais, como aliança, casamento, combate.[7]

Apenas no início do século VIII a.C. as cidades começaram a se organizar, ao mesmo tempo em que a escrita foi inventada: o primeiro alfabeto caracteristicamente grego remonta àquele século.[8] A escrita é, pois, contemporânea do surgimento da *polis*; até então prevalecia a transmissão oral através das gerações em cada lar (*oikos*), primeiramente através dos relatos das mulheres e, em seguida, pela voz dos poetas.[9] Segundo De Romilly, o surgimento da escrita propiciará as condições para a consolidação política através do estabelecimento de leis:

> A escrita rapidamente se tornaria um meio de emancipação política: pela escrita, seria possível fixar, de uma vez por todas e ao alcance de todos, as regras que, até aquele momento, não poderiam representar senão tradições incertas submetidas seja ao segredo, seja ao arbitrário das interpretações. *A lei política só poderia tomar corpo a partir do dia em que fosse consignada por escrito.*[10]

Assim, antes que a lei fosse gravada em caracteres doravante indeléveis, era imprescindível a posição de cada um frente às leis não escritas para que estas pudessem ser enunciadas, tomando corpo e voz. Portanto, cabia a cada sujeito garantir, por sua palavra e com seu ato, a lei à qual se encontrava submetido – eis o que nos faz ver a heroína trágica Antígona. Com o advento da escrita, a lei adquiriu um caráter político, emanando de um consenso e sendo válida para todos os cidadãos, em todos os casos. Por conseguinte, trata-se de um conjunto de enunciados que, consignados num código, dispensará a enunciação. A letra da lei passa a valer em e por si mesma, prescindindo da tomada de posição por parte de cada um – passo que, no limite, é de ordem ética.

Com o estabelecimento da democracia, as leis começaram a regular os diversos aspectos da vida em comunidade. A partir de então, o "vocábulo *nomos* ganha novo peso e valor, passando a designar a lei enquanto fundamento do novo regime político".[11] Até aquele momento, essa palavra não tinha o sentido unívoco – lei escrita – que recebeu com o advento da *polis* e seu correlato, o regime democrático.* Ao contrário, era prenhe de significados, polissêmica, podendo se aplicar, de acordo com a helenista, " ao canto e à música, ou, ainda, designar um rito religioso, às vezes um costume, de resto, *um princípio moral* ... e designa, de fato, toda espécie de regra em toda espécie de domínio".[12]

Cabe destacar o laço indissociável e constitutivo entre lei e ética, *nomos*[13] e princípio moral. Trata-se de algo que, por não se encontrar positivado, faz apelo a um costume imemorial, fixado desde sempre, que estabelece: assim

* A raiz de *nomos* é *nemô*, que significa "compartilhar" (J. De Romilly, *La loi dans la pensée grecque*, p.14).

é. Justamente ali onde isso é, o herói trágico deve se responsabilizar, fazendo valer essa lei. Com a consolidação da democracia grega – a rigor, ateniense –, *nomos* passará não apenas a designar a lei da *polis*, a cidade-Estado grega, mas se colocará a serviço da ordem política.

A passagem de *thesmos* – o nome primeiramente dado às leis em Atenas, que significa tanto "estabelecer" como "instituir" – a *nomos* é, em si mesma, reveladora, uma vez que o termo "*thesmos* implicaria que a lei é instituída por um legislador acima e à parte dos outros: essa transição (de *thesmos* a *nomos*) ocorre no momento em que *a ideia de leis impostas de fora será rejeitada*".[14] Esse momento pode ser localizado precisamente na virada do século VI para o século V a.C., período privilegiado de constituição da democracia ateniense.

A questão das leis impostas "de fora", assinalada por De Romilly, se refere ao caráter de alteridade intrínseco a elas, sem que tenham sido estabelecidas por meio de um acordo ou consenso por parte dos cidadãos. Em outras palavras, "de fora" diria respeito justamente àquilo que o advento da *polis* e o ideal democrático que lhe é correspondente vêm precisamente elidir: o campo de opacidade encarnado pelos deuses. Estes têm uma função reguladora da vida social e caracterizam potências e não pessoas ou entidades – de resto, o grego antigo não fazia distinção entre o emprego do singular e do plural quando se tratava de um deus.[15]

Com a instituição de uma lei, *nomos*, engendrada na e pela *polis*, é eliminada a referência a um "fora", a uma exterioridade que dela extraísse sua legitimidade – a saber, o campo dos deuses que, no entender de Lacan, pertence ao real.[16] Como se a lei da *polis* caracterizasse um simbólico pleno, em si mesmo, formal. Em decorrência da elisão de seu estatuto real – divino –, a lei se torna normativa, enunciado positivado na letra de um código. A instituição de leis escritas pretende recobrir a totalidade do real, eliminando, por seu advento, a incidência deste – até então, constitutiva da vida social sob a forma da injunção divina não inteiramente assimilável à ordem humana.

Sob o novo estatuto de cidadão e a égide da *polis*, o homem grego não mais é convocado a garantir, em nome próprio, uma ordem que, sendo-lhe exterior, não tem, contudo, um caráter transcendente; antes, caracteriza uma espécie de imanência real. Uma vez escrita, a lei, *nomos*, dispensa o ato de um sujeito para se fazer valer, fundamentando-se num acordo comum e extraindo sua força da positividade de uma formulação de valor universal. Dessa forma, desde o nascedouro da cidade e suas leis, *nomoi*, verifica-se uma tensão entre ética e política. Ao menos de uma ética tal como compreendida pela psicanálise, que não dispensa o ato de um sujeito de modo a que este venha garantir, *a posteriori*, o campo que o causa, conforme a máxima freudiana convertida em imperativo ético por Lacan: *Wo es war, soll Ich werden.*

De Romilly observa ainda que o termo *nomos* "concilia, com efeito, o *ideal abstrato* da boa ordem e os hábitos simples observados na prática".[17] Cabe lembrar que o cosmos antigo distingue-se por ser uma unidade hierarquicamente ordenada na qual a vida humana e sua organização deveriam refletir a ordem divina. Desse modo,

> Há um *nomos* divino, que regula a parte de cada um na ordem do universo. ... A ordem, a regra, a *mise en place* que presidem o conjunto do universo, são aquilo que os homens se orgulham em fazer reinar nas suas cidades. ... *A "lei" representa, assim, um ideal de civilização*; ela é a regra em si mesma, um princípio de ordem; e os homens a outorgam a si mesmos como Zeus a outorga ao mundo.[18]

A lei – *nomos* – é o reflexo da ordem cósmica, declinada a título de um ideal civilizatório, redobrando uma ordem supostamente natural. Ao espelhar a lei divina, ordenadora do mundo grego, *nomos* faz do homem o princípio e a finalidade de sua incidência: o elemento a ser alcançado, regulando sua ação, bem como as relações entre os homens.

No entanto, conforme sublinha a helenista, no limiar de seu campo semântico o vocábulo *nomos* evoca o modo pelo qual as coisas se efetivam, na prática, em virtude dos costumes. Isto é, no domínio dos ritos religiosos, em que a tradição é mais firmemente estabelecida.[19] Seu argumento é o de que a lei da cidade, política (*nomos*), se situa no entrecruzamento dessas duas noções, consistindo, em nome de um ideal de ordem, em precisar de uma vez por todas as tradições e os usos aos quais os membros de um determinado grupo consentem em se conformar. Seu valor normativo se funda sobre os usos e se encontra confirmado por estes.[20]

A lei da *polis*, tributária de uma tradição imemorial, ao fixá-la num código, faz desta uma norma positiva. Aquilo que dizia respeito ao caráter singular de cada *genos* e que tinha efetividade apenas em seu interior passa a ter validade universal, na medida em que cada cidade-Estado grega caracterizava-se por constituir um mundo à parte das demais. Conforme destaca a autora, a impossibilidade de separar claramente o que é intrínseco aos usos daquilo que caracteriza uma lei permite mensurar a relatividade destas leis àqueles.[21] Dessa forma, leis (*nomoi*) e costumes (*nomima*)[22] demarcam campos que não podem ser nitidamente distintos; antes, encontram-se imbricados.

Entretanto, a lei, *nomos*, que inicialmente se referia tanto à ordem do mundo, ao ordenamento cósmico, quanto aos hábitos de um determinado grupo familiar, *genos*, vai sofrer uma positivação que lhe é, originalmente, alheia. Com a consolidação da democracia, mais precisamente a partir do advento do pensamento filosófico, a lei se tornará unívoca, vale dizer, a voz normativa da *polis*.

Para De Romilly, a concepção de leis não escritas teria surgido para resolver o impasse entre lei e costumes. Uma vez que a lei política (*nomos*) tem como principal característica a relatividade de suas formulações, seria necessário distinguir duas formas de lei. No entender da autora, os gregos teriam feito apelo às leis não escritas, constituindo o fundamento absoluto que faltaria à lei escrita e, por conseguinte, caracterizando um universal. As *agraphoi nomoi* traduziriam "uma aspiração em direção a um bem e a uma justiça que completariam e ultrapassariam as regras estabelecidas pelo legislador. ... o recurso a tal fórmula implicaria uma reação às insuficiências da lei escrita".[23]

A solução da tensão entre *nomoi e nomima* proposta pela autora parece problemática, uma vez que ela considera as leis não escritas uma espécie de prótese, ou, ainda, de complemento às leis escritas, fazendo das primeiras o fundamento transcendente das últimas. Conforme essa perspectiva, as leis não escritas seriam decorrentes da insuficiência e precariedade das leis escritas, de natureza política. Além disso, a helenista invoca um caráter absoluto e universal em relação às leis não escritas, que teriam por finalidade última o bem e a justiça.[24]

Antes e a propósito da problemática concernente às leis não escritas desde a perspectiva psicanalítica, proponho que a *Dikè* evocada por Antígona não caracteriza o fundamento da lei da *polis*. Tampouco diria respeito à ideia de equidade, tão cara à modernidade e presente na concepção laica de justiça, mas às divindades ctônicas que zelam pelo *genos*. Menos ainda orienta a heroína trágica na direção do bem; ao contrário, submetendo-se às leis não escritas dos deuses, Antígona faz aquilo que deve fazer ao preço de sua própria vida. De todo modo, vimos que, para Lacan, de um lado, em sua decisão a heroína trágica se dessolidariza da *Dikè*;[25] de outro, transpõe os limites da *Atè*.[26] Portanto, seu ato não é tributário da observância a qualquer modalidade de justiça ou lei, nem decorrente de uma falta anterior (a maldição proferida sobre a linhagem Labdácida).

Conforme destacado pela tradução de Lauxerois dos célebres versos sofoclianos apresentados no Capítulo 2, Antígona invoca a "sua" lei – aquela que a heroína trágica funda em ato. As leis do céu equivalem às leis do desejo;[27] assim, a lei evocada pela heroína trágica é homóloga à lei do desejo, que ela afirma como sua. *Mutatis mutandis*, o campo dos deuses também poderia ser considerado um campo que se perde,[28] uma vez que escapa a toda e qualquer tentativa de positivação. A princesa tebana garante, por intermédio de seu ato e pagando com a vida, esse campo como lei, determinação que, a rigor, não existe fora da perspectiva da responsabilidade – em outras palavras, escolha forçada.[29]

As leis não escritas, *nomima*, são aquelas que vigem desde os tempos imemoriais, e sua validade reside exclusivamente na força de sua enunciação, a despeito de sua origem divina. Sua incidência é real; ela *ex-siste*, é exterior ao mundo humano, que, por sua vez, se constitui na e através da submissão a essas leis. Para que tenha validade, a lei não escrita convoca o ato, singular, de cada um – no caso, da heroína trágica – a cada vez.

As leis não escritas, por dependerem da posição de cada um frente às suas injunções, não poderiam constituir um fundamento absoluto de caráter universal desde a perspectiva da psicanálise. Esta é, justamente, a pretensão da lei política que, uma vez estabelecida através de sua consignação por escrito, unívoca, não permite a decisão de cada um, mas apenas sua anuência a uma formulação abstrata cuja validade não admite exceção.

Dessa forma, a lei não escrita não pode ser subsumida à lei escrita, nem tampouco caracteriza o seu fundamento transcendente; *a contrario*, consiste no seu Outro. Para além daquilo que, registrado por escrito, poderá ser reescrito conforme o lugar e também o tempo, há o que, não cessando de não se escrever, é indelével e, não obstante, contingente. A lei escrita é passível de ser revogada; as leis não escritas, justamente por não se encontrarem consignadas em um código, são inegociáveis. No entanto, exigem um sujeito em presença de modo a garantir, em ato, sua validade.

As leis não escritas têm, portanto, uma dimensão real como algo que se impõe, muitas vezes a contrapelo do bem comum, assim como daquilo que seria o bem de cada um. Ao revés do que propõe De Romilly, que as supõe "em direção a um bem e a uma justiça que completariam e ultrapassariam as regras estabelecidas pelo legislador",[30] as *nomima* interpelam o herói trágico na contramão do ideal político.

É o que mostra – pelo avesso – a heroína sofocliana. Extraindo das leis não escritas dos deuses a força de sua decisão, a filha de Édipo age ao arrepio de seu próprio bem, já que o destino daquele que desobedecer à lei da *polis*, no caso, ao édito real promulgado por seu tio materno Creonte, é inequívoco: a morte. O ato de Antígona vai de encontro ao serviço dos bens apontado por Lacan, por sua vez a reboque do princípio de prazer. Ao franquear o limite imposto pela letra da lei que vigora na cidade, um real se configura como irredutível, como impossível de ser inteiramente apreendido pelo campo simbólico do qual é, não obstante, tributário.

Retomando a apreciação efetuada por De Romilly a respeito das leis não escritas em relação às quais Antígona referencia sua inarredável decisão, a helenista assinala que estas se definem, à primeira vista, de modo negativo.[31] Contudo, esclarece que, de um ponto de vista estritamente jurídico, a fórmula designa leis antigas, arcaicas, que se opõem às leis escritas, já que representariam

> regras tão gerais e imperativos tão absolutos para que venham a ser leis escritas. Uma vez que as leis escritas se modificam de uma época a outra e de um país a outro, elas [as leis não escritas] apresentam-se como a expressão de uma regra que ultrapassa todos esses limites, se religando, consequentemente, a um absoluto.[32]

De acordo com a helenista, Aristóteles aplica suas categorias lógicas de universal e particular às leis não escritas e às leis escritas, respectivamente: "Por lei particular, entendo a lei escrita que rege cada cidade; por leis comuns, aquelas que, não sendo escritas, parecem ser reconhecidas pelo consentimento universal."[33] No entanto, a própria autora cita a crítica empreendida por J.W. Jones sobre a distinção formulada por Aristóteles entre leis escritas e não escritas, na qual o autor afirmaria que a referência aristotélica à problemática entre leis escritas e não escritas não seria clara nem consistente. "De um lado, são as regras reconhecidas universalmente, como distintas da lei particular de um Estado; de outro, elas são parte dessa lei particular."[34]

Sem entrar no mérito das categorias lógicas aristotélicas, tendemos a compreender esse "absoluto" ao qual se refere a helenista não no sentido de transcendente – em que pese a suposta origem divina do termo *nomos* –, menos ainda no de universal, em sua acepção moderna e contemporânea, mas em uma dimensão real que escapa à lei escrita. Esta, tendo sido inscrita no tempo e no espaço, resulta em uma positivação de caráter universal a serviço do bom funcionamento da *polis*.

Quanto à mencionada origem divina da lei, *nomos*, cabe lembrar que estas designavam os ritos prescritos pelos deuses, as regras morais impostas por estes – no limite, a ordem do mundo instituída por esses mesmos deuses.[35] Assim, atentar contra essas leis não escritas seria atentar contra a própria ordem cósmica, subvertendo essa ordem – o que acarretaria o *chaos*, ausência de ordem, algo rigorosamente impensável para o homem grego da Antiguidade. Na época arcaica, conforme observa a helenista, "o *nomos* que Zeus determinou aos homens é a observância da justiça que os impede de se entredevorarem".[36] Isto é, a lei divina é o que confere humanidade aos homens, distinguindo-os dos animais, entre os quais prevaleceria a "lei" do mais forte.

Em sua apreciação da tragédia sofocliana *Antígona* no que tange à questão das leis escritas *versus* leis não escritas, a autora sublinha que as últimas têm um valor mais universal que as primeiras, opondo à relatividade das leis humanas algo de inquebrantável. Nessa passagem, ela destaca o fato de Sófocles utilizar o substantivo *nomima* para designar as leis não escritas dos deuses – e não o termo *nomos* –, indicando que, de acordo com esse autor trágico, o fundamento das leis não escritas, *agraphoi nomoi*, são, inequivocamente, os deuses.[37]

De Romilly ressalta ainda que as leis divinas, não escritas, de origem religiosa – desde que a religiosidade possa ser compreendida num sentido muito mais abrangente do que aquele que lhe é atribuído hodiernamente –, estão relacionadas a um conjunto de valores morais dos quais são indissociáveis.[38] Aqui, destaca-se propriamente a dimensão ética implicada nessas leis que nos interessa sublinhar, dada a sua relevância em relação ao que constitui o cerne da problemática do fundamento trágico da ética da psicanálise.

Assim é que De Romilly afirma, a propósito de nossa heroína trágica:

> Já em *Antígona*, é certo que as leis não escritas apresentam um caráter complementar ... através do qual elas sobressaem do sentido moral em geral. Do fato de

> que não há tribunal para [julgar] as infrações cometidas contra essas leis, nem de uma autoridade religiosa para guiar e dirigir as condutas humanas, *as leis divinas têm, com efeito, por exegeta e por garantia o julgamento moral dos indivíduos.*[39]

Embora do ponto de vista da psicanálise não seja possível concordar quanto ao caráter complementar atribuído pela helenista às leis não escritas, sua afirmação de que as leis divinas teriam por garante o julgamento moral de cada um corrobora a hipótese de que as leis não escritas dos deuses exigem, para ter validade, o ato de cada um, que se inscreve numa dimensão ética. Os deuses não "guiam nem dirigem as condutas humanas" por meio de sua existência – *ex-sistência* –, presença real. Antes, a partir de sua injunção, convocam cada um em presença, vale dizer, em ato.

Trata-se, por conseguinte, de uma lei que só existe em ato. Embora tendo estado na origem – divina –, as leis dos deuses não têm valor fora da garantia, *a posteriori*, da decisão humana de fazer valer sua incidência. Esse é o passo ético empreendido por Antígona e destacado por Lacan como o ato que, em perda e na retroação, de acordo com a temporalidade própria ao campo psicanalítico, constitui o campo dos deuses – e também do desejo – como sua causa.

A autora destaca que leis não escritas "se traduzem em uma série de preceitos morais, que *escapam ao domínio da lei política* e que … *tendem a se apresentar sob a forma de mandamentos*".[40] Portanto, as *nomima* situam-se fora do âmbito do funcionamento ideal da *polis*, caracterizando, paradoxalmente, um constrangimento que se efetiva em ato, por meio de uma decisão singular e de caráter inantecipável. Ou seja, elas não existem em si mesmas; dependem de cada um para existir (*ex-sistir*), de forma pontual e contingente. Por conseguinte, não dizem respeito a um universal que, uma vez estabelecido como tal, valeria para todos os casos e em quaisquer circunstâncias.

Curiosamente, a helenista ressalta que, justo *em relação ao dever de conceder aos mortos uma sepultura*, dever este frequentemente associado às leis não escritas, apesar de se referirem a um dever religioso – que na Antiguidade não se encontra dissociado das dimensões moral e jurídica –, *esse dever não faria parte dos mandamentos acima mencionados.*[41] Essa importante observação não contradiz o caráter irrevogável da decisão de Antígona; antes, vai ao seu encontro. A heroína trágica deve advir aí, onde o dever religioso (e também familial) constrange sem, no entanto, determinar estritamente: eis sua dimensão ética.

A autora considera que, naquilo que concerne ao sepultamento dos mortos, as leis não escritas e as leis gregas se confundem: "Todos esses deveres apresentam a característica comum de terem estado na origem dos deveres religiosos e de agirem concretamente sobre as relações de ordem humana, nas quais visam manter uma espécie de solidariedade de princípio."[42]

Assim, quanto ao sepultamento dos mortos, haveria um recobrimento de dois planos: o plano divino das leis não escritas que impõem um dever religioso e moral, e o plano laico das leis da cidade-Estado grega, caracterizando um dever cívico. Cabe ressaltar que a lei não escrita não se aplicaria a toda a humanidade, nem a todos os gregos, mas apenas a uma determinada cidade: "Nesse ponto, *ela* [a lei não escrita] *designa um conjunto de princípios que não têm por garante senão a tradição* e se transmitem, de fato, através da educação."[43] Nesse sentido, as leis não escritas, para além de sua origem divina e desde sua incidência laica – uma vez que regulam a vida em uma mesma *polis* –, não constituem um universal, visto que a tradição à qual a autora se refere não poderia ser confundida com um postulado de cunho abstrato. Nem mesmo em sua incidência política elas têm validade e valor para toda a Grécia, menos ainda para a humanidade como um todo – em que pese o fato de que para o grego antigo a Grécia era considerada a humanidade civilizada por excelência.

Em relação às leis escritas da *polis*, a autora considera que estas não representam a justiça na Antiguidade grega:

> a lei escrita, da qual a jovem democracia ateniense era tão orgulhosa, não era suficiente a si mesma e não estava em condições de se identificar à justiça. Demasiado relativa, demasiado limitada, demasiado parcial [*partielle*] e por vezes tendenciosa [*partiale*], a lei escrita era, em certo sentido, inferior à lei não escrita.[44]

Com a consolidação da democracia ateniense e o advento da filosofia à guisa de saber regulador da vida na *polis*, a dimensão divina presente nas leis não escritas como fiel da balança da justiça – *Dikè* – viria a ser substituída, segundo a helenista, pela noção aristotélica de equidade. Esta comporta uma indulgência com relação às fraquezas humanas – de resto, ausente na perspectiva dos deuses. "Tudo se passa como se a lei não escrita ... sofresse uma evolução tendendo a estabelecê-la sobre um plano cada vez mais humano e laico."[45] A progressiva laicização da lei a que De Romilly confere o estatuto de uma evolução parece, antes, implicar uma espécie de degradação ética das leis não escritas. Eis seu argumento:

> Essa evolução, contudo, não foi sem risco: ela trouxe [consigo] a desaparição dos garantes divinos e, em seguida, arriscou expor a lei não escrita à mesma relatividade da lei escrita. Com efeito, *privada de seus garantes divinos, a lei não escrita não corresponderia senão a um acordo tácito*, que poderia parecer universal, mas poderia perfeitamente não sê-lo. ... Uma vez que as leis não escritas não são mais leis divinas, elas se tornam, com efeito, muito simplesmente, as leis comuns a determinado grupo. Assim, é preciso destacar que, ainda que comum a todos os homens, *uma lei comum sem garante perde muito de seu caráter normativo para se reconverter em um uso.*[46]

A importante observação da helenista deixa claro que as leis não escritas não podem prescindir de um garante[47] para se efetivar. Seus garantes seriam, de uma parte, os próprios deuses, isto é, sua origem divina, dimensão alheia, não assimilável à esfera humana. De outra parte, as leis não escritas eram garantidas por uma decisão humana, singular e inantecipável, de sustentar em ato aquilo que advém como real de um campo Outro, heterogêneo, não necessariamente em consonância com o bem daquele que a elas se submete.

Essa é a *démarche* ética de Antígona que Lacan retoma a propósito do que está em causa para um sujeito naquilo que se relaciona ao desejo inconsciente, que, ultrapassando-o, convoca-o a se responsabilizar por aquilo que lhe é opaco, e se impõe a contrapelo do princípio de prazer. A dimensão ética posta em causa pelo desejo incita o sujeito a tomar lugar justamente onde "isso era"[48] (não onde "isso foi"[49]), no imponderável tempo gramatical do futuro anterior onde "isso" terá sido se e somente se o sujeito se responsabilizar em ato.

"Lá onde a bomba explodia"[50] – ela acaba de explodir, ou isso ainda vai acontecer? –, eis como Lacan retoma a questão do que está em jogo para um sujeito em sua relação à determinação intrinsecamente equívoca da dimensão significante no seminário a propósito do ato analítico. A temporalidade em causa no ato refere-se à ética na medida em que implica um corte que, por sua incidência, inaugura um novo começo. Esta é retomada por Lacan em diversos momentos, como no sofisma dos três prisioneiros. Três batimentos: o instante de olhar, o tempo para compreender e o momento de concluir – conclusão que, em si mesma, já é ato.[51] Trata-se de uma certeza que se impõe por antecipação, em que o sujeito se precipita sem o amparo do saber. Em outras palavras, é apenas por intermédio de uma renúncia à mestria que o sujeito advém em ato, como perda de ser e também de saber, garantindo, assim, o campo do desejo, esse Outro inassimilável ao domínio do eu.

No caso de Antígona, no início da peça os três tempos encontram-se superpostos: sua decisão está tomada e a heroína trágica avança sem olhar para trás. Paradoxalmente, esses três batimentos encontram-se subvertidos na referida tragédia sofocliana: o instante de olhar e o momento de concluir se confundem na cena de abertura da tragédia, quando a personagem homônima, tendo decidido prestar as honras fúnebres ao irmão, procede à sua consecução. Só depois vem o tempo de compreender aquilo que já se inscrevera como ato – suas consequências. Antígona é puro ato; é no *après coup* que se apresenta o encadeamento dos móbeis de sua decisão. Essa candente questão será retomada no Capítulo 4.

Responsabilidade trágica

De acordo com a definição dicionarizada, o termo "responsabilidade" é aplicável a uma "situação ou característica daquele que pode ser chamado a 'responder' por um fato".[52] E ainda: "*Responder* por qualquer coisa é ser sua caução, seu garante perante a justiça."[53] Cumpre destacar, de um lado, o caráter de convocação aí presente, em que uma dimensão alheia ao próprio sujeito está colocada e a qual este seria chamado a garantir. De outro, "responder" significa tomar para si algo que vem desse campo alteritário, implicando-se por meio de sua resposta. Já a responsabilidade moral caracterizaria uma "obrigação moral, sancionada ou não pela lei",[54] que não pode ser subsumida à lei positiva, instituída sob a forma de um código, sendo concernente a um dever de cunho particular.

O vocábulo "responsabilidade", apesar de sua origem latina, não existe em latim; seu surgimento é tardio, datando do século XVII, e seu sentido não era evidente. Trata-se, portanto, de uma ideia moderna. No intuito de determinar com precisão sua identidade, o intelectual francês Domenach destaca que essa noção deriva do verbo "responder", que, originariamente, significava "reconhecer" ou "engajar-se" em relação a algo. Assim, "responsabilidade" diz respeito à obrigação de responder, de se incluir, de ser o garante de certos atos.[55]

O substantivo (bem como o adjetivo) "responsável", formado sobre "resposta",[56] significaria "ser capaz de resposta", ou, ainda, designaria aquele que responde (por alguma coisa). O termo latino *respondeo* teria o sentido de "dar uma resposta" e também "estar à altura"[57] (de algo).

Domenach destaca que o prefixo "re" indicaria que a ação se refere a dois atores nela intimamente implicados:

> ... respondemos a um apelo ... . A palavra designa, portanto, *uma relação entre dois* sujeitos (um dos quais pode ser coletivo), que se enoda numa situação durável ou episódica. Disso se segue a noção de que *o termo* [responsabilidade] *apresenta um caráter existencial* [existentiel] *e não deve ser tratada de forma abstrata*: *ele* [o termo] *aparece apenas por ocasião de um ato, de uma palavra*, de uma missão aceita ou recusada.[58]

Vê-se que desde sua origem a noção de responsabilidade implica engajamento, em ato, por parte de um sujeito. Não se trata de uma noção abstrata; ao contrário, implica o sujeito em sua resposta diante de uma convocação – seja sob a forma de sua palavra ou de seu ato.

Sobre a etimologia do termo latino *respondeo*, este deriva do verbo *spondeo*, cujo sentido é "prometer solenemente", ou "dar a palavra de honra"[59] e, em particular, "prometer a filha em casamento". Quanto a esse último sentido, *sponsus* corresponde a "esposo", "prometido", e pode ser encontrado no substantivo italiano *sposo*, no francês *époux* e também no espanhol *esposo*; e, ainda, com outro sentido, no termo inglês *sponsor*, "aquele que responde, que serve de caução, que é o patrocinador [de algo]". O étimo latino *spondeo* se relaciona ao grego *spendo*, que significa "fazer uma libação", isto é, "versar um líquido em homenagem a um deus". Domenach destaca que esse último significado remete diretamente à origem indo-europeia e religiosa do termo "responsabilidade", uma vez que "religião" quer dizer "o fato de se religar à divindade".[60]

Em todas essas acepções, é possível destacar um traço comum: a ideia de responsabilidade engaja uma espécie de compromisso pelo qual um sujeito deverá responder. O prefixo "re" aponta para o fato de a dimensão da alteridade estar posta, sem, entretanto, derivar em reciprocidade ou simetria. É em relação a outro que o sujeito engaja sua palavra e/ou seu ato, sob a forma de uma resposta que funda, por seu intermédio, um compromisso. "Responsável" é, assim, aquele que, ao se comprometer perante o Outro, torna-se seu garante.

O psicanalista francês Hoffmann assinala que o sentido moral de "responsabilidade" seria anterior aos sentidos social, civil e penal. Segundo esse autor, a problemática referente à responsabilidade concerne ao laço de solidariedade do sujeito a seu ato, e ele destaca que, de acordo com Lacan, a psicanálise permite fundar uma responsabilidade do sujeito justamente por privá-lo de uma vontade unificada. Na contramão do ideal de mestria próprio da contemporaneidade, Hoffmann afirma que a psicanálise propõe uma ética que se articula "a um Sollen,[61] um dever que em nada deixa a desejar a Kant".[62] Trata-se, aqui, de uma dupla referência – de um lado, ao imperativo categórico kantiano, de outro, ao adágio freudiano tornado célebre por Lacan: *Wo es war, soll Ich werden.*

Apesar de seu surgimento tardio, a problemática referente à responsabilidade – ainda que não expressamente formulada por meio de um termo específico – se encontraria presente na Antiguidade, tendo lugar de destaque na tragédia ática através da estreita relação entre o herói trágico e seu ato – no caso, heroico. De acordo com Blondel, é sempre o caráter pessoal (ou seja, singular) de um ato que funda a responsabilidade.[63] Nesse sentido, a responsabilidade não preexiste ao ato que a funda enquanto tal: ela não é causa, mas consequência. A responsabilidade é aquilo que advém do fato de um sujeito se engajar sem reservas por meio de sua palavra e de seu ato; nesse sentido, é possível falar em responsabilidade trágica.

A fim de abordar a problemática referente à responsabilidade trágica, é preciso compreender em que contexto a questão se coloca como tal. Nas palavras de Vernant, contexto significa, na perspectiva que nos interessa destacar, "um universo humano de significações que é ... homólogo ao próprio texto [trágico] ao qual o referimos".[64] Nessa medida, a tragédia antiga não reflete um determinado contexto mental, mas o constitui enquanto tal, por intermédio de uma prática absolutamente singular – o próprio advento da encenação trágica. Como parte integrante desse universo espiritual, o autor destaca a dimensão jurídica e o papel do direito no mundo grego, que, segundo afirma, "toma sucessivamente o aspecto de instituições sociais, de comportamentos humanos e de categorias mentais que definem o espírito jurídico, por oposição a outras formas de pensamento, em particular às religiosas".[65]

O helenista faz a importante ressalva de que o texto trágico não caracteriza um mero decalque do pensamento jurídico: "Nenhuma tragédia, com efeito, é um debate jurídico, nem o direito comporta em si mesmo algo de trágico."[66] Embora os elementos sejam os mesmos, sua apreciação na tragédia extrapola o campo do direito, apresentando a problemática numa formulação singular:

> Quais são *as relações desse homem com os atos sobre os quais o vemos deliberar em cena, cuja iniciativa e responsabilidade ele assume, mas cujo sentido verdadeiro o ultrapassa e a ele escapa, de tal sorte que não é tanto o agente que explica o ato,* quanto o ato que, revelando imediatamente sua significação autêntica, volta-se contra o agente, descobre quem ele é e o que ele realmente fez sem o saber?[67]

"Sem o saber" pode significar tanto "sem que ele (o agente) soubesse" – a referência a Édipo é inequívoca – quanto "sem contar com o respaldo do saber". Numa perspectiva estritamente religiosa, arcaica (homérica), a problemática concernente à responsabilidade do agente nem sequer se coloca: trata-se de um mundo governado pelas potências divinas. Já de acordo com a concepção política – em vias de se constituir no século V a.C. –, o *x* do problema gravitará em torno da inefável dimensão da intencionalidade e/ou da vontade do agente. Entre uma e outra surge a enunciação trágica, sendo que a torção entre causalidade e responsabilidade lhe é intrínseca e constitutiva. *Dieux obligent*, e o herói toma em mãos o seu destino, constituindo-o, em perda, como tal. Conforme assinala Dodds,[68] a concepção grega antiga de justiça não leva em conta intenções, apenas a ação – para o que nos interessa ressaltar, o ato.

Se, por um lado, a injunção divina caracteriza um dever imperioso, por vezes maior do que a própria vida, por outro, essa injunção não se efetiva sem o ato do herói trágico. É importante notar que este não age coagido pela potência divina, mas em seu nome – caso contrário, a causalidade seria linear e a questão da responsabilidade não se colocaria como tal. Sobre isso Rosenfield sublinha a presença da ironia trágica que expressa o paradoxo entre a vontade humana e o destino: "É trágico o caráter incomensurável que a vontade adquire na trajetória heroica, pois o herói cumpre o destino assumindo-o com decisões e atos deliberados."[69]

Assinalamos a importância da dimensão jurídica posta em cena pela questão da responsabilidade trágica, mas é preciso especificar o que se encontra implicado nessa dimensão no século V a.C. Conforme Vernant,

> o direito não é uma construção lógica; constituiu-se historicamente a partir de procedimentos "pré-jurídicos" dos quais se libertou e aos quais se opõe, embora em parte permaneça solidário a eles. *Os gregos não têm a ideia de um direito absoluto, fundado sobre princípios, organizado num sistema coerente.* Para eles há como que graus de direito. Num polo, o direito se apoia na autoridade de fato, na coerção; no outro, põe em jogo potências sagradas: a ordem do mundo, a justiça de Zeus. Também põe problemas morais que dizem respeito à responsabilidade do homem. Desse ponto de vista, *a própria Dikè pode aparecer opaca e incompreensível.*[70]

Vemos que a questão ética no século V a.C. é inerente ao campo do direito, no qual a batalha se trava numa tensão ineliminável entre coerção divina e responsabilidade humana. Aquilo que para o pensamento moderno parece caracterizar uma antinomia, para o grego antigo diz respeito à dimensão intrínseca à problemática da responsabilidade. Cabe destacar que o estatuto não sistemático da questão ética presente na tragédia distingue-se radicalmente da interrogação sobre a ética que terá lugar com o advento da filosofia, quando será subsumida dos pressupostos constitutivos de um determinado sistema de pensamento. Assim, a dimensão ética que pretendo destacar e que acredito estar presente na tragédia antiga não se refere a um absoluto ou, em termos modernos, universal (todo homem); tampouco concerne ao particular – uma declinação do universal – (cada homem); mas ao singular (este homem). No caso de Antígona, diz respeito a esse irmão, Polinices, não intercambiável e insubstituível, como atesta o lamento da heroína trágica a caminho da tumba onde seria encerrada.[71]

De acordo com a hipótese de Vernant,

> Há uma consciência trágica da responsabilidade quando os planos humano e divino são bastante distintos para se oporem sem que, entretanto, deixem de parecer inseparáveis. O sentido trágico da responsabilidade surge quando a ação humana constitui o objeto de uma reflexão, de um debate, mas ainda não adquiriu

> um estatuto tão autônomo que baste plenamente a si mesma. *O domínio próprio da tragédia situa-se nessa zona fronteiriça onde os atos humanos vêm articular-se com as potências divinas, onde revelam seu verdadeiro sentido, ignorado até por aqueles que os praticaram e por eles são responsáveis, inserindo-se numa ordem que ultrapassa o homem e a ele escapa.*[72]

Na tragédia, o destino traçado pelos deuses – ou, ainda, a própria ideia de fatalidade – não é incompatível com a responsabilidade do herói, nem implica uma negação desta. Mesmo quando concerne a uma falta (no sentido de transgressão) que cobra seu preço através das gerações – como no caso da maldição lançada sobre os Labdácidas –, a responsabilidade concerne a cada elemento daqueles que compõem a cadeia geracional (Laio, Jocasta, Édipo, Antígona), não sendo possível distinguir a causa de seu efeito em termos da noção contemporânea de culpa individual.

Em sua notória pesquisa sobre o desenvolvimento do pensamento jurídico e moral na Grécia, Gernet assinala que seu estudo parte da investigação da linguagem, isto é, do uso linguageiro dos termos na Antiguidade grega, pois ele acredita que a linguagem articula uma espécie de lógica particular, e é sobre esta que pretende se deter.[73] Tratava-se, à época, de uma forma de pesquisa inovadora, em contraposição à filologia, por considerar que esta "implica como postulado a unidade concreta do espírito humano; estudando as ideias e os sentimentos que se traduzem numa língua, ela reencontra uma espécie de alma eterna da humanidade".[74] Vale dizer, a filologia caracterizaria uma espécie de metafísica da língua. Para Gernet, a linguagem não exprime – ou representa – ideias que existem em e por si mesmas, mas as constitui enquanto tais.

Sua investigação precursora interroga as noções de delito e penalidade ao longo dos diferentes momentos da Antiguidade grega, desde o período arcaico até o clássico. Sobre a transformação da ideia de responsabilidade, o autor destaca que a noção primitiva de delito objetivo é eliminada em favor da distinção entre "voluntário" e "involuntário", constituindo uma psicologia – *avant la lettre*, forçosamente – do delinquente. No delito objetivo, não entra em jogo a vontade ou intencionalidade, e o indivíduo é plenamente responsável por seu ato, ainda que este seja da ordem de uma falta moral, portanto, não passível de sanção pelo direito criminal. Já com o surgimento da noção de delito subjetivo, a problemática da intencionalidade toma corpo, levando a uma progressiva desresponsabilização do indivíduo por seus atos.[75] Essa via de investigação será retomada pela helenista Saïd, conforme veremos a seguir.

A falta trágica

Em seu relevante estudo sobre a falta trágica* (*La faute tragique*), Saïd procede a uma investigação criteriosa sobre a noção de responsabilidade presente na tragédia antiga. Destaca que na Antiguidade grega vigorava uma concepção estritamente objetiva da falta, não havendo distinção entre uma falta cometida de maneira voluntária ou involuntária. Nessa perspectiva, a questão a propósito da intencionalidade do agente – subjetiva – não se colocava. De acordo com a autora,

> Essa concepção objetiva da falta [*faute*] é associada muito frequentemente em Homero à crença em uma responsabilidade coletiva. Os deuses, assim como os homens, efetivamente fazem o castigo relativo a uma falta recair sobre a família ou a cidade inteira do culpado. Uma tal concepção reflete a existência de um grupo social muito sólido [*fermé*], *em que o homem não é considerado senão membro de uma determinada comunidade e não existe enquanto indivíduo autônomo.*[76]

Ainda que a noção de responsabilidade coletiva tenha progressivamente perdido força no campo do direito vigente na Ática, ela subsistiu durante muito tempo no domínio religioso e encontra-se viva na tragédia antiga. Conforme a autora, a tragédia, apesar de tomar seus temas de empréstimo aos mitos, se enraíza na realidade social da Atenas do século V a.C.[77]

No caso da tragédia sofocliana *Antígona*, seria preciso compreender que a personagem homônima é uma Labdácida, antes mesmo de ser quem é, a jovem princesa tebana. Ou, antes, ela só é Antígona por ser uma Labdácida; sua existência individual não pode ser dissociada de seu pertencimento à linhagem nem se encontra numa relação de exterioridade ou independência em relação a esta. A força desse laço tornou-se praticamente desconhecida para o indivíduo

---

* Trata-se da noção de *hamartía*, termo traduzido por Saïd como *faute* – "infração", "erro", "delito", "transgressão", no sentido moral. Naquilo que nos interessa, ético.

moderno, que tanto preza a autonomia e suas supostas benesses. Entre essas, e talvez a que nos seja mais cara, encontra-se a afirmação de uma liberdade sem entraves, em relação à qual a ideia de um constrangimento que se impõe à nossa revelia – mas que não se efetiva sem nossa participação e responsabilidade – soa como um crime de lesa-natureza. No que concerne à problemática eminentemente moderna acerca da liberdade humana como uma espécie de direito inalienável do indivíduo, Lacan é peremptório: trata-se nada menos que de uma reivindicação delirante. Eis a sua asserção:

> Um certo campo parece indispensável à aspiração mental do homem moderno, aquele em que se afirma sua independência em relação, não só a todo senhor, mas também a todo deus, aquele de sua irredutível autonomia como indivíduo, como existência individual. Há justamente aí alguma coisa que merece ser comparada em todos os pontos a um discurso delirante.[78]

Tal não é o caso da heroína trágica Antígona, que assume sua parcela de responsabilidade na transgressão paterna, constitutiva da *Atè* familiar. Sua origem (da filha de Édipo) é fruto dessa falta. Ela faz o que deve ser feito. O dever de sepultar o corpo do irmão – de ordem propriamente ética – é assumido apenas por ela (sua irmã Ismênia, ao contrário, recua), ainda que ao preço da morte. Vemos aí brotar o caráter singular de sua decisão, pois seu ato não pode ser subsumido à *Atè*; ao contrário, no dizer de Lacan, a princesa tebana é aquela que "*por seu desejo, viola os limites da Atè*".[79]

A *Atè* trágica caracteriza o laço através do qual um sujeito se insere na trama discursiva em que é convocado a ocupar um determinado lugar (o seu, não intercambiável) na linhagem. Essa trama, articulada pelas gerações precedentes, insta-o a assumir a causalidade significante em que se define a sua responsabilidade.[80] É através de seu ato que Antígona advém, em perda, ali onde a linhagem amaldiçoada dos Labdácidas determina o seu lugar, franqueando os limites dessa determinação por meio de uma decisão – trágica – pela qual é a única responsável: *Wo es war, soll Ich werden.*

Ao situar nesse mesmo ponto a ética da psicanálise – aquela que diz respeito a um sujeito responsável pelo desejo inconsciente que o comanda –, Lacan faz ressaltar a homologia de determinação entre o campo dos deuses (dimensão real) e o inconsciente freudiano, articulado como uma linguagem: "o sujeito está aí para ser reencontrado, *aí onde estava* – eu antecipo – o real. … *os deuses são do campo real.*"[81] Determinada pela linhagem, submetida à injunção divina e, no entanto, única responsável por seu ato, que levará às últimas consequências: eis a condição trágica da ética inscrita na cultura grega do século V anterior à nossa era, encarnada por Antígona. A ética da psicanálise se assenta sobre um fundamento trágico: submetido à injunção inconsciente e, não obstante, responsável, é apenas em sua perdição que o sujeito tem a chance de encontrar, por um instante fugaz, um ponto de certeza.

Quanto à suposta contradição entre liberdade humana *versus* injunção divina, esta tampouco pode ser formulada em termos de uma oposição no mundo antigo, conforme sublinha De Romilly:

> Colocar a propósito de tais eventos [a questão da dupla causalidade] o problema da liberdade humana é uma atitude inteiramente moderna. Para um grego antigo, as duas causalidades coexistem sem contradição. Como disse Ésquilo, "*quando um mortal se aplica em sua [própria] perda, os deuses vêm ajudá-lo*" (*Os persas*, 742). Nada do que acontece ocorre sem [que] a vontade de um deus [intervenha]; mas nada do que acontece ocorre sem que o homem participe e esteja engajado nisso: o divino e o humano se combinam, se recobrem.[82]

A tragédia, a contrapelo da autonomia reivindicada pelo indivíduo moderno, apresenta o herói submetido às leis dos deuses, mas, paradoxalmente, responsável por seu ato. É dessa torção topológica entre uma ordem de necessidade e a mais radical e absoluta contingência que advém sua grandeza. O herói não recua diante daquilo que deve fazer, tampouco é movido ou estancado pelo temor e piedade humanos, demasiado humanos. Lacan, a propósito do herói trágico, afirma que o *epos* trágico revela que o acesso ao desejo implica o ultrapassamento de todo temor e também de toda piedade ("a voz do herói não treme diante de nada"). Através desse franqueamento, "o sujeito ficaria conhecendo um pouco mais do que antes o mais profundo dele mesmo".[83] Contudo, faz a ressalva de que apenas os mártires são desprovidos do temor e da piedade.[84] Cabe ressaltar que Lacan jamais se refere a Antígona como mártir, ao contrário. Mesmo quando se refere à filha de Édipo como "essa vítima tão terrivelmente voluntária"[85] não atribui a ela uma condição vitimizada. Antes, parece-nos que essa proposição aponta para certa dimensão inapelável – a maldição dos Labdácidas ou, ainda, os crimes de Édipo – que a jovem tebana assume como sua, em seu próprio nome, em vez de cumpri-la às cegas como se fora um destino inexorável. Antígona toma lugar – "voluntariamente" – na cadeia geracional que a determina. Trata-se, portanto, de considerar a heroína trágica a título de paradigma da relação do sujeito ao desejo e ao ato, não de idealizá-la.

Retomando a questão da responsabilidade presente no mundo antigo, a helenista Saïd traça um amplo painel desde Homero até Platão, passando pelos sofistas e os principais autores trágicos – Ésquilo, Sófocles e Eurípides. O que propriamente nos interessa é o exame empreendido sobre a responsabilidade trágica e que permite esclarecer muito do que está em jogo para o grego do século V a.C. na tragédia *Antígona*, já que na contemporaneidade não teríamos meios de aquilatar a importância e a profundidade do que é ali tratado por Sófocles. Além disso, considero que o estatuto de responsabilidade presente na tragédia antiga articula elementos estruturais homólogos àqueles postos em causa pela ética da psicanálise.

Saïd assinala que à época de Homero era raro encontrar a intermediação de um juiz nos assuntos que implicavam uma ofensa ou dano entre os homens. O castigo era proporcional à ofensa – à semelhança da lei de talião[86] –, bem como aos meios de que dispunha o ofendido. De acordo com essa perspectiva objetiva da falta (*faute*) e de sua reparação, as faltas mais graves eram aquelas que causavam os piores danos. A falta era avaliada de forma objetiva sem que interviesse em sua apreciação a questão da intencionalidade do agente, mas apenas e estritamente o resultado da ação.[87] Essa concepção objetiva da falta encontra-se longe de ser eliminada na tragédia, pois na Atenas do século V a.C. subsiste um direito de cunho religioso que leva em conta apenas a materialidade dos fatos.[88]

No campo do direito civil, a gravidade das faltas encontrava-se estreitamente vinculada à qualidade da vítima, que era tratada distintamente caso fosse um cidadão ateniense ou um meteco.[89] Segundo a autora, seria possível interrogar em que medida a tragédia, ao estabelecer um confronto entre a tradição heroica e os modos de pensar da Atenas do século V a.C., oscilaria entre duas concepções de responsabilidade que caracterizam esses dois universos, diferentes entre si.[90]

O teatro de Ésquilo é marcado por uma concepção objetiva da falta na qual a qualidade do ato é determinante para que se leve em conta a responsabilidade do agente. Já na tragédia sofocliana, as coisas se apresentariam de modo diverso. De um lado, aquele dos deuses, vê-se vigorar a lei de talião, na qual a punição é proporcional e semelhante à falta cometida; de outro, do lado da *polis*, a concepção de responsabilidade coincide com a que vige no campo do direito civil ático.

Tomarei como guia o estudo sobre a falta trágica com vistas a uma justa apreciação da questão. Saïd considera que a tragédia sofocliana "*Antígona* apresenta, efetivamente, a imagem de uma justiça divina que não conhece senão a materialidade dos fatos e não leva em conta as intenções ou circunstâncias atenuantes"[91] – trata-se, portanto, da dimensão objetiva da falta. Em relação à heroína trágica, a autora afirma que sua punição decorre dos fatos estabelecidos pelo direito civil que vigora na *polis*, ao passo que Creonte é castigado pelos deuses por ultrapassar os limites impostos por esse campo (dos deuses). A tragédia antiga não se decide em favor de uma ou outra concepção de responsabilidade; ela as põe em confronto. Este constitui o cerne da problemática ética na Atenas do século V a.C., dividida entre um mundo regido pelos deuses e o estabelecimento da nova ordem política.

Conforme já apontado, a responsabilidade objetiva refere-se à materialidade da falta sem entrar no mérito da questão sobre a intencionalidade do agente, característica da nascente concepção subjetiva da falta. A primeira, dita objetiva, é uma concepção arcaica, intrínseca ao mundo regido pelos deuses, cuja origem remonta a Homero. Já a segunda, subjetiva, não diz respeito à falta em si mesma, mas a seu agente, e é típica do novo pilar jurídico sobre o qual a *polis* irá se erigir.

Podemos, sem risco de incorrer em maniqueísmo empobrecedor, sustentar que a personagem Antígona encarna a vertente objetiva da responsabilidade, arcaica, a voz dos deuses que o próprio advento da *polis* fez calar. Creonte, ao contrário, representa os valores políticos da cidade e sua nova concepção subjetiva da responsabilidade. O móbil da ação efetivamente trágica encontra-se numa relação de exterioridade à filha de Édipo, na referência ao campo dos deuses, mas é assumido inteiramente por ela. Já os determinantes da ação de Creonte referem-se ao terreno movediço das categorias de vontade e intencionalidade. É o que será abordado a seguir.

Em sua análise da responsabilidade trágica presente em Sófocles, Saïd traça uma espécie de progressão dessa noção, que, partindo da ideia arcaica de responsabilidade objetiva fundamentada exclusivamente na materialidade da falta, aportará na noção jurídica de uma responsabilidade subjetiva, estabelecida pelo direito ático a partir das considerações sobre a intencionalidade do agente.[92] A autora considera que a transformação da noção de responsabilidade presente na obra de Sófocles representa uma evolução do pensamento desse autor trágico a propósito do assunto. Contudo, sem entrar no mérito da discussão (sobre a dita evolução à qual a helenista se refere) e retomando a questão a partir do recorte aqui empreendido, podemos considerar que nossa hipótese é consoante as observações apontadas por Saïd. Com a consolidação da democracia e sua contrapartida na esfera jurídica, o direito ático, a problemática referente à falta e, consequentemente, à responsabilidade – em outros termos, a questão ética – teve como resultado sua positivação, que, por sua vez, acarretou uma espécie de disjunção entre o sujeito (no caso, herói trágico) e seu ato.

Paradoxalmente, na vigência de uma concepção estritamente objetiva da falta, na qual a materialidade do dano é determinante, a responsabilidade do agente é inequívoca. De acordo com essa concepção – dita arcaica –, presente em Ésquilo e em grande parte da obra de Sófocles, a responsabilidade é atribuída em relação ao ato – isto é, à falta cometida –, e não aos móbeis que teriam levado à ação. Dito de outro modo, o que está em jogo é o ato, e não seu autor. A helenista esclarece que "num tal universo, a responsabilidade não pode ser senão objetiva e o castigo do culpado é unicamente proporcional aos danos sofridos pela vítima".[93] Conforme a autora, trata-se da lei de talião, aquela que vigora em um mundo ainda regido pelos deuses. Assim, diante de seu ato, não há recurso ou apelo a nenhuma espécie de álibi[94] por parte do herói; este deve responder integralmente por aquele. A responsabilidade trágica concerne precisamente a este ponto: na perspectiva objetiva da falta trágica encontra-se implicada uma dimensão de responsabilidade que chamaremos de real, uma vez que é inapelável e deve ser plenamente assumida pelo agente.

Em contrapartida, com o progressivo estabelecimento do direito ático, passou a vigorar uma nova concepção, na qual a responsabilidade por uma falta cometida era determinada não mais a partir da materialidade do ato, mas sim da intencionalidade do agente: é a noção subjetiva da falta. Esta será avaliada em termos que já não se referem à falta cometida, e sim às razões do agente em cometê-la, visto que o que está em jogo concerne à intencionalidade ou, ainda, à deliberação, prévia ou não, por parte do agente. De acordo com essa concepção, o autor da falta passa a eximir-se da responsabilidade relativa a seu ato, já que lhe é facultado fazer apelo a motivações, intenções e toda sorte de razões de ordem subjetiva. Essa concepção, eminentemente jurídica, resultará na posterior distinção entre culpa e dolo* estabelecida pelo direito romano e vigente na atualidade.

A fim de sustentar a minha hipótese, tomarei a concepção objetiva da falta presente na tragédia antiga como paradigmática da responsabilidade propriamente trágica, consoante o recorte aqui proposto. Ainda que seja legítimo afirmar que a noção subjetiva da falta não se encontra ausente na tragédia sofocliana, esta se relaciona prioritariamente ao campo jurídico e às leis da *polis*; já a concepção objetiva da falta diz respeito ao campo dos deuses e suas inapeláveis injunções. Cabe ressaltar, porém, que os domínios, para nós modernos, tão distintos da religião e do direito não se encontram estritamente separados, um interferindo sobre o outro na Atenas do século V anterior à era cristã.[95]

Em *Antígona* – a primeira peça que compõe a trilogia tebana de Sófocles, em termos cronológicos[96] –, essas duas concepções não são mutuamente excludentes, muito embora a própria Saïd assinale a preponderância da concepção objetiva da falta e, consequentemente, da responsabilidade concernente à heroína trágica. Para a helenista, Sófocles teria feito o pêndulo oscilar em favor da responsabilidade objetiva em detrimento das leis vigentes na *polis*:

> Vemos coexistir em *Antígona* duas concepções de responsabilidade muito diferentes, uma vez que uma [objetiva] se confunde com [a lei de] o talião, enquanto a outra [subjetiva] é de fato aquela da Atenas do século V a.C. ... *A tragédia permanece, com efeito, inteiramente dominada pela responsabilidade objetiva*. Se as leis de Atenas e as distinções que elas instauram aparecem, elas intervêm apenas episodicamente, para tornar mais explícito o laço que une Creonte aos valores políticos que são aqueles da Atenas do século V a.C.[97]

---

* Dolo: intenção consciente de cometer ou assumir o risco de ato criminoso; culpa: falta que fere os princípios do dever jurídico, cometida por ação ou omissão. No direito penal moderno, de inspiração romana, a atribuição da culpa é estabelecida a partir da não intencionalidade do agente (isto é, trata-se de um dano involuntário), ao passo que no dolo a intencionalidade é determinante.

A princesa tebana situa-se do lado da responsabilidade objetiva, propriamente trágica, respondendo integralmente por seu ato. Embora seja da lei dos deuses que Antígona pretende extrair a legitimidade de seu ato, ela não faz apelo a eles no sentido de invocar um álibi que viesse minorar sua responsabilidade em conceder as exéquias ao irmão morto, contrariando as ordens do novo *tyrannos* de Tebas. Esse personagem simboliza as leis da *polis* e sua concepção subjetiva da falta, portanto, da noção de responsabilidade também subjetiva. Nesse sentido, a consolidação da democracia, representada pela primazia dos valores políticos, veio calar a voz dos deuses, essa dimensão real presente na tragédia em relação à qual não é possível negociar. A nova ordem política substitui uma determinada concepção ética que não dispensa o sujeito (no caso, o herói trágico) de responder integralmente, por sua decisão, por uma noção de falta que dilui a responsabilidade do agente na trama fluida e imprecisa dos móbeis e das intenções.

Portanto, é surpreendente e mesmo paradoxal que à medida que a noção de responsabilidade se torna mais subjetiva, levando em consideração categorias como vontade e intencionalidade, mais o sujeito fica eximido de responder por seu ato, posteriormente acarretando a noção jurídica de culpa. Já a responsabilidade objetiva paradigmática da tragédia antiga tece um laço indissociável entre sujeito e ato. Se Antígona justifica sua suposta desobediência civil fazendo apelo a um dever para com a lei dos deuses que regem os laços de sangue, por conseguinte ela se situa no campo da dívida simbólica, aquele que para a psicanálise constitui o sujeito em seu laço com o Outro.[98] Ainda que se considere o fato de que a heroína trágica age em nome de leis divinas, seu ato não pode ser subsumido a essas leis. Sua decisão se fundamenta nas leis não escritas dos deuses ctônicos; não obstante, é apenas em seu próprio nome que ela avança, sem que nenhum temor ou piedade a detenham: seu ato a sustenta apenas em sua própria perda.

Vemos que a tragédia antiga apresenta no real da cena a questão ética, antes que esta venha a ser capturada nas malhas do saber pelo discurso filosófico, ainda em vias de se constituir. Na tragédia duas ordens de causalidade coexistem, sem que se contradigam ou anulem mútua e reciprocamente, conforme destaca Saïd: "A busca do responsável desemboca sobre uma reflexão que concerne às próprias noções de agente e ação num mundo onde a culpa e a causalidade se confundem ... ."[99] Tomarei a liberdade de precisar a questão mediante a observação de que no mundo antigo causalidade e responsabilidade se superpõem, constituindo o cerne de uma mesma problemática. Já a questão da culpabilidade seria exterior a esta, uma vez que proponho que a noção de culpa advém justamente de uma espécie de degradação da problemática ética tal como ela é apresentada na tragédia antiga. A atribuição de culpa resultará, conforme indicado, do estabelecimento de uma concepção subjetiva da falta, não preponderante na tragédia – muito embora não inteiramente ausente desta.

Em relação à questão da responsabilidade trágica – ou seja, objetiva –, dois planos heterogêneos concorrem sem que haja contradição: a vontade divina e a ação humana. Trata-se de dois níveis de causalidade, não mutuamente excludentes. Saïd assinala, apoiando-se sobre os argumentos de R.P. Winnington-Ingram e J.-P. Vernant, que "toda tentativa de estabelecer ... uma fronteira precisa entre o que se destaca da causalidade divina e aquilo que depende da decisão humana está voltado ao fracasso, pois pretende separar o inseparável".[100] Esse também parece ser o entendimento de Knox, cuja observação concernente à tensão entre desígnio divino e decisão humana, presente na concepção grega de responsabilidade no século V a.C., indica que a profecia oracular não exclui a ação humana; antes, a requer. A realização da profecia resulta da coexistência de duas séries causais (no seu entender, mutuamente excludentes), a presciência divina e a escolha humana. Contudo, é apenas a ação levada a cabo pelo homem que concretiza a profecia divina,[101] donde a sua responsabilidade – e não a do deus.

Assim, não é possível considerar que a decisão humana se opõe à causalidade divina, mas tampouco que seja subsumida a esta. Há uma tomada de posição do herói trágico diante daquilo que se coloca para ele como injunção. Ele pode recuar, como faz a personagem Ismênia da tragédia sofocliana de que estamos tratando. Ele pode, parafraseando Lacan,[102] ceder – caso em que já não haveria campo dos deuses. O estatuto do campo dos deuses não é religioso, na acepção que hoje atribuímos ao termo; se essa dimensão de alteridade tem um estatuto, este seria ético, pois depende da decisão do herói trágico – no caso, Antígona – de garantir sua *ex-sistência*, ao preço de sua decisão em ato.

Uma vez que causalidade e responsabilidade se imbricam no sentido de caracterizarem duas ordens distintas que, não obstante, se superpõem, creio que é justamente em relação a esse ponto que a questão ética pode ressaltar. Tomemos novamente o exemplo de Antígona: a personagem trágica fundamenta sua decisão trágica numa ordem que lhe é heterogênea e radicalmente exterior, o campo dos deuses; estes, segundo Lacan, habitam o real, morada impossível. É esta a causa de seu ato: a submissão diante da injunção divina que determina sua lealdade à estirpe amaldiçoada que é a sua. Contudo, a heroína não justifica sua decisão invocando uma suposta universalidade das leis divinas; ela assume, singularmente, plena responsabilidade por seu ato. Desse modo, a causa é garantida – a rigor, constituída – *a posteriori*, por intermédio do ato. Este transgride a lei da *polis*, cuja validade perante o conjunto dos cidadãos não admite exceção.

Na contemporaneidade, tenderíamos a ver aí uma contradição ou mesmo um paradoxo. Se, de fato, estamos diante de uma determinação inescapável, como então atribuir alguma responsabilidade ao sujeito? É nesse ponto, nevrálgico, que a tragédia interessa à psicanálise: justamente porque ele – o herói trágico, e também o sujeito – não é causa do ato que ele deve (*soll*) se responsabilizar por este. O campo do desejo se descortina para o sujeito a partir de uma posição ética, em que a causa se coloca como exterior e ele a assume em nome próprio. Porque se posiciona como uma Labdácida, apenas um elemento da linhagem, um elo na cadeia geracional, a heroína trágica age – singularmente – como Antígona. Paradoxalmente, é porque a filha de Édipo se subtrai à ordem causal que ela age (ou melhor, seu ato é da ordem de uma subtração) e, apenas como efeito dessa subtração, subsiste como real.

No prefácio a uma coletânea de artigos sobre a tragédia antiga, Vernant e Vidal-Naquet assinalam que a tragédia antiga é uma invenção singular do século V a.C., ou melhor, é *a* invenção daquele século. Esta se apresenta sob três aspectos distintos, porém indissociáveis: como realidade social, através da instituição dos concursos trágicos; como criação estética, pois caracteriza um novo gênero literário, distinto da poesia lírica típica da epopeia; e, finalmente, como mutação "psicológica", com o advento do homem trágico.[103]

Esses autores abordam a tragédia ática a partir de uma interrogação que é formulada nos seguintes termos: "Como se elaboram na tragédia o senso de responsabilidade, o comprometimento do agente com seus atos, isso que chamamos hoje função psicológica da vontade?"[104] Partindo dessa interrogação e problematizando a categoria eminentemente moderna de vontade como função psicológica ausente na Antiguidade, tais autores se dedicam a explicitar as relações entre as noções de causalidade, intencionalidade e responsabilidade vigentes no mundo antigo e constitutivas do universo trágico. Naquilo que nos interessa, também destacam a radical indissociabilidade entre desígnio divino e decisão humana, cujo resultado é uma ação empreendida pelo homem que, ultrapassando-o (advinda de um campo heterogêneo, aquele dos deuses), não obstante implica sua responsabilização. Ação trágica por excelência.

É preciso destacar ainda que a categoria de vontade encontra-se inteiramente ausente na cultura grega da Antiguidade; o termo nem sequer existe no vocabulário grego do século V a.C.[105] Aquilo que não existe na linguagem não existe *tout court* – já que o mundo humano é constituído na e pela linguagem. Uma suposta natureza humana está, para nós, perdida: tudo surge da estrutura do significante.[106] Assim, para o grego antigo a ideia de uma vontade individual – praticamente sacralizada a partir da modernidade – é uma aberração inteiramente desprovida de sentido, bem como de fundamento.

O herói trágico sofocliano: solidão e responsabilidade

Em estudo consagrado ao herói trágico sofocliano,[107] o helenista Bernard Knox aponta a responsabilidade como o seu traço distintivo – fundamental, a nosso ver, no que concerne à questão ética –, de resto ausente nos demais autores trágicos. O autor isola em Sófocles três elementos distintivos: o abandono da trilogia enquanto forma privilegiada da tragédia, a introdução do terceiro ator[108] e a absoluta responsabilidade do herói trágico por seus atos, sem apelo à proteção dos deuses ou às vicissitudes do destino traçado por estes. De acordo com o helenista, a articulação recíproca desse conjunto de elementos caracteriza a tragédia sofocliana. Para ele, Sófocles "inventa a tragédia tal como a conhecemos: a confrontação de seu destino por um indivíduo heroico cuja liberdade de ação implica responsabilidade plena".[109]

A trilogia era uma exigência dos festivais de Dionísio, nos quais Sófocles obteve 24 vitórias ao longo da vida. E, nesse formato, o enredo de cada peça era reciprocamente dependente do enredo das demais, numa espécie de causalidade linear em decorrência da qual os acontecimentos narrados numa determinada peça encontravam seu *leitmotiv* em outra, compondo um todo ou conjunto uniforme.

Na tragédia sofocliana, ao contrário, cada peça teatral deve ser considerada em si mesma; sua inteligibilidade não depende das demais, nem mesmo daquelas com as quais compõe trilogia – como no caso da trilogia tebana. A esse respeito, Demont e Lebeau consideram que

> a originalidade mais digna de nota na obra de Sófocles ... é o abandono deliberado da trilogia [inter]ligada. Sófocles não compôs nenhuma. Ora, as intenções do poeta e o sentido de sua obra não podem ser separados dessa recusa da trilogia [inter]ligada .... [Sófocles] [con]centra o olhar sobre o indivíduo concretamente engajado em sua própria existência e pego no instante crítico de sua vida, sem que jamais a existência individual apareça como um simples elemento de uma história mais vasta. *Qualquer que seja vontade dos deuses, é o homem que conduz a ação unicamente com suas forças*, lutando até a morte para permanecer fiel às suas exigências morais.[110]

Esse importante aspecto formal constitui a outra face da dimensão de responsabilidade presente no herói trágico sofocliano: sem poder fazer apelo ao passado, aos desígnios divinos ou, ainda, ao destino, ele se vê só diante de uma escolha pela qual deve se responsabilizar. A solidão, de acordo com Knox, é a característica do herói trágico por excelência. E seu isolamento, em consequência do fato de que ele não transige, é um traço distintivo do herói sofocliano: "Antígona está sozinha em sua atitude; ... ela é 'a única' ... na cidade a desobedecer-lhe [a Creonte]; e finalmente ela é enterrada viva, sozinha."[111] O autor destaca a responsabilidade encarnada no herói trágico sofocliano nos seguintes termos:

> Sófocles nos apresenta pela primeira vez aquilo que reconhecemos como um "herói trágico": aquele que, sem o apoio dos deuses e enfrentando a oposição humana, toma uma decisão que brota do âmago de sua natureza individual, sua *physis* [natureza], e a partir de então mantém essa decisão cega, feroz e heroicamente, até mesmo ao ponto de sua própria destruição.[112]

Podemos então dizer, com Lacan, que a ação levada a cabo pelo herói trágico é ética, uma vez que não é causada por nenhuma força alheia à decisão do próprio herói, não é movida por nenhuma demanda de felicidade, não dirige a quem quer que seja nenhum apelo de reconhecimento. Em suma, não visa a nenhum bem – trata-se de ato, na acepção psicanalítica do termo. Há uma estreita ressonância entre as formulações do helenista Knox e aquelas eminentemente clínicas de Lacan.

Torna-se necessário, nesse ponto, fazer uma pequena digressão com vistas a assinalar o agudo comentário de Knox a propósito da religiosidade – ou da concepção de religião – presente em Sófocles. De acordo com o helenista, Ésquilo transformou os deuses caprichosos do poema épico de Homero em poderes benéficos. Desse modo, através do sofrimento infligido tanto ao homem quanto à cidade na cena trágica, pretendia elevar o patamar de compreensão e civilização da *polis*. Sófocles, ao contrário, não partilhava com seu precursor a crença num Zeus que, através do sofrimento da humanidade, visava extrair ordem do caos, justiça da violência ou reconciliação da contenda.[113] Vejamos o argumento do helenista:

> Com seus heróis, que afirmam a força de suas naturezas individuais contra seus concidadãos, sua *polis*, e mesmo seus deuses, ele [Sófocles] recria, numa comunidade nesse momento ainda mais social e intelectualmente avançada que aquela de Ésquilo, a solidão, o terror e a beleza do mundo arcaico. ...
>
> Os deuses olímpicos são, no drama sofocliano, enigmáticos, figuras mascaradas cuja vontade os homens podem, na maior parte das vezes, apenas adivinhar, e apenas mediante uma espécie de fé heroica e desafiadora podem identificar à justiça.[114]

É possível afirmar que a "religiosidade" em Sófocles retroage de certo apaziguamento dos deuses superiores – obra da própria "civilização" da qual são os patronos – à dimensão irreconciliável daquilo que Lacan posteriormente irá chamar de deuses do real,[115] opacidade radical e, não obstante, pura efetividade. O herói trágico sofocliano – Antígona é o expoente – encontra-se submetido a esses deuses, e são as suas leis que a heroína trágica evoca em oposição às da cidade, representadas por Creonte e seu decreto. O ato de Antígona encontra seu fundamento nesse real – que não cessa de não se escrever – das leis divinas que seu ato vem, justamente, inscrever. Em perda, contingencialmente.

Nessa tragédia sofocliana não estamos diante de uma oposição indivíduo *versus* Estado, ou ainda razão *versus* religião, como alguns autores propuseram.[116] Se a personagem trágica de Antígona é eleita por Lacan como paradigma da ética da psicanálise, isso se deve ao fato de ela encarnar aquilo que interroga a legitimidade da lei positiva que se enuncia às expensas – no duplo sentido do termo, é tributária e também repudia – da ordem da lei, destacando o fundo sobre o qual esta se erige, vale dizer, seu próprio fundamento real.

Antígona ancora sua decisão sobre as leis não escritas dos deuses inferiores, mas em nenhum momento apela a eles, não os invoca em seu auxílio nem espera por sua piedade. Ela avança só: extrai a força de sua determinação da *Dikè* dos deuses, mas não faz dela a justificativa ou álibi de seu ato. Não recua diante das nefastas consequências que, de antemão, conhece, e não vacila diante do que deve fazer. Eis o traço distintivo do *heroic temper*[117] destacado por Knox – altivez, determinação, inflexibilidade – em sua dimensão de responsabilidade.

Autonomos: a lei em ato

No início do seminário sobre a ética da psicanálise, Lacan critica a perspectiva idealista presente na ética aristotélica afirmando que, não obstante, a busca da verdade não se encontra ausente da experiência psicanalítica. Mas de que ordem de verdade se trata? Acompanhemos seu argumento:

> Essa verdade que procuramos numa experiência concreta não é a de uma lei superior. … *trata-se de uma verdade que vamos procurar no ponto de sonegação de nosso sujeito. É uma verdade particular.* … a forma de sua articulação … se apresenta, para cada um, em sua especificidade íntima, com um caráter de *Wunsch* imperioso. Nada que permita julgá-la do exterior poderia opor-se a isso. … *O Wunsch não tem o caráter de lei universal, mas, pelo contrário, de lei mais particular* – mesmo que seja universal que essa particularidade se encontre em cada um dos seres humanos.[118]

De acordo com a psicanálise, a única lei que se impõe ao sujeito humano – vale destacar, seu caráter imperioso – é a lei do desejo, que Lacan aproxima do *Wunsch* freudiano, desejo inconsciente que comanda e pelo qual o sujeito deve se responsabilizar. Ainda que a injunção do desejo se imponha a todo sujeito, o modo como isso se dá caracteriza a "especificidade íntima" de uma lei a mais singular. Esta não permite ser avaliada de uma perspectiva externa à sua própria incidência sobre cada um. Da mesma forma, será singular a resposta do sujeito ao caráter imperioso desse desejo também singular – ainda que seja universal que tal singularidade se apresente sob a forma daquilo que Freud nomeia como campo do *Wunsch*. O "ponto de sonegação" (da verdade concernente ao desejo) destacado por Lacan pode ser compreendido como uma das modalidades de resposta do sujeito à premência do desejo, que se declina, por exemplo, sob a forma de seu recalcamento – caso da neurose, o mais corriqueiro.[119]

Na *Antígona* de Sófocles vemos a heroína trágica conformar-se – agir em conformidade – à injunção que, advinda de um lugar Outro (o campo dos deuses), torna-a a sua lei, aquela que ela faz existir (*ex-sistir*) por intermédio de um ato. Conforme aponta Lacan, no que tange a essa lei única seus critérios são internos e, a um só tempo, alheios, não podendo ser julgada do exterior – por exemplo, da perspectiva do bom funcionamento da *polis*, como faz Creonte. Tampouco poderia ser avaliada pelo próprio sujeito, uma vez que este tem acesso à "sua" lei apenas no *après coup* do ato. A lei do desejo diz respeito a uma exterioridade íntima, caracterizando uma lei que incide singularmente, uma vez que não existem parâmetros fora dela através dos quais fosse possível aquilatá-la. A rigor, a lei – e, nesse sentido, o desejo – não constitui um *a priori* ético, ou seja, não existe *per se*, exceto na implicação de um sujeito que faz valer em ato. Antes, seria da ordem de um *a posteriori* ético – se é que tal formulação se sustenta –, já que depende do ato de um sujeito para que adquira incidência real.

Lacan afirma que o desejo enquanto lei particular – vale dizer, singular, única e irreproduzível (não confundir com "privada" ou "subjetiva") – constitui o cerne da experiência analítica, e a ética que dela decorre. Não obstante, interroga: "Mas é só isso toda a nossa descoberta, só isso toda a nossa moral – a atenuação, o esclarecimento, a descoberta desse pensamento de desejo, da verdade desse pensamento?"[120] Assim, não basta afirmar o *Wunsch* freudiano como injunção para que a verdade articulada pelo desejo inconsciente adquira o estatuto de uma lei particular. É preciso um passo além, quer dizer, que cada sujeito advenha aí, fundando por seu ato e a cada vez a lei do desejo à qual se encontra submetido. Em outras palavras, o desejo não existe fora da dimensão ética, fazendo com que o sujeito se torne responsável por aquilo mesmo que o causa.

É justamente em relação a esse ponto, candente, que Lacan toma a personagem trágica Antígona como paradigma da posição desejante, destacando o caráter ético de sua posição. Apenas a partir do comentário empreendido por ele é possível avaliar o peso e a amplitude do gesto de Antígona sem, por um lado, subsumi-lo à maldição dos Labdácidas (*Atè*) nem às leis dos deuses (*Dikè* ou justiça divina); nem, de outro, considerá-lo um desafio às leis do Estado – no caso, a *polis* grega. Em relação à verdade particular, à especificidade íntima apontada por Lacan, "a melhor qualidade que podemos encontrar para ela é a de ser o verdadeiro *Wunsch* que se encontrava no princípio de um comportamento desatinado ou atípico".[121]

Se não há parâmetros fora da incidência do desejo que permitam aquilatá-lo – é o que não tem medida, nem nunca terá –, só haveria desatino ou atipicidade[122] considerados a partir de uma perspectiva externa, alheia ao campo do desejo, portanto, necessariamente falseada. É sempre como transgressão a uma lei que pretende se impor como universal que o desejo irrompe, perturba, desloca, sob a forma de um constrangimento assumido, pelo sujeito, em nome próprio. Contudo, a relação entre desejo e lei é complexa e prenhe de nuances. Se, de uma parte, com Freud, a lei como interdição ao gozo funda a possibilidade do desejo,[123] de outra Lacan destaca que o desejo se apresenta como autônomo em relação à lei, uma vez que esta se origina naquele. Invertendo o caráter incondicional da demanda (de amor) por meio da qual o sujeito permanece na sujeição ao Outro e ao capricho de seu arbítrio, o desejo o eleva (o caráter incondicional intrínseco à necessidade) à potência de condição absoluta,[124] franqueando ao sujeito a possibilidade de tornar-se o garante desse campo Outro do qual o desejo advém: inconsciente é o seu nome. O caráter singular, enquanto declinação particular da lei do desejo,[125] tem como contrapartida necessária – e, não obstante, contingente – a responsabilidade do sujeito.

Vejamos como essa questão é abordada por Lacan no que diz respeito à heroína trágica sofocliana e sua decisão inarredável de sepultar o irmão morto, contrariando a determinação do édito promulgado por Creonte. A dimensão transgressiva do desejo é indicada por Lacan quando ele afirma que "a posição de Antígona se situa em relação ao *bem criminoso*",[126] em que pese o paradoxo da formulação. O sentido da frase é ambíguo e poderia significar, de um lado, que a posição da heroína trágica, por constituir uma transgressão à lei da *polis*, afasta-se da perspectiva do bem. Por outro, o bem, ao visar à universalidade – o bem de todos ou, no dizer de Lacan, o serviço dos bens –, resultaria, em si mesmo, criminoso. Assim, é possível interpretar a frase levando-se em conta a posição de Antígona, que, frente ao bem universal (criminoso, uma vez que descarta a incidência singular da lei que funda o desejo), sustenta a singularidade do desejo enquanto lei. Pelo próprio fato de o desejo caracterizar uma transgressão à lei – no caso, a lei da *polis* –, ele poderia ser descrito como um bem criminoso. Estranho bem esse.[127]

De acordo com Lacan, a perspectiva ética contida na tragédia antiga pode ser reencontrada na experiência analítica, constituindo o seu cerne – desde a referência freudiana a Édipo até a versão médica da noção de catarse ou ab-reação. Sua apreensão da *Antígona* de Sófocles faz ressaltar o ponto de vista que define o desejo.[128] Eis em que consiste o interesse de Lacan ao abordar a referida tragédia sofocliana: isolar, destacar a relação do sujeito com o desejo, extraindo as consequências éticas nela implicadas. Contudo, o próprio Lacan nos adverte contra o fato de pretender extrair do texto de Sófocles uma lição de moral[129] – nada mais distante de seus propósitos.

Desde o início da tragédia, a decisão de Antígona se apresenta de forma inarredável, conforme afirma Knox: "Quando Antígona aparece pela primeira vez, na abertura da peça, sua decisão já está tomada. Ela vai enterrar seu irmão. Ela sabe qual é a pena à qual se arrisca – morte por apedrejamento –, mas não pode ser detida."[130] Sobre o herói trágico, o helenista afirma que ele "decide na contramão da conciliação; ... ele permanece fiel a si mesmo, à sua *physis*, àquela 'natureza' que ele herdou de seus pais e que é a sua identidade".[131]

Esse autor destaca o caráter *autonomos*,* irreconciliável, da personagem trágica, explicitado pelo coro quando este atribui plena responsabilidade a Antígona pelas consequências de sua decisão de conceder honras fúnebres ao irmão morto, desacatando as ordens de seu tio Creonte. Knox salienta que essa é uma palavra geralmente aplicada a cidades – não a pessoas – cujo significado é "independente, que vive sob suas próprias leis". Antígona, em seu *kommos*, compara seu destino ao da deusa Níobe,[132] e o coro reprova sua presunção, censurando-a por ter ido longe demais, "até o extremo limite da audácia".[133]

É o coro que assinala o caráter *autonomos* da heroína trágica. Contudo, Antígona não invoca uma lei individual, por ela concebida, mas as leis não escritas dos deuses. Desse modo, poderíamos considerar a autonomia da princesa tebana de acordo com a formulação de Lacan, já evocada, do caráter de lei particular atribuída ao *Wunsch* freudiano,[134] uma vez que este não poderia ser

* *Autonomos*: literalmente, aquele que é regido por suas próprias leis.

considerado um postulado universal, mas, ao contrário, se declina de modo singular para cada sujeito. Além disso, o desejo como "lei particular" pode ser compreendido como intrinsecamente relacionado ao ato do sujeito em fazer valer a injunção que advém de um campo alteritário: aquele dos deuses, na tragédia antiga, bem como o campo do Outro, para a psicanálise. Nesse sentido, a "lei particular"[135] diz respeito ao fato de que é por meio da posição singular de cada sujeito, em ato, que o desejo se constitui como lei. O caráter *autonomos* da heroína trágica concerne ao fato de que, por intermédio de sua decisão, trágica, Antígona faz (valer) a lei (não escrita). De acordo com Knox, estas

> duas palavras ... definem com precisão o caráter de Antígona e o "*heroic temper*" em geral: *autonomos*, "lei para si mesma", e "*self conceived passion*" [no original]. A força que impulsiona o herói a afirmar a sua independência, à semelhança de um Estado soberano, que brota do seu interior, da sua *physis*, do seu verdadeiro eu, não pode ser explicada por circunstâncias exteriores.[136]

Autonomos é, no caso de Antígona e a partir da visada psicanalítica, aquele que vive sob a lei do desejo e suas injunções. O desejo é sua pátria, é com ele o seu compromisso, acima de todo e qualquer bem. Se Creonte clama por obediência à lei da *polis*, Antígona evoca lealdade às leis não escritas, que regem os laços de sangue e a linhagem; sua autonomia revela-se, assim, heteronomia radical, atestando que seu ato não é uma decorrência necessária da referência à injunção divina.

A propósito desse termo, Lacan comenta que "Antígona se apresenta como *autonomos*, pura e simples relação do ser humano com aquilo que ocorre de ele ser miraculosamente portador, ou seja, do corte significante, que lhe confere o poder intransponível de ser o que é, contra tudo e contra todos".[137] *Autonomos*, nesse sentido, pode ser compreendido como indicativo da própria estrutura do significante que, incidindo sobre o sujeito, o aparta de qualquer identidade consigo mesmo, fazendo com que ele seja apenas *o que é*, sem predicação ou atributo, ao arrepio do serviço dos bens ("contra tudo e contra todos"). Uma vez constituído como efeito do significante – dimensão heterônoma –, o sujeito se vê convocado a garantir, em nome próprio e por intermédio de um ato em perda, o campo do qual é tributário. Essa é a sua "autonomia" – ninguém mais poderá fazê-lo em seu nome.

No posfácio à consagrada tradução efetuada por Mazon dessa tragédia sofocliana, Loraux observa que é digna de nota a profusão de termos iniciados pelo prefixo grego *auto* nessa tragédia.[138] Para a helenista, a recorrência desse prefixo no texto de Sófocles indica a prevalência da dimensão da identidade – intrínseca ao mito dos Labdácidas, que os impeliria na direção do incesto, do fratricídio e da destruição de si –, que a autora aponta como sendo da ordem de um *pathos* do mesmo, *homo*.[139] Sem entrarmos no mérito de suas considerações, destacaremos dois termos, *autonomos* e *autokheir*, utilizados em relação à heroína trágica, que nos parecem indicar, antes, a dimensão de singularidade radical presente em Antígona através de sua decisão e ato, e a responsabilidade que daí advém.

A propósito de seu ato, Antígona escolheu estar só, afirma Loraux. O prefixo *auto*, tantas vezes utilizado por Sófocles a respeito da heroína trágica, diria "dessa solidão de si a si mesma que caracteriza a filha de Édipo e, talvez de forma geral, como quer Knox, o temperamento heroico em sua quintessência".[140] Em relação ao termo *autonomos*, utilizado pelo coro após o conflito entre Antígona e Creonte indicando que a heroína trágica caminharia *autonomos* em direção à morte, a autora observa que o sentido desse termo seria o de "mantendo-se/sustentando-se [*tenant*] em/por si mesmo", e também "identificado ao teu próprio lote"[141] – à parte que lhe cabe neste latifúndio, como nos versos do poeta.

Assim, o emprego do termo *autonomos* não pode ser visto como aludindo à independência da heroína trágica quanto às leis políticas ou divinas, nem tampouco ao caráter supostamente autossuficiente de Antígona. A nosso ver, ele está intrinsecamente referido à lei (*nomos*) que se declina e se autoriza por intermédio de ato singular e inantecipável. Sustentar em ato as leis não escritas dos deuses ctônicos é o que cabe à filha de Édipo, este é o seu quinhão, assim como a morte, destino para o qual ela caminha, resoluta.

Ainda de acordo com Loraux, *autokheir*[142] – com/pelas próprias mãos – é o termo utilizado pela heroína trágica, que afirma ter realizado, "com suas próprias mãos", os ritos funerários em relação ao corpo do irmão, encobrindo-o com a terra tebana. Por outro lado, a helenista diz, não sem certo estranhamento, que esse não é o vocábulo empregado por Sófocles em relação ao enforcamento de Antígona na tumba em que é encarcerada por Creonte, levando a crer que o autor trágico negaria, com isso, o caráter suicidário do gesto final da jovem princesa.[143] Assim, o uso do vocábulo *autokheir* não se referiria à atitude positiva levada a cabo por ela – literalmente, tomar a terra em mãos, ou, ainda, fazer de seu véu, laço mortal –, denotando, antes, a ênfase na dimensão de responsabilidade, única e intransferível, do ato empreendido pela filha de Édipo. Citando Gernet, a helenista conclui que o termo, "em si mesmo, não conteria senão a ideia de uma execução material, a ideia de *um autor*".[144]

De um autor, vale dizer, de um responsável; em outras palavras, *autokheir* diz respeito apenas ao ato, e não às atitudes de Antígona. Esta não empregaria tal vocábulo apenas para descrever, literalmente, a ação por ela empreendida, a saber, ter coberto de terra o corpo do irmão com as próprias mãos. Antes, é lícito supor que *autokheir* tenha sido utilizado por Sófocles de modo a ressaltar o fato de que a heroína trágica assume responsabilidade plena por seu ato. Desse modo, *autokheir* alude, a meu ver, à dimensão de ato presente no gesto de Antígona, tal como este é compreendido pela psicanálise.

Juízo ético

O aporte que a psicanálise traz ao campo da ética advém do conceito maior freudiano. Uma vez estabelecido o inconsciente (*das Unbewusste*) como regente do aparato psíquico, a distinção entre ação e intencionalidade cai por terra, já que o móbil do ato pode ser inconsciente, advindo de um lugar heterogêneo – inassimilável à vontade ou à deliberação autônoma do agente. A causa é heterônoma, mas nem por isso a responsabilidade imputável ao sujeito é menor; ao contrário, a questão ética implicada na visada psicanalítica refere-se à tomada de posição do sujeito diante do que lhe advém como constrangimento do campo do Outro. Trata-se, portanto, de uma heteronomia isomórfica a uma heterotopia, indicando que a questão é topológica: advir ali onde isso era – *Wo es war, soll Ich werden* – implica um reviramento da problemática ética, pelo qual a causa (o desejo inconsciente) só existe (*ex-siste*) na medida em que é sustentada enquanto tal, em ato, por um sujeito.

O paradoxo aí contido é estrutural: o desejo é um constrangimento e, não obstante, o sujeito deve (*soll*) escolher. Essa escolha não se dirige necessariamente a um bem, nem é por este comandada. Ao contrário, Lacan afirma que é sempre por meio de um franqueamento do limite – benéfico, relativo à máxima *primum vivere*, que considera a vida em si mesma um bem maior, a ser preservado a qualquer custo – que o sujeito faz a experiência do desejo.[145]

Portanto, é numa certa relação com a morte, como significante privilegiado do corte operado pela estrutura da linguagem – que concerne a uma perda constitutiva –, que o sujeito poderá fazer a experiência, sempre pontual, do desejo.

Embora a questão concernente a uma ética própria ao campo psicanalítico não tenha estado entre as preocupações de Freud – talvez por sua conhecida aversão à perspectiva abstrata universalista característica do campo filosófico, distante da perspectiva singular encontrada em cada caso clínico –, podemos encontrar em sua letra formulações que concernem à responsabilidade do sujeito em relação ao desejo inconsciente. Destacaremos duas delas, por as considerarmos emblemáticas da posição ética por ele mantida, ainda que não formulada nesses termos.

Em um artigo suplementar à questão da interpretação de sonhos, Freud recorre a uma parábola na qual um imperador ordena matar o súdito que havia sonhado ser o seu assassino. Com isso, põe em evidência o fato de que, apesar de só podermos ser responsabilizados criminalmente por nossos atos, enquanto sujeitos somos responsáveis por aquilo que sonhamos, uma vez que os sonhos são, invariavelmente, realizações de desejo. Somos, assim, responsáveis pelo desejo que nos anima, por mais que ele nos pareça estranho e inaceitável. A questão central desse texto é a de se devemos (ou não) assumir a responsabilidade pelo conteúdo de nossos sonhos. Freud propõe a resposta:

> O que mais se pode fazer com eles? ... ele [o conteúdo] faz parte de seu próprio ser. Se procuro classificar os impulsos presentes em mim, segundo padrões sociais, em bons e maus, tenho de assumir responsabilidade por ambos os tipos; e se em defesa digo que o desconhecido, inconsciente e reprimido em mim não é meu eu, não estarei baseando na psicanálise a minha posição, não terei aceitado as suas conclusões... . Aprenderei, talvez, que o que estou repudiando não apenas "está" em mim, mas vez e outra "age" desde mim para fora.[146]

A partir dessa notável formulação freudiana e desde o ponto de vista da psicanálise, somos responsáveis não apenas por aquilo que efetivamente fazemos. Temos também uma responsabilidade moral – vale dizer, ética – pelo desejo que nos move, ainda que inconsciente. O desconhecimento não é razão para que não nos responsabilizemos. Estamos concernidos pelo desejo que nos afeta; se, por um lado, somos determinados por esse desejo, por outro, isso não nos exime de responder por ele. Essa é a via ética que a psicanálise convoca o sujeito a trilhar.

Freud havia abordado a questão da responsabilidade por meio de um comentário sobre a ausência de moralidade em *Édipo rei*. Nele, considera o vaticínio do oráculo de Apolo, assim como a vontade dos deuses, um disfarce enaltecido do desejo inconsciente. Segundo a sua apreciação, é como se o espectador fosse obrigado pelo dramaturgo a reconhecer o próprio desejo incestuoso e horrorizar-se com ele: "Tu estás lutando em vão contra a tua responsabilidade ... [essas intenções criminosas] persistem em ti, inconscientemente."[147] Assim, a injunção inconsciente não é álibi, mas convoca o sujeito a responder por aquilo mesmo que o comanda sem que disso ele possa se aperceber, nem se assenhorar. Fora dessa visada ética, isto é, se o sujeito não se responsabiliza pelo desejo inconsciente, este retorna sob a forma de sentimento de culpa cuja origem lhe é desconhecida.[148] Este também parece ser o encaminhamento de Lacan ao afirmar que abrir mão do desejo é a única coisa de que o sujeito pode se sentir culpado.[149]

Desse modo, responsabilidade e culpabilidade constituem termos mutuamente excludentes: fora da dimensão ética resta apenas o gozo da culpa. Vemos que, mesmo sem tratar expressamente da problemática ética, a responsabilidade do sujeito frente ao desejo inconsciente já fora indicada por Freud. A rigor, a própria homologia entre o campo dos deuses na tragédia antiga e a dimensão do desejo inconsciente, que seria levada às últimas consequências por Lacan em seu comentário sobre a *Antígona* de Sófocles, já se encontraria sugerida nesse comentário de Freud sobre a tragédia sofocliana de Édipo – ainda que, nesse momento, referida ao desejo incestuoso.

Paradoxalmente, Lacan diz que desejar e não querer desejar é a mesma coisa.[150] Vale dizer, o recuo diante da injunção colocada pelo desejo é interno ao campo do desejo: em "não querer desejar" o desejo já está implicado – por meio de sua própria negação. Há uma diferença fundamental entre recuar da injunção colocada pelo desejo em nome do princípio de prazer ou, ainda, na perspectiva do bem – posição de depreciação do desejo[151] – e o passo propriamente ético de advir em ato, condição trágica à qual o sujeito é confrontado. De resto, assinalar essa condição consistiu todo o esforço de transmissão por parte de Lacan ao longo de seu ensino.

Essa formulação não contradiz outra, radical e contundente, que sublinha o fato de que somos sempre responsáveis por nossa posição de sujeito.[152] Ainda que "não querer desejar" apenas indique o impasse do sujeito frente ao desejo (e não sua abolição), o sujeito é responsável por recuar. De sorte que a responsabilidade se coloca qualquer que seja a posição do sujeito: seja a de advir em ato garantindo *a posteriori* o campo do desejo como causa, seja a de arcar com as consequências, isto é, a culpa por ter "cedido do desejo".[153] Trata-se, por conseguinte, de uma escolha forçada na qual ou o sujeito cede o objeto que ele é, ou renuncia ao desejo: uma escolha se impõe, escolha em que qualquer que seja a posição do sujeito há uma perda em causa – ainda que de ordens heterogêneas.

A existência da tragédia é breve e pontual: tem a duração de um século, o prodigioso século V anterior à nossa era. O primado do *logos* tributário do advento da filosofia no século IV a.C. fará calar a voz dos deuses e o herói desaparecerá sob a face do cidadão. Doravante, a dimensão de responsabilidade e a própria ética serão consideradas um fato de razão; não mais dirão respeito a uma tensão entre uma ordem exterior cuja injunção possui um caráter inapelável e a decisão de um sujeito em assumir aí o seu lugar. Ao contrário, será estabelecida, a partir do interior, tributária do campo da intencionalidade e da vontade identificadas à soberania da razão e seu correlato subjetivo, a consciência. Por esse passo momentoso, o homem terá se tornado transparente a si mesmo.

Apenas muitos séculos depois, com o advento da psicanálise, a tensão característica da tragédia antiga pela qual um sujeito é convocado a responder por aquilo que se lhe apresenta como radicalmente exterior, bem como inassimilável ao conhecimento, será retomada em outros termos e bases. O móbil da ação humana – precisamente, do ato – é, desde Freud e com Lacan, o desejo inconsciente. Em sua opacidade intrínseca e constitutiva, o desejo move e convoca o sujeito a se responsabilizar por aquilo que, sendo o mais radicalmente alheio, é-lhe, paradoxalmente, o mais íntimo. A torção entre causalidade e responsabilidade é recolocada sob a forma de um imperativo ético, interno ao campo psicanalítico; diante da injunção inconsciente caberá ao sujeito o passo ético da responsabilidade. Ou então a opção pelo recuo, com o ônus (e o bônus) da culpa: "Proponho que a única coisa da qual se possa ser culpado, pelo menos na perspectiva analítica, é de ter cedido de seu desejo."[154]

"Agiste conforme o desejo que te habita?"[155] – eis o juízo ético proposto por Lacan. A proposição contém em si mesma a dimensão de responsabilidade em relação ao desejo inconsciente que move o sujeito sem que disso ele saiba, ou disso nada queira saber (caso da neurose). Não se trata de um imperativo – "age!" – que determina uma ação, qualquer que seja esta. Nesse caso, o modo verbal (imperativo afirmativo) expressa a vontade daquele que o enuncia. O desejo não se confunde com vontade, deliberação nem gosto; ao contrário, é inconsciente, ou seja, se opõe a tudo que seria da ordem do saber e, por conseguinte, da mestria. Tampouco se dirige, necessariamente, na direção do bem. "Deseje!" constituiria, pois, uma formulação em impasse, desde a perspectiva ética da psicanálise. É em descontinuidade com a lei (mas em referência a esta) que o desejo se realiza em ato, a contrapelo do princípio de prazer.

Não por acaso Lacan faz uso do tempo verbal pretérito perfeito na injunção ética formulada acima – agiste? –, sob a forma de uma interrogação. Esse é um tempo verbal que designa se a ação se consumou dentro de um determinado espaço de tempo. Assim, é no *a posteriori* que um sujeito poderá responder por aquilo que terá feito da injunção articulada pelo desejo. De um modo ou de outro, o sujeito é convocado a responder por sua posição, quer esta tenha sido a de validar, em ato, a injunção inconsciente, quer tenha sido a de recuar diante dela. "Ter cedido de seu desejo",[156] ter recuado diante de sua injunção, implica o apagamento da dimensão ética, tal como esta é proposta pela psicanálise.

Na última lição do seminário sobre a ética da psicanálise, Lacan volta a destacar a antinomia entre o campo do desejo e o encaminhamento do saber, afirmando que, com o desaparecimento do universo trágico – tomado como paradigmático da relação de um sujeito ao desejo –, este foi calado, até que fosse trazido de volta à cena. Não mais a cena trágica, mas aquela Outra, inconsciente – pelas mãos de Freud. Assim, Lacan conclui:

> Creio que, ao longo desse período histórico, o desejo do homem, longamente apalpado, anestesiado, adormecido pelos moralistas, domesticado por educadores, traído pelas academias, muito simplesmente refugiou-se, recalcou-se na paixão a mais sutil, e também a mais cega, como nos mostra a história de Édipo, a paixão de saber.[157]

Recalcado pelo amor ao saber – a filosofia é sua origem e a ciência, seu paroxismo –, o desejo retorna como sintoma, tropeço, alucinação, cavando uma hiância no solo firme da razão. Essa rachadura chamada inconsciente, sempre prestes a se fechar,[158] é o vão por onde o desejo emerge, estrangeiro aos tempos modernos, uma vez que é, em última instância, trágico. Apenas a fina escuta de Freud pôde dar lugar a seu apelo. O sujeito moderno, apartado de seu desejo – Hamlet pode ser considerado o paradigma dessa paixão de saber assinalada por Lacan, conforme veremos a seguir –, desejo este que não lhe pertence, já que é do Outro, vai ao encontro do psicanalista para que este possa curá-lo de sua culpa: a de condescender do desejo em nome do bem. Empreendimento impossível, conforme observou o criador da psicanálise.[159]

4. Dimensão objetal do sujeito, herói trágico e ética

> O *experimentum mentis* que lhes propus aqui durante todo este ano está na linha direta daquilo ao qual nossa experiência nos incita quando … tentamos articulá-la em sua topologia, em sua estrutura própria. … Ela consistiu em … escolher como padrão da revisão da ética, à qual a psicanálise nos leva, a relação da ação com o desejo que a habita.
>
> Jacques Lacan, *O Seminário*, livro 7, *A ética da psicanálise*

A dimensão trágica e a ética

A *Antígona* de Sófocles condensa exemplarmente todo o rigor contido na ordem trágica da qual nós, modernos que somos, temos apenas uma pálida ideia, uma vez que o sentido da tragédia antiga esboroou-se na poeira do tempo. Não obstante, esse mundo perdido, Atlântida submersa pelas sucessivas camadas dos séculos, ecoa no íntimo de cada um que, por escolha ou privilégio, tem acesso ao texto desse autor trágico.

Houve um tempo, antigo e trágico, em que a palavra era poesia, e dizia. A palavra não representava um objeto empírico nem designava uma ideia ou pensamento, mas era dizer – e não dito –, enunciação em ato. Em um tempo anterior ao advento do conhecimento filosófico, que viria a opor verdadeiro e falso no plano do enunciado, a cultura grega era marcada pela noção de verdade – *alétheia* –, verdade poética cujo fundamento não se encontra fora dela mesma, mas em sua própria enunciação. Garcia-Roza[1] chama a atenção para o caráter privativo do termo grego, formado a partir de uma negação referida a *lethe**. De acordo com esse autor, o vocábulo assinala uma espécie de presença

* *Lethe*: literalmente, "esquecimento". De acordo com a mitologia grega, Lethe era um dos rios do Hades, e aquele que bebesse de suas águas experimentaria o mais completo olvido.

que se vela, isto é, cujo modo de presença se dá sob a forma de um velamento. Assim, a verdade trágica (ou poética) não é transparente, e sim opaca – o caráter de opacidade da verdade lhe é constitutivo. Nesse tempo, a palavra não era distinta das condições de enunciação nem do sistema de representações religiosas, não havendo nenhuma distância entre ela e os demais planos da realidade. A palavra era, não aludia nem representava; era dizer, e não dito.

No entender de Teixeira,[2] a verdade trágica – antifilosófica por excelência – não se constituiria como conceito e sim como resultado dialético dos *Dissoì Lógoi*[3] dos protagonistas, cujos argumentos são apreciados pelo coro para, em seguida, serem reenviados a eles. Entretanto, pensamos que a verdade trágica não é o resultado de uma confrontação argumentativa, produzindo-se como efeito de discurso, efeito que depende da posição de quem diz e de quem escuta. Tal posição está submetida à dimensão de equivocidade intrínseca à linguagem, em relação à qual o sentido, não sendo unívoco, será de ordem ética. Vale dizer, o sentido se encontra na dependência de uma escolha que se coloca a cada vez, para cada um.

Esse foi o tempo trágico. É esse tempo que se evoca aqui, procurando extrair seu vigor, seu caráter único, seguindo os passos de Lacan em sua retomada da tragédia homônima de Sófocles, a propósito da então inédita proposição de uma ética constitutiva do campo psicanalítico. É um desafio. Como, em pleno século XXI, trazer a lume a incidência da palavra tal como ela era articulada no século V a.C., isto é, fora do domínio conceitual, do pensamento teórico-abstrato ainda por se constituir e que viria a caracterizar a forma (e a fôrma) pela qual apreendemos o mundo à nossa volta?

Com isso não pretendo– nostalgicamente – restaurar o tempo trágico; de resto, seria um empreendimento impraticável. Somos filhos dos tempos modernos e de sua ciência. Minha perspectiva não é restauradora, menos ainda nostálgica. Trata-se de investigar em que medida o poema trágico poderia iluminar a relação do sujeito com o campo da palavra e da linguagem, domínio significante. Dito de outro modo, parto da seguinte interrogação: o que a tragédia antiga teria a ensinar – se é que intenta ensinar alguma coisa – a nós, modernos, sobretudo a nós, psicanalistas, naquilo que concerne ao domínio da ética, de uma ética que não é regida pela moral dos bens (nem do Bem), mas pelo desejo inconsciente? E, nessa medida, por que a heroína trágica sofocliana Antígona representa o paradigma da posição ética, na qual o desejo é sustentado em ato?

São essas as questões que norteiam esta investigação sobre a *Antígona* de Sófocles. Para tanto, procurei delimitar algumas vias de acesso ao problema proposto, através de um exame do universo trágico – em que pese o paradoxo contido nessa expressão[4] –, exame não exaustivo, diga-se de passagem. Tanto a Antiguidade grega como a tragédia ática são, em si mesmas, um mundo tão fascinante quanto inesgotável, e não seria possível – nem é o objetivo deste livro – desvendar os seus inexauríveis meandros, ainda que a matéria seja assaz tentadora. Não se trata, aqui, de um exercício de erudição, embora profícuo. Busquei adentrar a problemática trágica visando apenas destacar os pontos de inflexão sobre os quais se tornaria possível fundamentar minha hipótese, numa tentativa de compreender em que medida a ordem trágica pode servir de fundamento à ética da psicanálise, tal como formulada por Lacan.

Primeiro, pretendo justamente destacar a existência de uma ordem trágica, isto é, assinalar que, contrariamente ao que se costuma supor, a ordem do *logos* não surge com a filosofia. O mundo trágico não é um mundo em desordem, (des)governado por forças ocultas e selvagens, ao qual o pensamento filosófico viria pôr fim, domesticando-o. A ordem trágica caracteriza outra ordenação, outra forma de saber que não aquela articulada por intermédio do pensamento abstrato e seu corolário, o conceito. O *ethos* trágico não é desrazão, assim como o poema trágico não é *mythos*, narrativa oral marcada pela imprecisão e obscuridade, mas palavra articulada, *logos*. No entanto, essa articulação não se encontra determinada pela exigência de clareza e precisão distintiva da razão conceitual que caracteriza o estabelecimento de uma teoria, isto é, de um corpo de enunciados articulados e submetidos ao princípio da não contradição – menos ainda uma demonstração.

Ao contrário, a enunciação trágica – sobretudo o texto sofocliano – é marcada por um traço que se convencionou chamar de ambiguidade (ou polissemia) e, no caso específico da obra de Sófocles, pela mais fina ironia – a saber, a ironia trágica. A meu ver, essas características remetem ao funcionamento significante, à dimensão equívoca da linguagem na qual, ali mesmo onde o texto não se decide por um sentido unívoco, cabe ao herói trágico uma tomada de posição.[5] O *ethos* trágico inclui uma dimensão Outra, o campo dos deuses, registro real que paulatinamente perde sua incidência em decorrência da apreensão desse real pelo campo filosófico, em vias de formação no século V anterior à nossa era. Os deuses, essa radical dimensão de alteridade, foram calados – como os planetas – pelos enunciados conceituais de cunho abstrato, constitutivos da filosofia.

É a própria tragédia, na medida em que ela permite se desvelar – ainda que parcialmente – aos nossos olhos modernos, que poderá fornecer a chave de sua leitura. Contudo, não buscamos interpretá-la à luz de tal ou qual doutrina ou argumento; pretendemos, ao contrário, investigar aquilo mesmo que a tragédia antiga articula. *Antígona* interessou a Lacan a ponto de fazê-lo dedicar-lhe cerca de um terço de seu seminário sobre a ética da psicanálise, através de uma interpretação marcada pelo ineditismo de suas proposições e pela radical incidência clínica destas.

Desse modo, não creio que Lacan tenha se valido da tragédia ática apenas a título de comentário erudito, e sim porque teria encontrado ali elementos essenciais à formulação de uma ética particular ao campo psicanalítico. A tragédia antiga mostra em ato e *avant la lettre* a constituição do sujeito (encarnado pelo herói) pela ação do significante (no caso, o campo dos deuses), da dimensão objetal do sujeito tal como implicada no ato. Voltarei a isso oportunamente.

Por ora, cabe explicitar que procurei adentrar o universo trágico com vistas a extrair tais elementos, abordando a relação do herói – no caso, Antígona – com o campo dos deuses a fim de discernir como o sujeito da psicanálise está concernido por uma injunção ética cujo fundamento se assenta sobre a dimensão trágica. A heroína trágica sofocliana não faz do campo dos deuses um álibi em relação a seu ato; ao contrário, garante, por intermédio de sua perda, aquele campo como tendo estado na origem de sua decisão trágica. Também o sujeito, por se constituir no significante, se vê convocado ao dever ético de garantir esse campo em perda. Nos primórdios do século V a.C., em um tempo pré-filosófico, o campo dos deuses era o recurso de que o homem grego dispunha para abordar a dimensão de alteridade constitutiva do campo da palavra e da linguagem, do qual o sujeito humano é tributário. Os deuses encarnariam uma espécie de figura do Outro, diante da qual o homem grego – o herói trágico – se via confrontado com seu desamparo estrutural e constitutivo. O herói não era um mero joguete submetido ao capricho divino;

era responsável por aquilo que escolhia como destino ali mesmo onde ele não arbitrava, condição trágica por excelência.

De saída, deparei com uma questão candente: a de que o *ethos* trágico veicula um saber que não pode ser capturado nas malhas do pensamento conceitual – que, de resto, lhe é cronologicamente ulterior. Há na cena trágica a articulação de um saber que se apresenta em ato, e não por meio de uma consideração de caráter abstrato, isto é, mediante determinada apreensão conceitual. Antes, é veiculado através de um pensamento do qual se poderia dizer "em marcha", correlato daquilo que Lacan posteriormente denominará "pensar com os pés": "Como tirar de vocês o emprego filosófico de meus termos? ... Vocês imaginam que o pensamento está nos miolos. ... vocês podem também pensar com os pés."[6] Portanto, por meio de um pensamento em curso e em ato, de um pensar poético, não intelectual, que é também – sobretudo – ação.

O poeta alemão Hölderlin, em sua apreciação do poema trágico, já havia sido sensível a essa questão, situando a ação trágica num ponto mediano de suspensão do conhecimento hipotético-dedutivo, assinalando que o "saber" articulado pela experiência trágica é de outra ordem, distinta daquela estabelecida por intermédio do conceito, em relação ao qual seria irredutível. De acordo com o esclarecimento de Rosenfield sobre o argumento do pensador alemão, diz respeito a um domínio inacessível – exceto por meio da própria ação trágica – que sustenta outra forma de sabedoria, alheia ao conhecimento e ao campo das representações *tout court*.[7]

O poeta alemão não considera a tragédia ática em termos de conciliação entre a experiência (trágica) e o absoluto (o pensamento), e sim como meio (*Mitte*), "onde o herói ... deve sustentar-se, ele [Hölderlin] para referir-se ao verter de uma forma (normal ou empírica) da percepção em um outro modo de 'saber'".[8] Esse ponto mediano é relacionado à suspensão mais do que à mediação, tensão insuperável em si mesma, paradoxo constitutivo da relação do homem com o inominável – a saber, o ser, Deus ou a ideia.[9]

Trata-se, por conseguinte, de um ponto de suspensão que, justamente por não ser mediação, é corte, fundando, em ato e a cada vez, a dimensão ética – tal como concebida pelo campo psicanalítico. Esta é relativa a uma tomada de posição por parte de um sujeito que não é regulada pelo bem nem pelo ideal, mas referida ao desejo inconsciente. Vale dizer, referida a um campo opaco, inassimilável às operações do pensamento – se quisermos, do espírito –, alteridade radical à qual o sujeito encontra-se apenso. Nesse sentido, não caberia extrair a ação ética de um procedimento hipotético-dedutivo, pura articulação formal, operação do espírito em sua forma mais depurada de toda e qualquer circunstancialidade, como Kant se propôs a fazer.

O campo do inconsciente – móbil do desejo – constitui, desde Freud, aquilo que não é possível capturar nas malhas do pensamento – *das Unbewusste* ou o insabível –, permanecendo opaco e irredutível à apreensão conceitual. Não obstante, é pensamento, é articulado, muito embora não possa ser articulável enquanto tal,[10] isto é, não possa ser estabelecido em nenhuma positividade ou particularidade, uma vez que nenhuma significação lhe é exaustiva.

Sua estrutura é a de uma hiância, razão pela qual não se presta à ontologia; seu estatuto é pré-ontológico, anterior à formulação sobre o ser, sendo da ordem do não realizado.[11] Frágil no plano ôntico, o estatuto do inconsciente é ético, submetido a uma estrutura temporal até então jamais articulada.[12] Essa estrutura é a do corte, descontinuidade introduzida tanto na ordem do tempo quanto na do espaço, fenda que abre para se fechar, conceito fundamental (*Grundbegriff*), fundador do campo da psicanálise que, no limite, é presença do inconceitual – o *Un* do *Unbewusste* encontrando seu limite enquanto *Unbegriff*. Contudo, a partícula de negação *Un* não teria caráter privativo, no entender de Lacan. Portanto, não diz respeito à negação do conceito; antes, concerne ao limite do conceito (*Begriff*), tomado a título de conceito da falta.[13]

Se o inconsciente freudiano é, de acordo com Lacan, da ordem do não realizado,[14] dessa surpreendente formulação resulta seu estatuto ético, uma vez que o desejo inconsciente se realiza em ato, em perda de ser e de saber, redobrando sua estrutura de hiância. Em outras palavras, para existir (*ex-sistir*) – curiosa existência cujo caráter é pontual –, o campo do inconsciente exige um sujeito em presença que garanta, por intermédio de seu ato, a injunção do desejo à qual se encontra submetido: *Wo es war, soll Ich werden*, reza o adágio freudiano.

No texto de abertura do volume publicado sob o título de *Escritos* e sobre a afirmação de Buffon de que "o estilo é o próprio homem",[15] Lacan indaga a que homem, afinal, nos dirigimos, já que, desde a ferida narcísica infligida por Freud à cultura, o homem já não é senhor em sua morada. Com o advento do inconsciente, o homem não é mais idêntico a si mesmo, e a consciência não é primaz. Tampouco pode ser identificado com o sujeito psicológico. O animal racional aristotélico foi, por intermédio desse passo, destronado de seu lugar no topo da cadeia, pois a razão, seu atributo distintivo, não é soberana. *A contrario*, há Outra razão – que a razão desconhece – que comanda, dividindo o sujeito e causando o desejo.

À questão formulada por Buffon, Lacan afirma, com a fina ironia característica de seu estilo e concluindo o breve texto de abertura do volume, que é do lado do objeto *a* que a resposta poderá ser encontrada. O estilo,[16] portanto, já não diria respeito a uma suposta qualidade humana, sendo concernente à queda desse objeto que se isola – por um lado, como eclipse do sujeito do qual *a* constitui a causa de desejo; por outro, como suporte da divisão do sujeito entre verdade e saber.[17]

O estilo seria, então, a lâmina que institui não metades simétricas em espelho, e sim elementos díspares, não redutíveis e, portanto, inassimiláveis um ao outro. Na presença do objeto que opera como causa de desejo – não especularizável, isto é, sem imagem ou representação – o sujeito se encontra eclipsado. Como ocorre no fenômeno astronômico, o objeto encobre o sujeito, tomando seu lugar – vale dizer, o sujeito se afanisa. Portanto, já não se trata de um objeto (bom, mau, adequado, complementar) para um sujeito, lançado à sua frente (*ob jectum*), e sim do próprio sujeito em queda, objeto extraído do campo do Outro. A condição objetal do sujeito se encontra articulada ao momento em que ele se eclipsa, desaparecendo em virtude da *Spaltung* que o divide por sua subordinação ao significante.[18]

Desse modo, com Lacan, indagamos a quem, nós, psicanalistas, nos endereçamos e a que visamos, se não é o homem que se encontra em questão, e se o propósito é, menos ainda, o de restaurar uma suposta unidade perdida? Tampouco se trata de restabelecer uma pretensa harmonia. Se a perspectiva analítica não se encontra orientada por uma ética do bem, buscando conduzir o homem pelo caminho reto e justo ao encontro da felicidade, que ética concerne a esse sujeito que não é senão objeto, dejeto, resto inassimilável ao campo significante do qual é, não obstante, tributário?

Ao assinalar a dimensão ética da psicanálise, Lacan faz apelo à tragédia antiga, mais especificamente à personagem sofocliana Antígona. A relação desta com o campo dos deuses traz à cena a relação do herói trágico com o campo de alteridade que lhe cabe garantir em ato. Numa espécie de pré-formulação, a tragédia destaca o fato de que é como desejo do Outro que o desejo do homem toma forma.[19]

Essa é a dimensão que pretendo destacar, de acordo com o encaminhamento proposto por Lacan a respeito da *Antígona* de Sófocles. Ali, encontramos apresentada no real da cena trágica, *avant la lettre*, a problemática concernente à constituição do sujeito pelo significante. É esse traço que interessa isolar, assinalando sua perspectiva ética. De acordo com tal perspectiva – trágica –, a ética não é uma prerrogativa do sujeito, mas concerne ao objeto. Vale dizer, a um sujeito numa dimensão que é propriamente objetal.

Antes, porém, introduzirei o caminho através do qual busquei abordar essa problemática. De início, pelo seu avesso – com Hamlet, personagem-título da tragédia moderna de Shakespeare.

Hamlet e o impasse do saber

Nas últimas sete lições do seminário *O desejo e sua interpretação*,[20] proferidas em março e abril de 1959, Lacan fez um instigante comentário da tragédia shakespeariana *Hamlet*. Esta seria, no seu entender, uma tragédia do desejo: "Nosso propósito ... é de mostrar em Hamlet a tragédia do desejo, do desejo humano com que deparamos na análise."[21] Nesse momento de sua elaboração, Lacan considera essa tragédia uma trama[22] – na dupla acepção do termo – na qual o desejo se encontra articulado conforme as coordenadas freudianas referentes à problemática edípica.[23] A partir desse ponto de vista, considera o drama do príncipe da Dinamarca uma variante da tragédia grega *Édipo rei*, de Sófocles.[24]

O impasse de Hamlet frente ao desejo, que se coloca a partir da injunção paterna, é também o impasse do sujeito, na medida em que este visa se apropriar, pela via do saber positivado, do saber articulado – mas não articulável – pelo significante, que o determina. O príncipe da Dinamarca, em sua vacilação expectante, procrastina o ato e evita o desamparo, escolhendo, ao contrário, o amparo do saber e a falaciosa segurança da mestria. Nesse sentido, Hamlet é a antítese do herói trágico, ou, antes, o paradigma do sujeito moderno: subjugado pelo pensamento, o desejo pode ficar para depois, *primum vivere*.

Há duas vertentes por intermédio das quais Lacan aborda *Hamlet*. A primeira diz respeito aos impasses do personagem-título em relação à vingança pelo assassinato do pai, destacada por Goethe em termos de uma contradição entre pensamento e ação, indicada tanto por Freud[25] como por Lacan: "... para Goethe, Hamlet é a ação paralisada pelo pensamento."[26] Lacan, porém, parece não concordar inteiramente com essa interpretação de Goethe, conforme se depreende de seu comentário à margem da tragédia *Antígona*, feito no ano seguinte sem, contudo, citar o poeta alemão: "*Hamlet* não é absolutamente o drama da impotência do pensamento em relação à ação."[27] Não se trata de impotência, mas de um impossível: é em decorrência do conhecimento, por parte do pai, em relação à própria morte, assim como do insaciável desejo da mãe (e não por ela), que Hamlet se encontra impedido de agir.

De todo modo, a incompatibilidade entre pensamento e ação parece ter sido apontada também pelo bardo de Stratford-upon-Avon quando, em um diálogo com Fortinbras – este, a seus olhos, um homem de ação –, Hamlet considera que numa operação de divisão do pensamento em quatro partes iguais a maior parte cabe à covardia, e a menor, à sabedoria.[28] Ou seja, quanto mais o pensamento é sopesado, menos ele levaria à ação. Essa relevante questão, embora já se encontre assinalada por Lacan no curso do referido seminário, será retomada com todo o rigor no seminário *O ato psicanalítico*, com a subversão do *cogito* cartesiano sob a fórmula de "ou eu não penso, ou eu não sou",[29] destacando que no ato o sujeito não pensa, nem é: faz ato, do qual cai como objeto. Retornaremos a esse ponto oportunamente.

A segunda vertente pela qual Lacan aborda essa tragédia shakespeariana concerne ao escandaloso desejo da mãe – não ao desejo edipiano de Hamlet, mas ao da própria rainha Gertrudes.[30] Esta, ignorando o imprescindível tempo de luto, no qual a bateria significante é convocada a contornar a perda instaurada no real,[31] imediatamente desposa Claudius, irmão e assassino de seu marido. No seminário sobre *A ética da psicanálise* e a propósito de Jocasta, mãe e esposa de Édipo, Lacan retomará a problemática em torno do desejo da mãe como um desejo fundador da estrutura e, concomitantemente, um desejo criminoso. Quanto a esse ponto, Lacan afirma reencontrar na origem da tragédia (grega) uma problemática semelhante àquela existente em Hamlet, mas mais radical. À diferença que, se Hamlet vacila, Antígona, ao contrário, assume plenamente "o crime e a validade do crime".[32] O desejo fundador é estruturalmente criminoso, logo, transgressor.

Retomando a tragédia shakespeariana, haveria outro impasse, gerado pelo fato de que o pai de Hamlet, o espectro, vem ao seu encontro exigir a *vendetta* – o pai sabe, retorna da morte munido de um saber. Lacan diz que é porque o pai sabe quem cometeu o seu assassinato, transmitindo esse saber ao filho, que Hamlet se vê impedido de agir, situando-se na vacilação entre ser e não ser – impasse cuja única saída seria, precisamente, transpor o umbral do ser (no referido solilóquio, aquele que problematiza a validade da existência) e agir, passo de ordem ética. "O pai e o filho, ambos sabem. Essa comunhão da descoberta é precisamente aquilo que dificulta a assunção por Hamlet de seu ato."[33] O fato de o pai de Hamlet saber a verdade sobre sua morte levantaria o véu que encobre a articulação inconsciente, cuja função, segundo Lacan, é essencial. "Aqui, a questão está resolvida. O pai sabia, e, visto que ele sabia, Hamlet também sabe. Ele tem a resposta."[34] Pelo fato de saber, Hamlet não pode agir. O ato não é uma decorrência de tal ou qual conhecimento prévio que viria garantir sua realização. Antes, justamente porque o sujeito não sabe – isto é, o saber inconsciente que comanda é opaco, inassimilável pelo sujeito –, ele é convocado a tomar posição. "O problema de nossa própria ação", adverte Lacan, "... é a essência, o fundamento mesmo de toda reflexão ética."[35]

Assim, a partir do agudo comentário de Lacan sobre a tragédia moderna *Hamlet*, vemos que, quando a dimensão do saber prevalece, não há ato. Saber e ato se constituem, pois, em radical antinomia. Não obstante, há o saber inconsciente, do Outro, que é de Outra ordem, uma vez que não se trata de algo que possa ser aprendido, apreendido pelo sujeito, mas justamente ali onde ele não sabe – o saber é do Outro –, deve (*soll*) agir. Ou seja, não é que não haja referência ao saber; no entanto, a relação do ato ao saber não obedece a uma solução de continuidade; implica, porém, uma decalagem. O ato não decorre do saber – eis o impasse hamletiano. É por intermédio de um ultrapassamento do saber (prévio, estabelecido) que o ato poderá advir, numa relação que Lacan, jogando com a rica homofonia da língua francesa, posteriormente dirá que é *passant (pas sans) le savoir*.[36] Vale dizer, atravessando o saber – mas não sem referência ao saber inconsciente. Assim, o ato não é sem relação com o saber; antes, se efetiva em disjunção a este. O ato descentra o saber.

"Uma ignorância situada", afirma Lacan, "não é algo puramente negativo. Uma ignorância situada não é nada mais do que a presentificação do inconsciente."[37] Para Hamlet, não há essa dimensão de ignorância (saber inconsciente) em causa, mas saber – digamos – sabido. Saber em excesso. Por essa razão, ele se extravia na errância do pensamento, não tolo que é. No âmbito do pensamento – "sou?", "não sou?" –, qualquer que seja a resposta o sujeito é novamente lançado na dúvida *à la* Descartes ("O que me garante que, de fato, sou?"), que, desse modo, se infinitiza (não fora o ponto de basta do *cogito*[38]): "O *to be* se eterniza."[39]

> O sujeito da filosofia tradicional se subjetiviza ele mesmo infinitamente. Se sou enquanto penso, sou enquanto penso que sou, e assim por diante. Já nos demos conta de que não é tão certo que eu seja enquanto pense, e que sou enquanto penso que sou. A análise nos ensina outra coisa, muito diferente, é que *não sou aquele que está pensando que sou pela simples razão de que ... penso no lugar do Outro.* Sou um outro que aquele que pensa que sou. *É por isso que o sujeito que fala, tal como nos revela a experiência da análise, se mostra estruturado de uma forma totalmente diferente do sujeito de sempre.* E, retrospectivamente, a evolução filosófica poderia bem nos parecer um delírio, fecundo, com certeza, mas um delírio.[40]

É importante notar que Lacan não contrapõe o pensamento ao não pensar, seu oposto simétrico – *to be, or not?* –, tampouco ao sujeito do pensamento (do conhecimento), nem a um sujeito dito do afeto (ou sentimental), mas ao sujeito da linguagem. Dizer é, em si mesmo, um ato, enunciação que inaugura um novo começo.[41] O sujeito que interessa à psicanálise é o falante, o *falasser*,* sujeitado ao campo da palavra e da linguagem. E o sujeito fala na medida em que falta um significante no campo do Outro que diga o que (ou quem) ele é, ou que assinale o seu lugar na cadeia. A rigor, o sujeito $\$$ é esse significante que falta à cadeia, dimensão que é propriamente objetal.

Justamente pelo fato de falar – vale dizer, de ser tributário das leis da linguagem –, o sujeito se desencontra de si, já que não é idêntico ao que diz, e sim apenas representado de um significante para outro. O significante não diz o sujeito – não esgota nem define seu ser ou essência –, mas diz do sujeito. Ao falar, o sujeito diz de sua posição, significante barrado, caído da cadeia. "... o significante sendo aquilo que representa um sujeito para outro significante, onde o sujeito não é. Ali onde ele é representado, o sujeito está ausente."[42] Por-

---

* *Parlêtre*, neologismo cunhado por Lacan para designar que o "ser" que interessa à psicanálise é um ser de linguagem. Em português, a tradução desse neologismo (*falasser*) remete ao verbo "falecer", numa alusão ao sujeito mortificado por seu advento no campo significante.

que o sujeito não é – visto que ele é o significante que falta à cadeia – ele deve advir aí, numa dimensão que é ética. Tudo o mais – como Hamlet parece não desconhecer – é vã filosofia.

Aquilo que Hamlet efetivamente desconhece é o fato de que para a questão por ele proposta – ser ou não ser? – não há resposta, e sim ato. Em perda. De ser e de também saber. É apenas no limite, quando se encontra mortalmente ferido, que o príncipe danês finalmente vinga o pai, assassinando Claudius – este é, literalmente, seu último ato. "É apesar de si mesmo que [Hamlet] vai perder a vida … . *É sem sabê-lo que vai ao encontro de seu ato e de sua morte*, que, com poucos segundos de diferença, coincidem."[43] Aqui Lacan parece indicar a disjunção entre saber e ato. É apesar de si mesmo que Hamlet age, antecipando sua formulação posterior na qual afirma que o sujeito não é o agente de seu ato: "… em seu instante, o ato não comporta a presença do sujeito."[44]

Freud havia se referido ao *Hamlet* de Shakespeare como sendo uma "tragédia de caráter", à diferença de *Édipo rei*, que, a seu ver, caracterizaria a "tragédia de destino" por excelência.[45] Ao tratar da problemática referente ao desejo incestuoso, Freud retoma essa tragédia sofocliana[46] para mostrar que a ação da peça – que consiste no processo de revelar ao herói trágico sua responsabilidade em relação aos crimes que, sem saber, cometera – poderia ser comparada ao trabalho de uma psicanálise.[47] Mas a questão do destino, no seu entender, diz respeito ao fato de que o desejo incestuoso pela mãe e sua contrapartida, o anseio por eliminar o pai enquanto rival, é o destino próprio ao humano, de cada sujeito: "… o oráculo lançou a mesma praga sobre nós antes de nascermos, como sobre ele [Édipo]."[48] Nesse sentido, o oráculo seria comparável à ordem significante, à cadeia geracional em que cada sujeito, já determinado, não obstante deverá tomar lugar.

No encaminhamento dado a essa problemática, Freud faz referência a Hamlet, personagem da tragédia homônima de Shakespeare, afirmando que esta teria suas raízes no mesmo solo da tragédia maior sofocliana, a saber, o desejo incestuoso de Édipo. No entanto, se nessa tragédia sofocliana o desejo incestuoso é apresentado como realizado, na tragédia moderna permaneceria recalcado – fato que Freud atribui à operação civilizatória –, sendo inferido a partir dos efeitos inibidores sobre o príncipe da Dinamarca, a saber, sua hesitação em levar a cabo a tarefa imposta pelo fantasma do pai. De acordo com Freud, Hamlet hesitaria devido à sua identificação com Claudius, reconhecendo nas atitudes deste – a usurpação do trono e o casamento com a rainha Gertrudes – a realização de seu desejo incestuoso.[49] Freud destacou o traço neurótico do personagem shakespeariano quando este recua diante de uma oportunidade de matar Claudius que viria a cumprir, finalmente, a vingança paterna, afirmando que "... diante daquela tarefa seu braço ficou paralisado pelo seu obscuro sentimento de culpa".[50] Assim, a interpretação freudiana da atitude de Hamlet diz respeito ao malogro em relação ao complexo edípico – matar o pai/rival e desposar a mãe.

Sem entrar no mérito dessa interpretação, caberia observar que a expressão "tragédia de caráter" escolhida por Freud aludiria à dimensão ética – ou melhor, sua derrogação – presente na vacilação do herói shakespeariano. Hamlet procrastina o ato, cedendo do desejo – essa seria a razão de sua culpa, uma vez que esta advém da escolha do sujeito em renunciar ao desejo, conforme diz Lacan.[51] Desejo e culpa seriam, assim, mutuamente excludentes. De uma parte, esta última resulta de um ato abortado; de outra, viria no lugar do ato, em substituição a este, numa dimensão de gozo.

Quanto à questão da "tragédia de destino" atribuída ao herói trágico sofocliano, Freud considera que sua natureza geral se torna inteligível apenas à medida que se compreende que uma lei universal fora captada pelo poeta. No seu entender, o destino e o oráculo não são realidades preestabelecidas a título de um desígnio divino que se cumpriria à revelia do herói trágico, e sim a materialização de um impulso interno. O fato de o herói cometer crimes – incesto e parricídio, no caso de Édipo – sem o seu conhecimento ou intenção apenas indica a natureza inconsciente dessas tendências.[52] Nesse caso, a coerção supostamente exercida pela predição oracular não atua no sentido de antecipar um destino já traçado; funcionaria como um elemento de isenção de responsabilidade tanto por parte do herói quanto do leitor/espectador da tragédia.[53] Desse modo, o oráculo – assim como o deus – não pode servir de álibi em relação à decisão do herói trágico; ao contrário, ele é plenamente responsável por seu ato.

Vale mencionar o pertinente comentário de Lacan a propósito do caráter de enunciação presente no oráculo, que ele aproxima da interpretação analítica, afirmando que tanto a interpretação analítica quanto a enunciação oracular não são verdadeiras em si mesmas; antes, têm validade a depender do que se segue como efeito. Isso significa que o efeito de verdade encontra-se na dependência do ato do sujeito, pelo que ele é, em última instância, responsável. "A interpretação não é posta à prova de uma verdade que se decidiria [*qui se trancherait*] por 'sim' ou por 'não', mas desencadeia a verdade como tal. Ela só é verdadeira na medida em que põe alguma coisa em marcha [*Elle n'est vraie qu'en tant que vraiement suivie*]."[54] No caso da tragédia, é o que se segue que decide o vaticínio anunciado pelo oráculo, e a própria *peripeteia* (reversão inesperada dos acontecimentos, nas palavras de Aristóteles) estaria subordinada à posição do sujeito. Assim, não se trata de evitar o destino, e sim de tornar-se responsável por ele. É a posição do sujeito perante o que se impõe como destino que define seu rumo, e não o vaticínio oracular. O herói trágico realiza o destino por meio de uma escolha pela qual é o único responsável.

A asserção de Lacan a propósito da interpretação analítica faz eco à formulação de Freud quando este propõe que tanto o "sim" quanto o "não" – vale dizer, seja a anuência ou, ao contrário, o desacordo por parte do paciente à interpretação proposta pelo psicanalista – não têm valor nominal, isto é, não decidem, em si mesmos, quanto à pertinência da interpretação.[55] Esta só poderá ser devidamente aferida no *après coup*, vale dizer, naquilo que a interpretação desencadear como efeito, no curso do tratamento.

Nesse sentido, Freud afirma que a construção[56] é um trabalho preliminar; porém, "a construção não seria ... um trabalho prévio no sentido de que a totalidade dela deve ser completada antes que o trabalho seguinte possa começar".[57] Seria, antes, "preliminar" ao destino que o sujeito dará a ela: "O analista completa um fragmento da construção e o comunica ao sujeito da análise, *de maneira a que possa agir sobre ele.*"[58] Trata-se, portanto, de colocar o sujeito diante de sua responsabilidade frente ao desejo, que, por ser inconsciente – isto é, advindo de uma dimensão heterogênea, o campo do Outro –, lhe é radicalmente alheio. De todo modo, Freud salienta – citando Shakespeare – que o que de fato importa não é a isca, mas o peixe.[59] Uma vez que este é fisgado, tanto faz se a isca é verdadeira ou falsa. Melhor dizendo, a interpretação cumpre seu papel se e somente se o sujeito é por ela afetado – mesmo que seja para dizer "não é assim". O que se encontra em jogo na interpretação – assim como no oráculo – não é o fato de ela ser verdadeira ou falsa, e sim aquilo que ela desencadeia como efeito de verdade.

No limite, toda isca é falsa, já que a efetividade da linguagem repousa sobre uma estrutura de ficção marcada pela equivocidade e a verdade não é em si mesma, mas parcial, semidizer. "O que pode haver de mais verdadeiro do que a enunciação *eu minto*?", interroga Lacan a propósito do famoso paradoxo filosófico. "A verdade de que se trata, esta de que eu disse que ela fala *Eu, esta que se enuncia como oráculo*, quando ela fala, quem fala? Este *semblante*[60] é o significante em si mesmo."[61] Se o *eu* em questão não se confunde com o pronome pessoal nem com uma pretensa unidade psicológica ou subjetividade, é pelo viés do engano – quando afirmo "eu minto", estarei mentindo ou dizendo a verdade? – que a verdade se articula, como ocorre com a isca falsa da réplica shakespeariana. Justamente porque no campo da palavra e da linguagem não há sentido último (ou primeiro), o sujeito deve, a cada vez, se decidir, arcando com o ônus de sua escolha, advindo como efeito, em perda – ainda que a formulação soe paradoxal.

Ali onde a verdade fala não importa tanto o conteúdo do que é dito, e sim o fato de que é dito. Analogamente, podemos considerar a respeito da questão da verdade aquilo que Lacan sublinha a propósito do discurso: "A questão não se instaura nos termos *é ou não é discurso?*, porém, em termos de: *É dito ou não é dito* [*C'est dit ou c'est ne pas dit*]."[62] A questão, portanto, não poderia ser formulada como "é ou não verdade?", mas apenas se é um dizer, enunciação. Uma enunciação não é verdadeira ou falsa; simplesmente é. Contudo, ela só é – só tem *ex-sistência* – na dimensão de responsabilidade. Não há critério exterior à ordem do dizer que pudesse aferi-lo, menos ainda sob as modalidades "verdadeiro" ou "falso". O oráculo não anuncia a verdade, não sela um destino; ele diz. É o herói trágico que, ao tomar lugar na enunciação oracular advindo como seu efeito, a constitui como verdade, no *a posteriori* de sua decisão. "É que a uma nova verdade não podemos contentar-nos em dar lugar, porque é de assumir o nosso lugar nela que se trata."[63] Ou então, ao contrário, faz desse dizer, sina. No primeiro caso, teríamos a posição de Antígona; no segundo, a de Édipo.

De resto, o próprio Freud já havia salientado, acerca do mecanismo psíquico da denegação – em que o pensamento vem no lugar da representação recalcada sob a forma de uma negação do pensamento inconsciente –, que o "não" pode assumir o lugar do "sim", uma vez que o funcionamento inconsciente não é regido pelo princípio de não contradição.[64] A verdade é, portanto, um efeito de discurso, encontrando-se na estreita dependência da responsabilização, por parte do sujeito, daquilo que é por ela engendrado. Nesse sentido, a verdade é de ordem ética.

A propósito do *Wo es war, soll Ich werden*, "imperativo que Freud leva ao sublime da sentenciosidade pré-socrática",[65] Lacan assevera que seria preciso considerar a estrutura gramatical dessa frase no idioma francês (*Là où c'était*), que, segundo ele, ofereceria o benefício de um imperfeito claro. A máxima de Freud é tomada por Lacan como uma "enunciação que se denuncia, enunciado que renuncia a si mesmo, ignorância que se dissipa, oportunidade que se perde, que resta aqui senão o vestígio do que realmente é preciso que exista para cair do ser?".[66] O adágio freudiano pode ser considerado equivalente a uma formulação oracular que depende da posição do sujeito para ganhar vida e sentido. É na retroação que o herói trágico – assim como o sujeito – faz *ex-sistir* o vaticínio oracular como verdade. O oráculo não diz a verdade – esta depende do encaminhamento dado pelo herói diante da predição dos deuses. No limite, ele é responsável pela verdade enunciada sob a forma de oráculo.

Retomando a problemática referente ao impasse do herói moderno diante do desejo em jogo em *Hamlet*, podemos supor que para o príncipe da Dinamarca há Outro do Outro, o que leva Lacan a dizer que a verdade de Hamlet é sem esperança, uma verdade sem verdade. Por faltar um significante no Outro, por não haver no Outro um significante que possa responder por aquilo que o sujeito é, "sua vida não é, ao sujeito, devolvida pelo Outro".[67] Portanto, a vida, para o sujeito, não é sua, mas do Outro, estando, de saída, perdida. Se não é de viver que se trata, cabe-lhe navegar, lançar-se ao oceano insondável do desejo, arriscar-se em suas águas turvas. Justamente porque falta um significante no campo do Outro que defina o sujeito, bem como qual seria o seu lugar, este deve advir, nessa falta, como perda.

Vemos, pois, que desde então Lacan encontrava-se às voltas com a questão do desejo situando suas coordenadas estruturais. Entre 1959 e 1960, ao proferir o seminário sobre a, na época, inédita questão da ética da psicanálise, ele recua no tempo e avança na formalização em seu comentário sobre a *Antígona*. Nesta, a heroína trágica – a contrapelo do herói moderno – toma em mãos o dever de agir e, justamente porque não pensa, não recua nem mesmo diante da sentença de morte à qual estaria destinada. No entanto, não se trata de uma ação irrefletida ou açodada; se há precipitação por parte da heroína trágica, trata-se da própria temporalidade em que o ato se inscreve como corte, engendrando, *a posteriori*, sua causa. Antígona não é o oposto de Hamlet, mas seu contraponto. Em outras palavras, se na tragédia antiga a problemática do desejo se coloca em termos da submissão da heroína trágica às suas injunções, na tragédia shakespeariana tal questão é apresentada pelo avesso.

Convém lembrar a importante advertência de Lacan de que o herdeiro do trono dinamarquês - assim como a princesa tebana - não é um caso clínico, um ser de carne e osso, e sim o modo pelo qual se estrutura, na ficção (o drama), o lugar do desejo.[68] Quanto à verdade, esta é engendrada por uma estrutura de ficção,[69] já que é discursiva, efeito do próprio artefato significante, dimensão correlata àquela do *semblant*.[70] Na célebre *play scene* em *Hamlet*, o herói moderno se vale de uma trupe de atores para representar, diante dos olhos incrédulos de Claudius, o crime que este cometera. *A play within a play*, uma peça dentro da peça, *mise en abîme*, eis o magistral estratagema de que Shakespeare lança mão para revelar, presentificando - em ato -, a estrutura de ficção intrínseca à verdade.[71] Se esta é a peça que Hamlet prega, é também a trama na qual ele próprio se vê enredado, personagem dessa ficção pela qual a verdade se revela, a verdade de seu desejo cativo do desejo de vingança, em decorrência da verdade completamente desvelada pelo pai.

Eis por que Antígona - e, nesse momento, também Hamlet - nos interessa, já que é através do discurso que a verdade do desejo é articulada, isto é, pela própria estrutura de ficção, em sua dimensão real, ainda que trágica. Vale lembrar aqui a importância concedida por Lacan à criação poética, enquanto esta presentifica um real cuja estrutura é de ficção, visto que é tecido pela palavra:

> O que são, então, esses grandes temas míticos sobre os quais se exercitam, no decorrer dos anos, as criações dos poetas, se não longas aproximações pelas quais eles acabam entrando na subjetividade, na psicologia? Sustento sem ambiguidade ... que *as criações poéticas engendram, mais do que refletem, as criações psicológicas*.[72]

Por meio da citação de Lacan, o poema trágico - a referência é à *Antígona* - não reflete uma realidade (por exemplo, a do século V a.C.); tampouco caracteriza uma reflexão, no âmbito do conhecimento, sobre a ética. Entretanto cria, engendra em ato a dimensão ética - no caso, encarnada pela heroína trágica. A criação poética é, portanto - com perdão da redundância -, criacionista, empreendimento *ex nihilo* que funda, por seu próprio advento, a estrutura de ficção por meio da qual a verdade se articula enquanto fato de discurso. De acordo com a psicanálise, não há outro. No entender de Lacan, "se falei, a propósito do discurso, de artefato, é porque, para o discurso, não há nada de fato, se posso dizer, não há fato senão do fato de dizê-lo".[73] "Artefato" significa, originalmente, "feito com arte", isto é, obra produzida pelo engenho humano; logo, não natural. A criação poética – artefato – é, assim, arte-fato, fato de discurso, criação que é, em si mesma, ato.

Em seu comentário sobre Hamlet, Lacan interroga o estatuto do objeto em sua relação com o desejo a partir da estrutura da fantasia, afirmando que diz respeito não de um objeto *do* desejo (supostamente adequado a este), que, nesse momento da elaboração lacaniana, é nomeado objeto *no* desejo: "Estamos aqui num terreno completamente novo, no qual se coloca a questão que chamo de lugar de objeto no desejo."[74] Essa interrogação, apresentada aqui nesses termos, será radicalizada com a formulação do objeto *a* em sua dimensão de causa de desejo no seminário *A angústia*. Por ora, acompanhemos os passos iniciais dessa precursora formulação sobre o estatuto do objeto por parte de Lacan, em que ele afirma:

> Partimos disto – *o sujeito está privado, pela sua relação ao significante, de algo dele mesmo*, de sua própria vida, que adquiriu o valor do que o liga ao significante. ... *Alguma coisa se torna objeto no desejo quando toma o lugar* do que *do sujeito* fica, por sua natureza, mascarado, este sacrifício de si mesmo, *esta libra de carne comprometida na sua relação com o significante.*[75]

De acordo com essa formulação, encontra-se explicitado que o objeto se constitui pela cessão, executada por um sujeito que advém por intermédio dessa operação, de uma parte de si mesmo – libra de carne[76] – em decorrência de sua constituição pelo significante. Essa proposição é retomada na radicalidade de sua incidência clínica no seminário *A angústia*. Por ora, cabe destacar que há um preço a pagar para que um sujeito se constitua – visto que não há um sujeito natural – determinado pela linguagem: ele deverá ser privado de algo – de um pedaço de si –, esse é o tributo exigido em virtude de seu advento no campo do Outro. A rigor, não há um sujeito prévio a essa cessão; ao contrário, o sujeito se constitui por seu intermédio, na dimensão retroativa da temporalidade intrínseca ao campo psicanalítico. A dimensão trágica encontra-se, aí, indicada: é preciso pagar o preço, em perda, de seu próprio advento enquanto sujeito.

Encontramos na citação anterior, em germe, os elementos que serão plenamente desdobrados nos seminários sobre *A angústia* e também sobre *Os quatro conceitos fundamentais da psicanálise*: a cessão de objeto e as operações de alienação e separação, duas faces moebianas da causação do sujeito pela estrutura significante – "Um sujeito só poderia ser o produto da articulação significante. Um sujeito como tal jamais domina [*maîtrise*], em nenhum caso, essa articulação, mas é propriamente falando por ela determinado".[77] Ao contrário, é o Outro que ocupa a posição mestra, que caracteriza o lugar prévio do significante.[78] De resto, vale lembrar que no discurso do mestre, que é também o discurso inconsciente, o significante (S_1) ocupa o lugar de agente do discurso, comandando-o.[79]

A anterioridade lógica da articulação significante é condição necessária, todavia não suficiente, para a constituição do sujeito. Haja vista que essa anterioridade não é cronológica, constituindo-se na retroação como tendo estado lá antes, por meio do advento do sujeito, que, por sua vez, tampouco estava lá, porém, advém em ato. Apesar de se encontrar determinado pela estrutura da linguagem, não sendo nada mais do que aquilo que um significante representa para outro – portanto, em perda tanto de ser como de saber, o sujeito não é mestre, não se encontra no comando dessa articulação; ao revés, é por ela comandado. Ainda assim, deverá pagar a libra de carne que lhe cabe, ceder uma parte de si para advir ali mesmo onde a estrutura do significante o determina. Eis sua condição trágica.

Retomando a problemática freudiana sobre o objeto no luto a propósito de *Hamlet*, Lacan interroga a relação entre o luto e a constituição do objeto no desejo, assinalando que "[o] objeto … atinge uma existência tanto mais absoluta quanto … já não corresponde a nada mais que seja".[80] Vale dizer, a constituição do objeto não se encontra relacionada a uma presença ou existência, e sim a uma ausência. O substrato da dimensão objetal é uma perda cujo estatuto é real. A propósito do luto, Lacan retoma os termos nos quais formula o mecanismo em operação na psicose – a saber, a foraclusão[81] – para assinalar aquilo que se encontra em jogo no luto. Análoga e inversamente, conforme ocorre no caso da psicose onde o que é foracluído no simbólico reaparece no real, aqui "o buraco da perda no real mobiliza o significante"[82] numa espécie de operação às avessas. A bateria significante é, no luto, convocada a simbolizar a perda, isto é, a dar contorno àquilo que, por meio dessa operação, resultará como furo, ausência contornada.

Os ritos funerários consistem, justamente, numa operação simbólica em que o que está em jogo é a intervenção massiva de todo o jogo significante. Não haveria nada de significante que pudesse preencher esse buraco no real, exceto a totalidade do significante. No trabalho de luto o próprio sistema significante é mobilizado.[83]

Articular a mobilização significante em jogo no trabalho do luto à constituição do objeto apontaria para a dimensão real, ligada à perda, deste último. A dimensão de perda no luto é, paradoxalmente, a de um furo no real que, em si mesma, mobiliza o sistema significante como tal.[84] O paradoxo diz respeito ao fato de que ao real não falta nada; o real é, por definição, pleno. Pleno de nada, à semelhança do buraco negro descrito pela astronomia moderna. O objeto em causa no luto é negativizado ao corresponder a "nada mais do que seja", sendo que essa dimensão negativa constitui o fundamento do objeto *a*, bem como da dimensão objetal do sujeito. "O objeto *a* é este objeto que sustenta a relação do sujeito ao que ele não é."[85]

Ainda que nesse momento a questão objetal seja abordada pelo viés da fantasia, é importante assinalar que Lacan, ao tratar do objeto dito *no* desejo (e não *para* o desejo), o faz através do luto, isto é, de uma perda cujo estatuto é real. "A dimensão intolerável oferecida à experiência humana não é a experiência da própria morte, que ninguém tem, mas a da morte de um outro."[86] Dessa forma, o luto aponta para "a relação do sujeito ao que ele não é", ao estatuto objetal do sujeito.

A perda de objeto em causa no luto enquanto buraco no real remete, por sua vez, à dimensão objetal do sujeito, encontrada em sua constituição pelo significante. A ser reencontrada no que concerne ao ato, questão propriamente ética, em que o sujeito, como tal, não é/está. Vejamos como Lacan apresenta a questão nesse ponto de sua elaboração.

> Parece-me que, faz algum tempo, os filósofos se esforçam em articular a natureza singular da ação humana. ... Eis o que os filósofos conseguiram articular – não há outra ação verdadeira a não ser a de se colocar de alguma maneira na linha reta das vontades divinas. Pretendemos trazer algo de um registro totalmente diferente, quando dizemos que *o sujeito enquanto real está numa relação com a palavra falada que condiciona nele um eclipse, uma falta fundamental.* No nível simbólico, trata-se da relação à castração. ... Ele foi simbolicamente castrado no nível de sua

posição como sujeito falante e não no nível de seu ser. *Seu ser tem de fazer o luto do que ele ofereceu em sacrifício, em holocausto à função do significante* falante.[87]

Essa formulação remete a outra, citada anteriormente, a propósito da libra de carne da qual o sujeito deve ser privado pela sua relação com o significante, em virtude do que alguma coisa se torna objeto no desejo.[88] Formulação que será retomada por Lacan em toda a sua radicalidade, concernente ao objeto *a*, em seu seminário sobre a angústia. Desde já vemos que o que está em jogo na problemática da ação humana, do ato – assim como na constituição do sujeito pela articulação significante –, é a cessão de uma parte de si, pedaço de carne que fica aprisionado na máquina formal.[89]

"No nível da castração", afirma Lacan, "o sujeito aparece numa síncope do significante", eclipsado entre S_1 e S_2. No entanto, "é ... outra coisa quando ele mesmo deve situar-se no desejo. A forma de seu desaparecimento tem aqui uma originalidade singular".[90] Em sua constituição pelo significante, a forma do desaparecimento do sujeito será nomeada afânise, quer dizer, como eclipse do sujeito ligada à divisão por ele sofrida em sua subordinação ao significante.[91]

É no registro da perda que a questão destacada por Lacan nas lições sobre Hamlet, no seminário sobre *O desejo e sua interpretação*, será retomada a propósito da heroína trágica Antígona e a relação intrínseca entre desejo e ética. O ato de prestar as honras fúnebres ao irmão morto, conforme as leis não escritas dos deuses, está longe de ser uma ação empreendida de acordo com a "linha reta das vontades divinas"; a princesa tebana não é filósofa. É com sua própria perda que ela paga pelo caráter irreconciliável de sua decisão. Ao tomar a heroína trágica como paradigma da relação do sujeito ao desejo, Lacan aponta para o fato de que a realização do desejo não se confunde com a conquista de um bem – material ou não –, da mesma forma que não há um objeto para o desejo que viesse promover a realização plena do sujeito. Ao contrário, é na dimensão objetal, *a*, que um sujeito garante o campo do desejo como causa de seu ato, conforme vimos no Capítulo 2.

Curiosamente – decerto não por acaso –, encontramos algumas formulações de Lacan sobre a tragédia de Shakespeare que poderiam ser aplicadas ao seu comentário sobre a *Antígona* de Sófocles, realizado no âmbito do seminário sobre *A ética da psicanálise*. Se é possível identificar um fio condutor no ensino de Lacan, parece-nos, nesse momento, que seu objetivo é estabelecer em novas bases o campo e a estrutura do desejo e as consequências éticas que daí resultam.

É o que se depreende de uma de suas formulações apresentadas já na lição de abertura do seminário sobre a ética da psicanálise:

> o fato é que a análise é a experiência que voltou a favorecer, no mais alto grau, a função fecunda de desejo como tal. A ponto de se poder dizer que, em suma, *na articulação teórica de Freud, a gênese da dimensão moral não se enraíza em outro lugar senão no próprio desejo.*[92]

Transcorridos mais de cinquenta anos dessa notável formulação, aquilo que hoje nos parece dado caracteriza um feito até então inédito: o de atribuir à psicanálise uma incontestável dimensão ética que, por sua vez, diz respeito a nada menos do que o desejo inconsciente. Doravante, a aporia está colocada.

A certeza e seu sujeito

Retomando a formulação freudiana quanto à indestrutibilidade do desejo inconsciente – visto que esse campo não se encontra submetido à lógica espaço-temporal tradicional[93] –, Lacan se interroga sobre qual seria o registro a que pertenceria o desejo, uma vez que ele escapa ao fio do tempo,[94] ao ciclo natural geração-corrupção. Não diz respeito, porém, à abolição da dimensão temporal, mas da prevalência de outro tempo, lógico, por ele formulado por meio do sofisma dos três prisioneiros. Se o desejo inconsciente não sofre a ação do tempo, sendo, por conseguinte, indestrutível, em que registro temporal ele se inscreve? Se, de um lado, o desejo é imperecível, de outro, não é inefável. Na perspectiva ética trata-se, justamente, de inscrever temporalmente no batimento do ato o que se articula alhures como injunção no domínio inconsciente – bem como no que concerne ao campo dos deuses na tragédia antiga, sem, no entanto, considerá-los equivalentes.

A essa candente interrogação lacaniana proponho um encaminhamento: o tempo do desejo se define pela temporalidade pontual do corte, momento de concluir que, tendo sido atravessado, constitui, *a posteriori*, as escansões temporais precedentes, a saber, o instante do olhar e o tempo para compreender.[95] É importante notar que o momento de concluir não caracteriza uma consequência natural e necessária daqueles que o antecedem. Estes são logicamente anteriores, não cronologicamente, já que a formulação do tempo lógico, por parte de Lacan, tem por característica subverter a cronologia, o encadeamento sucessivo e linear dos eventos. O tempo lógico não se refere ao registro diacrônico, mas à dimensão sincrônica em que se inscreve o ato e, por seu intermédio, a *ex-sistência* do desejo inconsciente que, no imponderável tempo do futuro anterior, lhe terá dado causa.

O termo "certeza" será retomado por Lacan a propósito da homologia de determinação entre as *démarches* cartesiana e freudiana: *Gewissheit*.[96] Vejamos como a questão da certeza aparece formulada nesses dois momentos distintos da elaboração lacaniana. No artigo "O tempo lógico e a asserção da certeza antecipada" encontramos em germe a ideia de uma decisão que se efetiva fora da perspectiva da mestria, a contrapelo da suposição de que apenas de posse de um saber uma tomada de decisão seria possível. Não se trata de saber prévio ou adquirido, mas de uma certeza antecipada, sem referência a qualquer espécie de garantia quanto ao seu desfecho. Ou seja, na dimensão do ato há uma antecipação em relação ao saber como aquilo que viria assegurar, de antemão, o resultado visado ou pretendido. No registro pontual do ato o resultado importa menos do que o passo empreendido. Rigorosamente falando, o ato é uma tomada de posição que se antecipa ao saber que adviria através da compreensão ou, ainda, do juízo. Nessa medida, o ato é o próprio juízo, não formulado por meio do pensamento, mas, justamente, em ato. Contudo, esse juízo em ato é menos ajuizamento do que decisão. Retomando a já citada formulação lacaniana, trata-se de "pensar com os pés",[97] ou seja, de agir – e não de refletir, ponderar, sopesar e, só então, agir.

No sofisma[98] dos três prisioneiros há, rigorosamente falando, uma precipitação, movimento que advém da certeza e não da acumulação de um saber. Retomemos brevemente seus termos. Apresentado por Lacan como um problema de lógica, o sofisma versa sobre a proposta do diretor de um presídio a três prisioneiros: de posse de três discos de papel na cor branca e dois na cor preta, ele afixará apenas um disco nas costas de cada prisioneiro, que, desse modo, poderá ver a cor dos discos presos às costas dos demais, mas não a cor do próprio disco. Sem poderem se comunicar uns com os outros, cada prisioneiro deveria, por intermédio de uma dedução lógica, descobrir a cor do disco fixado nas próprias costas, deixando imediatamente o recinto em que se encontravam confinados e dando o testemunho do encadeamento lógico que os levara a tal conclusão. Esse seria o preço da liberdade.

Nesse processo Lacan distingue três momentos distintos – moções suspensas ou tempos de possibilidade: o instante do olhar, o tempo para compreender e o momento de concluir. Em relação ao primeiro, "o que as *moções suspensas* denunciam não é o que os sujeitos veem, mas o que eles descobriram positivamente por *aquilo que não veem* ...",[99] no caso, a ausência dos discos de cor preta, por exclusão lógica. Ao primeiro momento se acrescenta o tempo para compreender, um "tempo de meditação", seguido de uma "*asserção sobre si* ['sou branco'], pela qual o sujeito conclui o movimento lógico na decisão de um *juízo*".[100] O momento de concluir põe fim, justamente, ao tempo para compreender, diz respeito a uma antecipação que interrompe a infinitização da dita meditação em jogo no segundo tempo: "... *é o momento de concluir o tempo para compreender*. Pois, de outro modo, esse tempo perderia o seu sentido."[101]

Lacan afirma que "é na urgência do movimento lógico que o sujeito *precipita* simultaneamente seu juízo e sua saída",[102] quer dizer, juízo e ato são sincrônicos, uma só e mesma coisa. Trata-se de um juízo que é, em si mesmo, tomada de posição antecipada, precipitação, e não uma ação que decorreria de um juízo prévio, formulado num tempo de compreensão tanto indefinido quanto infinito.

A urgência, aqui, é determinante. É apenas por intermédio de um ato que o sujeito escande o tempo para compreender, caso contrário este tenderia a uma infinitização não conclusiva. A certeza antecipada destacada por Lacan não é prévia ao momento de concluir, mas dele advém como efeito. Apenas por intermédio desse passo – antecipação – e nesse momento fugaz o sujeito poderá encontrar-se com a verdade. No caso, a cor do disco afixado às suas costas. Por conseguinte, "o sujeito, em sua asserção, atinge uma verdade que será submetida à prova da dúvida, mas que ele não poderia verificar se não a atingisse, primeiramente, na certeza".[103] Vemos que, de um lado, a certeza é anterior à dúvida que dela poderia advir, e não a sua resolução. De outro, a verdade é atingida pelo sujeito através da certeza, ponto de basta em relação ao tempo para compreender. Ela não é atingida ao cabo de uma meditação nem de uma elucubração, e sim por meio de uma antecipação em que o sujeito se precipita. A verdade resulta de uma tomada de posição por parte do sujeito que é, em si mesma, de ordem ética.

Lacan afirma a primazia da certeza naquilo que esta diz respeito à verdade – sempre pontual e singular – a que um sujeito pode ter acesso. No exemplo em questão, não é que o sujeito, ao final, tenha acedido ao dado que, de saída, ele desconhecia (a cor do disco preso às suas costas); a rigor, ele *é* esse disco cuja cor desconhece. Assim, o parco acesso à sua verdade não advém de uma escrupulosa e infindável meditação – quem sou eu? –, e sim de uma precipitação na qual, pelo fato de o sujeito nela se lançar, resulta na certeza que ele antecipa ("sou branco"). "O juízo assertivo manifesta-se aqui por um *ato*", afirma Lacan, e ainda: "A verdade se manifesta nessa forma como antecipando-se ao erro e avançando sozinha no ato que gera sua certeza … ."[104] Desse modo, o ato – momento de concluir – é atemporal na medida em que seu advento não decorre do tempo de compreender, representando um corte em relação a este. O ato é uma escansão atemporal – em que pese o paradoxo – que funda um novo começo.

Por conseguinte, o ato é *ex nihilo*, inscrevendo por seu intermédio um começo absoluto, sem continuidade ou sucessão. O ato não faz série, ele é um "um", corte com a sucessão. Por meio de seu advento instaura-se um antes e um depois. Sua dimensão ética reside no fato de que o ato não resulta de uma preparação prévia ou de um conhecimento seguro sobre como e qual seria a melhor forma de agir. Já o personagem shakespeariano de que vimos tratando, por não se decidir a cumprir a exortação paterna, sempre à espera do melhor momento para finalmente vingar o pai, fica suspenso à inércia meditativa: "*To be, or not to be?*" O ato implica lançar-se sem garantia nem recompensa. Antes, é apenas por meio do ato que advém a certeza de que não se está, como Hamlet, sonhando um sonho aparentado à morte – *To die, to sleep; to sleep: perchance to dream.*[105] Morte do desejo ou, ainda, sua declinação como impossível.[106]

Shakespeare, contemporâneo de Descartes, cria no século XVII essa espécie de anti-herói expectante, o príncipe da Dinamarca, cujo fervor dubitativo constitui o expediente privilegiado por meio do qual ele se impede de agir, caracterizando, nesse aspecto, a antítese moderna da jovem princesa tebana. Na sequência do famoso solilóquio citado – "*to be, or not?*" – vemos explicitada, numa espécie de pré-formulação poética e através da boca de Hamlet, a ideia de que o pensamento se opõe ao ato: "*Thus conscience does make cowards of us all/And thus the native hue of resolution/Is sicklied o'er with the pale cast of thought/And enterprises of great pitch and moment/With this regard, their currents turn awry*/and loose the name of action."*

Demasiado sopesada no domínio do pensamento, a ação – vingar o assassinato do pai, traiçoeiramente colhido na flor de seu pecado –, indefinidamente procrastinada, degrada-se em reflexão estéril, tempo para compreender por demais excessivo. A rigor, a *meditatio* não engendra o ato; este ocorre em ruptura com o pensamento. Como já visto a propósito do sofisma dos três prisioneiros, o momento de concluir põe fim, por um movimento que é em si mesmo antecipação, ao tempo para compreender.

Hamlet, herói moderno, vacila; Antígona, heroína trágica, age. A tragédia moderna, shakespeariana, apresenta o herói às voltas com o impasse do desejo, enquanto a tragédia antiga, tragédia *tout court*, faz ressaltar através da posição inarredável de Antígona aquilo que está em jogo no ato desejante. Da parte do príncipe danês, a evitação do ato – com a consequente anulação do campo do desejo; da parte da princesa tebana, desejo em excesso, de acordo com o psicanalista Rocha.[107] Sem entrar no mérito da questão do excesso à qual o autor se refere – haveria uma justa medida para o desejo? –, cabe assinalar que a experiência do desejo não se efetua sem que esteja em jogo o ultrapassamento de determinado limite,[108] associado por Lacan ao bem. O que Rocha parece assinalar é a presença de um desejo em estado bruto, por assim dizer, que não se declina em nenhuma demanda e, nessa medida, não articulado – mas nem por isso menos articulável.

Sobre a questão da perda do objeto, respectivamente a morte do pai de Hamlet e a do irmão de Antígona: no caso do primeiro a perda não engendra o objeto perdido como causa de desejo. Antes, numa espécie de curto-circuito, o saber (a exigência de vingança por parte do pai) passa ao lugar de agente do discurso, fazendo do herói shakespeariano a figura emblemática da posição histérica. Já com a filha de Édipo, diante do corpo do irmão, objeto perdido em posição de agente, este produz o significante mestre (sepultar) que a condena a um desejo irredutível que ela sustenta como verdade, fazendo do desapare-

---

* "Assim a reflexão faz de todos nós, covardes/Assim o matiz natural da decisão/Adoece na palidez do pensamento/E empreitadas de vigor e coragem/Refletidas em demasia, perdem seu rumo/*E o nome de ação*" (W. Shakespeare, *Hamlet*, ato III, cena I, destaque meu, tradução livre).

cimento do objeto no real a emergência do real como causa.[109] Causa que ela assume em nome próprio, advindo como perda de si, caminhando decidida em direção à morte.

Retornando à questão da certeza, inicialmente apresentada através do sofisma dos três prisioneiros, essa problemática terá um tratamento privilegiado por parte de Lacan na homologia de determinação por ele estabelecida entre Descartes e Freud quando de sua retomada dos conceitos fundamentais (*Grundbegriffen*) da psicanálise.[110] Ali, em relação aos encaminhamentos cartesiano e freudiano a propósito da dúvida, Lacan introduzirá a inédita formulação de um sujeito da certeza. Acompanhemos, brevemente, seus passos.[111]

Após recusar um estatuto ontológico ao inconsciente[112] – o que é propriamente da ordem do inconsciente "é que ele não é nem ser nem não-ser, mas algo de não realizado" – e apontar a fragilidade de um suposto estatuto ôntico – "onticamente então, o inconsciente é o evasivo" –, Lacan propõe uma estrutura temporal, não espacializada, em jogo no funcionamento inconsciente. Essa estrutura temporal é a do batimento, do corte, hiância causal[113] decorrente de uma temporalidade lógica (e não cronológica) que, por sua vez, cerne uma finitização que se realiza em ato. Nem ontológico nem ôntico, o estatuto do inconsciente é ético.[114] Se o inconsciente é da ordem do não realizado, conforme Lacan assevera, é apenas por uma decisão do sujeito de assentir em sua incidência (que se presentifica através do sonho, do lapso, do sintoma e também do chiste), vale dizer, acatando seus efeitos de verdade, que aquilo que é da ordem do inconsciente poderá ter existência, ainda que pontual e fugaz – vale dizer, *ex-sistência*.

No exato momento em que afirma o estatuto ético do inconsciente, jamais formulado como tal até aquele momento, Lacan retoma a problemática freudiana concernente à questão da dúvida em relação aos elementos do sonho, apontando que é nesse ponto – de dúvida – que Freud infere o pensamento inconsciente, em que pese a paradoxal formulação dos termos. Se o pensamento é inconsciente, quem pensa esse pensamento? Quem sonha, se o sonhador, justamente, dorme – ou seja, se a consciência encontra-se ausente? Ali, onde a dúvida incide sobre o texto do sonho, Lacan sublinha, com Freud, a certeza – *Gewissheit* – em relação à presença de um pensamento inconsciente, *Gedanke*.[115]

Precisamente a propósito da certeza Lacan marca o ponto de convergência das *démarches* freudiana e cartesiana: ambos, Freud e Descartes, extraem a certeza da dúvida. Extraem sem, no entanto, derivar a primeira da segunda. Freud, em relação aos elementos nebulosos no relato do sonho a partir dos quais infere um pensamento que se revela como ausente; Descartes, pela asserção do *cogito* extraído do encaminhamento metódico e exponencial da dúvida. Convergência e, a um só tempo, dessimetria, uma vez que Descartes recua da certeza inicial supondo um garante da verdade, um Outro (Deus) que não seja enganador.[116] Freud, ao invés, não desconhece a dimensão de engano intrínseca ao campo da palavra e da linguagem, como indica seu comentário do conhecido chiste judaico,* que atesta a dimensão enganadora do significante. Tem-se, por conseguinte, não mais a dimensão do Outro enganador – o Deus cartesiano –, mas o Outro enganado, dimensão inconsciente.[117] Se o Outro pode ser enganado, como afirma Lacan, é porque a certeza – passo ético que desempata o jogo estruturalmente equívoco da dimensão significante – encontra-se do lado do real. Como demonstra Freud, a verdade pode ser equívoca, pois contém em si mesma a dimensão do engano. A questão só poderá ser decidida em outros termos: através da certeza, decisão ética.

Assim, Descartes introduz o sujeito (da certeza) na cena do mundo, ainda que para recuar desse passo no momento subsequente de seu encaminhamento: "É desse passo que depende que se pudesse chamar o sujeito de volta para casa, no inconsciente ... ."[118] Freud, no entanto, "se dirige ao sujeito para lhe dizer o seguinte, que é novo – *Aqui, no campo do sonho, estás em casa. Wo es war, soll Ich werden*".[119] Se, por um lado, o sujeito surge com Descartes – o sujeito da psicanálise é o sujeito da ciência –, será pelas mãos de Freud que este, banido de cena pelo advento da ciência do qual é tributário, retornará para habitar Outra cena. Somente pela certeza o sujeito poderá, de acordo com a máxima freudiana, tomar lugar nessa morada que não é a sua, mas do Outro. O sonho, sendo pensamento inconsciente, nele o sujeito não pensa; é o inconsciente enquanto dimensão da mais radical alteridade que pensa em seu lugar. Trata-se de uma dimensão inassimilável ao que o sujeito pode saber. Destarte, o único acesso a essa dimensão opaca é por meio da certeza, em que o sujeito decide, antecipando-se, o que, *a posteriori*, terá sido – decisão que não se confunde com nenhuma forma de voluntarismo. No registro

* Por que você me diz que vai a Cracóvia para que eu pense que vai a Lemberg, quando, na verdade, você vai a Cracóvia? (S. Freud, *Os chistes e sua relação com o inconciente*, p.136)

da certeza o sujeito se precipita, decidindo por intermédio de um ato aquilo que não pode ser deduzido por um encaminhamento na via do saber e no campo do pensamento.

Nesse momento, Lacan surpreende mais uma vez, ao evocar o domínio dos deuses como homólogo do registro real, afirmando que é nesse registro que o sujeito deve advir. Apenas por seu advento o real terá, então, ganhado *ex-sistência*, de acordo com a temporalidade retroativa do *après coup*: "o sujeito está aí para ser reencontrado, *aí onde estava* – eu antecipo – o real."[120] Em outros termos, o próprio registro real só existe – *ex-siste* – por intermédio da tomada de posição de um sujeito que garante, em perda, esse campo em relação ao qual os deuses gregos seriam uma espécie de pré-formulação alegórica.

Lacan parece estabelecer um tipo de equivalência – homologia de determinação? – entre a dimensão inconsciente e o campo dos deuses, de resto encontrada na passagem em que declara que "as leis do céu em questão são justamente as leis do desejo".[121] Na tragédia *Antígona*, ali onde estava o real – as leis não escritas das divindades ctônicas – a heroína trágica, submetendo-se à sua injunção, advém em perda garantindo, na retroação, esse campo como estando na origem de seu ato.

Desse modo, é possível encontrar a presença dessa certeza antecipada na tomada de posição de Antígona. Tanto Hölderlin quanto Lauxerois assinalam o caráter de urgência (destacada por Lacan a propósito da temporalidade lógica em jogo no sofisma dos três prisioneiros), uma espécie de função da pressa, que ambos denominam de corrida quase desenfreada da filha de Édipo em direção ao seu destino funesto. A esse respeito, no posfácio à sua tradução da tragédia de Sófocles, o comentador francês assinala que "desde o início ... Antígona está engajada numa corrida que é uma corrida em direção à morte. Antígona vai rápido, porque ... ela não hesitará um só instante a olhar a morte de frente".[122] Contudo, esse autor não considera tal corrida em direção à morte, por parte da princesa tebana, uma espécie de sacrifício ou martírio, mas sim que Antígona seria movida por um saber imemorial que a faria compreender que a morte é o quinhão que cabe aos *brôtoi*, mortos em plena vida. Seria esse destino, compartilhado com o irmão caído em combate, que a princesa tebana pretenderia honrar – tanto pelas libações fúnebres que dispensa a ele quanto em sua suposta corrida em direção à morte.[123]

Segundo as considerações tecidas por Rosenfield, o referido poeta alemão compara essa tragédia sofocliana a um "combate atlético entre corredores", a uma competição, a saber, entre Antígona e Creonte, que se configuraria em termos de uma luta contra o tempo por parte de ambos os personagens. O tempo, aqui, não seria o tempo cronológico, segmentado, e sim um tempo contínuo que não se confunde com o tempo físico, de acordo com a concepção de Hölderlin do trágico que envolve o tempo, bem como o paradoxo. Cabe assinalar a dimensão pontual destacada por Rosenfield em relação à ação empreendida pelo herói trágico. De acordo com essa proposição, esse seria o suporte momentâneo da dimensão de infinitude que nenhum mortal, enquanto ser finito, é capaz de encarnar no tempo físico. Tal característica o libera da ideia de modelo ou, ainda, de exemplo, representação ideal de um valor empírico ou moral. Segundo a autora, Antígona se precipita para sepultar o irmão no intuito de salvar aquilo que lhe seria mais caro, assim como para salvar a honra da família e da própria Tebas.[124]

Sem nos determos em torno da concepção de Hölderlin sobre a questão da temporalidade trágica – o que nos desviaria dos objetivos deste livro –, seria importante destacar a ideia hölderliana de que a ação trágica não se inscreve no registro temporal da sucessão. Antes, representaria um corte, uma ruptura em relação a esse registro, sendo da ordem da pontualidade e, por conseguinte, tanto inantecipável quanto irrecuperável. Assim, o ato levado a cabo pelo herói trágico não se encontra referido a algo que o antecede, nem tampouco se dirige a alguma coisa que lhe sucede, sendo, em si mesmo, escansão temporal. Nesse sentido, repetimos, não poderia servir de modelo, uma vez que é singular e, portanto, irreproduzível.

A tragédia sofocliana *Antígona* tem início precisamente no momento em que a heroína trágica conclui pelo ato – sua consecução é apenas uma consequência. A cena trágica se abre sobre a personagem já decidida a sepultar o corpo do irmão, decisão sobre a qual ela não vacila, a despeito dos apelos razoáveis de sua irmã Ismênia, ciente de que isso lhe custará nada menos do que a vida. "Antígona é aquela que já escolheu sua visada em direção à morte."[125] O comentário de Lacan impressiona: a filha de Édipo escolhe aquilo que todos evitam a qualquer preço, a morte. Porém, haveria aí uma nuance a fazer, pois a heroína trágica não escolhe a morte no sentido de que ela quer morrer; ela simplesmente não teme a morte que virá em consequência de seu ato. Mais ainda, ela não desconhece que, por ser humana (*brótos*), já está marcada pela morte, fadada ao desaparecimento.

No mínimo, desperta curiosidade o fato de que a cena em que a firmemente determinada heroína trágica esparge um punhado de terra tebana sobre os restos mortais de Polinices não seja, justamente, encenada. Como se a dimensão de ato fosse, em si mesma, irrepresentável. Seu estatuto é real, demarcando um ponto de ruptura com o discurso, com a cadeia significante, sendo apenas por esta retomada no *après coup*: foi assim. Na cena ausente, apenas relatada pelo guarda a Creonte, diz-se dos gritos lancinantes atribuídos à princesa tebana. A transgressão por ela cometida – encobrir o cadáver do irmão com a terra tebana – não fora vista devido a uma estranha ventania que, levantando uma densa nuvem de poeira, não permitira distinguir com clareza o que estava ocorrendo.

Antes, porém, de identificar a filha de Édipo como responsável pela transgressão ao édito do *tyrannos* de Tebas, o guarda, tendo encontrado o cadáver coberto por uma fina camada de terra, a retirara do corpo já em decomposição, cumprindo, assim, a proibição determinada por Creonte. Rosenfield observa com acuidade que a segunda tentativa de sepultamento do corpo do irmão, por parte de Antígona, já não obedecia a nenhum dever religioso, uma vez que este já teria sido cumprido na primeira tentativa. De acordo com seu entendimento, o arrojo fervoroso por parte da princesa tebana revela o fundo obscuro do heroísmo trágico, relacionado ao caráter assombroso do homem louvado no hino que precede a cena em que a heroína trágica é trazida pelo guarda à presença de Creonte.[126] Retomaremos essa problemática na Conclusão. Por ora, cabe assinalar que, ao desvincular a segunda tentativa de sepultamento do dever religioso e familiar, o que ressalta a partir da observação da autora é a dimensão de ato por parte de Antígona, uma vez que este não é tributário de nada que seja exterior à sua própria decisão. Não é em decorrência das leis não escritas dos deuses que Antígona age, mas em seu nome, garantindo por intermédio de seu ato esse mesmo campo.

Desse modo, nessa tragédia sofocliana os registros temporais anteriores ao ato – o instante de olhar (o conhecimento por parte de Antígona do édito promulgado por Creonte) e o tempo para compreender (seu pertencimento à linhagem dos Labdácidas e seu dever para com os parentes mortos) – só podem ser inferidos a partir da incidência real do ato, da decisão inamovível por parte da princesa tebana, já tomada no prólogo, em que o instante de olhar e o tempo para compreender coincidem, sendo simultâneos. A rigor, o ato, escandindo tempo e espaço, funda, *a posteriori*, seus determinantes anteriores, tributários de seu advento. Um verdadeiro ato diz respeito a um real que não é evidente,[127] mas que se evidencia por seu intermédio. Tal proposição, formulada por Lacan, pode ser compreendida de duas maneiras: de um lado, o ato pertence ao registro real, em si mesmo não evidente, uma vez que este só pode ser definido como aquilo que escapa ao simbólico, isto é, que não é recoberto por esse campo, mas colocado, por seu intermédio, como sendo exterior a ele. De outro lado, se o real não é evidente em e por si mesmo, depende do ato para fazer valer sua incidência. Real, simbólico e imaginário, apesar de constituírem registros heterogêneos, inassimiláveis uns aos outros, operam por meio de um enlaçamento recíproco.

Dimensão objetal do sujeito

Em seu seminário sobre o ato psicanalítico (1967-68), Lacan retoma a problemática do herói trágico numa breve e densa passagem, plena de consequências para o que pretendo sublinhar quanto à dimensão objetal do sujeito, cujo estatuto é trágico. Implicada no ato, essa dimensão é constitutiva da visada ética conforme a concebe a práxis psicanalítica. Nessa passagem, tratando propriamente do ato psicanalítico, Lacan assevera que há alguma coisa que permanece irredutivelmente limitada no saber suposto ao analista naquilo que ele chama de tarefa analítica. Esse elemento irredutível a toda e qualquer apreensão pela via do saber, ainda que suposto, é o objeto *a* do qual "o analista se fez o suporte, *o objeto* a *enquanto aquilo que, dessa divisão do sujeito é, foi e resta estruturalmente a causa*".[128]

Como efeito da divisão do sujeito por sua entrada no campo do significante, resta um elemento irredutível, *a*, não nomeável, mas apenas indicado por uma letra – *aleph*, começo absoluto –, designação de uma perda irreversível. A entrada na linguagem implica e condiciona uma perda ao sujeito humano, perda que não se encontra somente na origem, sendo permanentemente recolocada como causa de sua divisão: "... é, foi e resta estruturalmente a causa."[129]

De acordo com Lacan, o sujeito dividido se encontra com o fato de que é

> determinado por essas funções que a análise pinçou como sendo as do objeto nutridor [*nourricier*] do seio, do objeto excrementício do cíbalo, da função do olhar

> e daquela da voz; é em torno dessas funções … que pôde se realizar a essência do que é da função do $\mathcal{S}$, a saber, *da impotência do saber.*[130]

A função destacada por Lacan quanto aos objetos elencados no trecho acima é a caducidade, conforme já havia exaustivamente examinado em seu seminário sobre a angústia. São objetos na medida em que se destacam, constituindo-se em queda e impondo uma perda no que se refere ao campo do sujeito. No limite, não é que o sujeito perca esses objetos, tampouco são os objetos que se perdem – o próprio sujeito é essa perda, um objeto caduco, nada além de um resto.

É em relação a esse ponto crucial que Lacan estabelece uma homologia entre o que está posto pela tragédia antiga – mais precisamente na dimensão de ato do herói trágico – e o ato psicanalítico, salientando que "ao termo do ato analítico há sobre a cena, essa cena que é estruturante, mas somente nesse nível, o *a* nesse ponto extremo onde sabemos que ele está ao termo do destino [*la destinée*] do herói da tragédia, ele não é mais do que isso …".[131] No momento do ato o sujeito (bem como o herói trágico) não está presente ["*c'est un sujet qui, dans l'acte, n'y est pas*"].[132] É como objeto *a* que o sujeito não está, presença em negativo, dimensão objetal do sujeito no ato. Desse modo, "em ato" poderia significar "em queda" ou, ainda, "em perda", não representado, dejeto.

Uma vez traçado o caminho a percorrer, retomemos as primeiras formulações de Lacan sobre o objeto *a*, que, em seu retorno à lâmina cortante temperada por Freud, ele considera – de forma assaz modesta – sua única invenção no campo da psicanálise. Não por acaso essa questão será abordada no seminário sobre a angústia, sendo esta o único afeto que interessa à psicanálise na medida em que concerne ao desejo. Lacan fará corresponder às diversas declinações da angústia diferentes modalidades da perda de objeto, em número de cinco, acrescentando o olhar e a voz aos três objetos pulsionais formulados por Freud, os objetos oral, anal e fálico: "… vemo-nos necessitados, pela experiência da angústia, de acrescentar ao objeto oral, ao objeto anal e ao objeto fálico … dois outros patamares de objeto, elevando-os a cinco, portanto."[133] Desde logo, cabe destacar a articulação entre desejo, objeto e perda, sendo o afeto da angústia aquilo que indica a aproximação ao campo do desejo.

Primeiramente há a proposição, aparentemente paradoxal, de que a angústia é um afeto,[134] isto é, algo que afeta o sujeito, a ser compreendida como um "pré-sentimento, o que existe antes do nascimento de um sentimento ... e que a verdadeira substância da angústia é *aquilo que não engana* ...".[135] Em que sentido compreender essa asserção?

Lacan sustenta, sem mais delongas, que a angústia diz respeito a nada menos que à função da causa: "Se há uma dimensão em que devemos buscar a verdadeira função, o verdadeiro peso, o sentido da manutenção da função da causa, é na direção da abertura da angústia."[136] E sobre o que se dá a abertura da angústia? Mais uma vez, Lacan indica o caminho através de uma formulação inédita, ao dizer que "agir é arrancar da angústia a própria certeza".[137] Temos, por conseguinte, a articulação de três termos: angústia-certeza-ato. Dessa forma, Lacan parece situar a angústia no ponto nevrálgico da função da causa, como uma abertura sobre um fundo de certeza que exige do sujeito uma tomada de posição em ato.

Vejamos como a problemática é articulada. A angústia, "aquilo que não engana", portanto, certeza indubitável, só pode ser encontrada do lado do objeto, já que a dimensão significante é aquela do equívoco – encontrada na tragédia antiga a título de ambiguidade, ou, ainda, na célebre ironia trágica sofocliana. Nas palavras de Lacan, "os significantes fazem do mundo uma rede de traços em que a passagem de um ciclo a outro torna-se então possível. Isso quer dizer que *o significante gera um mundo, o mundo do sujeito falante, cuja característica essencial é que nele é possível enganar*".[138]

A certeza caracteriza um ponto de corte em relação à dimensão de equivocidade intrínseca ao significante – mas não à estrutura significante, dado que o objeto é um de seus elementos constitutivos. A certeza diz respeito a um ponto de opacidade, interno à estrutura significante, frente ao qual o sujeito seria lançado ao ato – não sem a sua anuência e atravessando o árido desfiladeiro da angústia.

De acordo com a *démarche* proposta por Lacan, de que a angústia seria a causa, senão do ato? Vale dizer, na direção articulada pelo desejo. Localizar a angústia em relação à função da causa, como faz Lacan, não seria deslocar o saber do lugar até então privilegiado como móbil da ação humana? De acordo com esse encaminhamento e na esteira da máxima freudiana *Wo es war, soll Ich werden*, é através de uma tomada de posição e sem referência ao saber que o desejo se constitui em perda, assim como o próprio sujeito – como resto dessa operação que, propriamente, o causa. Contudo, isso não equivale a dizer que o sujeito é autoengendrado, de acordo com uma perspectiva de autonomia. Ao revés, é por sua entrada no campo do Outro, da linguagem, em consequência de uma escolha forçada – de um sujeito que não estava lá antes dessa escolha –, que o sujeito do inconsciente se constitui.

Lacan aborda a questão referente à causação do sujeito por intermédio de uma operação de divisão, própria da entrada do sujeito no campo significante. Nesse momento de seu ensino, diz que "é a partir do Outro que o *a* assume seu isolamento, e é na relação do sujeito com o Outro que ele se constitui como resto".[139] Ao se constituir por seu advento no campo do Outro, o sujeito é dividido pela própria operação significante, que, por sua vez, engendra um resto irredutível, *a*. Lacan irá retomar essa problemática através das operações de causação do sujeito – alienação e separação – em seu seminário *Os quatro conceitos fundamentais da psicanálise.*

Retornemos às formulações de Lacan contidas no seminário sobre a angústia. Muito embora esse seminário seja conhecido pelo estabelecimento da dita invenção lacaniana (o objeto *a*), é ainda a problemática concernente ao desejo que está em pauta, do desejo inconsciente postulado por Freud enquanto móbil de todo ato humano em sua dimensão ética. No que concerne ao estatuto do objeto, Lacan é preciso. Não se trata de um objeto para o desejo, mas de sua causa: (o objeto *a*). "Sucedeu-nos deixar claro … o status do que designei inicialmente pela letra *a*", cuja manifestação mais flagrante é a angústia; "… esse objeto só intervém, só funciona em correlação com a angústia".[140] Não obstante, Lacan assevera que o objeto *a* "não é o objeto da angústia propriamente dito", desde que não há um objeto específico para a angústia: "… *ela não é sem objeto.* … é exatamente essa a formulação em que deve ficar suspensa a relação da angústia com um objeto."[141]

Assim, pode-se constatar que, embora não haja um objeto especificado diante do qual o fenômeno da angústia se faria presente, esta não é sem relação a um objeto, mais precisamente, ao objeto *a*, que é sem representação ou imagem. A formulação lacaniana a propósito da angústia, *não sem objeto*, faz eco invertido a outra, freudiana, segundo a qual esta é considerada a título de *Objektloss.* É novamente a Freud que Lacan remete, apontando que "a angústia, ensinou-nos Freud, desempenha em relação a algo a função de sinal. Digo que é um sinal relacionado com o que se passa em termos da relação do sujeito com o objeto *a*".[142] Se o objeto *a* tem por função causar o desejo, a angústia é o sinal da presença imaterial desse objeto sem imagem nem representação, vale dizer, real.

Cabe ressaltar que não se trata do par dessimétrico, e ao mesmo tempo complementar, sujeito-objeto, caro à tradição filosófica. O que Lacan propõe implica justamente a subversão de toda e qualquer correspondência entre um sujeito e um objeto, radicalizada na proposição de que o objeto *a* ocupa a função de causa do desejo, convocando o advento do sujeito em ato. Vejamos sua formulação a propósito do objeto *a*:

> Esse objeto nós o designamos por uma letra. Tal notação algébrica tem sua função. Ela é como que um fio destinado a nos permitir reconhecer a identidade do objeto nas diversas incidências em que ele nos aparece. *A notação algébrica tem por fim, justamente, dar-nos um posicionamento puro da identidade*, já ... que o posicionamento através da palavra é sempre metafórico ... . Do mesmo modo, *designar esse pequeno objeto* a *pelo termo "objeto" é fazer um uso metafórico dessa palavra, uma vez que ela é tomada de empréstimo da relação sujeito-objeto*, a partir da qual se constitui o termo "objeto". Ele é certamente apropriado para designar a função geral da objetividade, *mas aquilo de que temos que falar mediante o termo* a *é, justamente, um objeto externo a qualquer definição possível da objetividade.*[143]

A referência a Kant é, novamente, inequívoca. No entanto, não pretendo entrar no mérito da problemática apresentada por meio da chamada estética transcendental kantiana, pois nos afastaríamos demais do cerne da questão aqui tratada. Apenas assinalarei não ignorar a discussão entabulada por Lacan; esta será retomada em outro patamar ao propor o estatuto de *objetalidade* ao objeto *a*, numa distinção radical em relação à objetividade kantiana. Designar o objeto através de uma notação algébrica de modo a assegurar sua identidade nas diferentes declinações que esse objeto pode assumir (oral, anal, fálico, escópico e invocante) implica articular sua presença à ordem da certeza, àquilo que não engana.

Todavia, não se trata de um objeto positivado, digamos, objetificado, e sim do caráter objetal – parcial, caduco, causal – desse objeto. Não diz respeito à objetividade – antítese complementar de uma suposta subjetividade –, mas à objetalidade, termo cunhado por Lacan. Na problemática em apreço, serve para apontar certa dimensão do sujeito que, não obstante interna à estrutura significante, escapa às malhas da representação, constituindo uma dimensão ainda mais radical desse sujeito que já não era nada além do que um significante representa para outro.

O próprio Lacan adverte que o fundamental em sua abordagem do fenômeno da angústia concerne ao desejo: "O desejo, com efeito, é o fundo essencial, o objetivo, a meta e também a prática de tudo que se anuncia aqui, neste ensino, acerca da mensagem freudiana."[144] É em sua relação com o desejo que a questão referente ao objeto *a* poderá ser apropriadamente situada. Lacan destaca:

> ... devemos tornar a fundamentar *o que está em pauta este ano, ou seja, o lugar sutil, o lugar que tentamos delimitar e definir, o lugar nunca situado até aqui ... o lugar central da função pura do desejo*, se assim podemos dizê-lo, esse lugar é aquele que lhes demonstro como se forma o *a* – *a*, o objeto dos objetos.[145]

A formulação lacaniana sobre o objeto *a*, definido como "o objeto dos objetos", evoca uma consideração de Borges sobre a expressão bíblica "o cântico dos cânticos", ou "o rei dos reis". O escritor argentino de notória erudição esclarece que o idioma falado pelos antigos hebreus não dispunha de superlativos. Por essa razão não se podia dizer "o mais sublime dos cânticos" – daí a expressão "o cântico dos cânticos" –, ou "o imperador" (mas "o rei dos reis"), por exemplo.[146] No entanto, a expressão "o objeto dos objetos" utilizada por Lacan não remeteria a uma suposta quintessência, e sim ao próprio lugar-tenente do objeto,[147] *a*, não especularizável. Sem representação ou imagem, o objeto *a* assinala o lugar vazio do objeto – o oco cavado pelo circuito pulsional –, no qual os objetos pulsionais marcados por seu caráter destacável, caduco (objeto oral, anal, fálico, escópico e invocante), podem, alternadamente, ocupar.

Enquanto tal, o objeto *a* resiste à predicação; dele só se pode afirmar a identidade, pois é justamente o que escapa à metonímia significante, bem como à sua função metafórica e às equivalências simbólicas: seu estatuto é real. A angústia é sua única tradução subjetiva.[148] O objeto *a* é também "o objeto dos objetos" porque, ao invés de ser um objeto para o desejo – isto é, adequado à sua realização, mesmo parcial –, é aquele que, suscitando a angústia por sua emergência, causa o desejo.

O desejo tem um caráter metonímico, é o veio que corre sob a cadeia significante, inapreensível, uma vez que não há um significante que possa dizê-lo definitiva ou exaustivamente.[149] Porém, ao circunscrever o lugar do objeto *a*, Lacan atribuiu a este "o lugar central da função pura do desejo". Esse lugar seria o de função da causa, visto que põe o desejo em marcha e, por assim dizer, faz funcionar a estrutura significante. O objeto é designado por Lacan como função pura do desejo na medida em que constitui sua causa. Lacan propõe o neologismo *objetalidade*, para – digamos – qualificar esse objeto, opondo-o à noção de objetividade postulada pela razão prática. Trata-se de uma passagem densa que citaremos a seguir:

> Nosso vocabulário promoveu, para esse objeto, o termo "objetalidade", na medida em que este se opõe à "objetividade". ... a objetividade é o termo supremo do pensamento científico ocidental, o correlato de uma razão pura que, no final das contas, traduz-se ... num formalismo lógico. ... a objetalidade é outra coisa. ... a objetalidade é correlata de um *pathos* de corte.[150]

Ao nomear a noção de objetividade como o correlato de uma razão pura, a referência a Kant é, mais uma vez, patente. Naquilo que nos interessa destacar e sem adentrarmos a problemática kantiana, é possível extrair dessa passagem a ideia de que a noção de objetividade deriva de uma razão puramente prática, incondicionada, supostamente purificada de todo e qualquer *pathos*. Ou seja, no domínio da razão pura e seu correlato, a objetividade, o *pathos*, o idiossincrático, e, no limite, o próprio sujeito, encontra-se ausente. Nesse sentido, no campo da objetividade, a angústia – enquanto aquilo que afeta o sujeito e causa o desejo – teria sido (ou deveria ser) banida.

Ao designar com o termo "objetalidade" "o lugar sutil da função pura do desejo", fazendo deste o correlato de um *pathos* de corte, Lacan parece indicar que o desejo se funda sobre uma secção, uma extração, e esse elemento arrancado do campo do Outro e designado pela letra *a* dá lugar, a um só tempo, ao desejo e ao sujeito. Contudo, não convém compreender a objetalidade definida por Lacan como estando condicionada patologicamente pelas idiossincrasias próprias a um sujeito previamente constituído. Antes, o *pathos* de corte é a condição do sujeito, na dupla acepção do termo; é tanto o que promove o seu advento como aquilo que marca o seu estatuto: no limite, objetal. O estatuto objetal do sujeito, para além – ou aquém – de sua definição em termos daquilo que um significante representa para outro significante, diz respeito à dimensão de queda, perda de mestria, constitutivo de seu advento. Afetado (*pathos*) pela angústia, tradução subjetiva do objeto *a*,[151] o sujeito advém no campo do Outro por intermédio da cessão do objeto que, em última instância, ele é.

Em sua radicalidade, a formulação de Lacan permite considerar que o sujeito não é outra coisa senão esse objeto, extraído do campo do Outro por intermédio de seu advento nesse campo. Pedaço *a*-rrancado do corpo como os olhos de Édipo, como os envoltórios placentários lançados por terra e os seios de Santa Ágata dispostos numa bandeja.[152] Uma vez extraído, para sempre perdido terá, retroativamente, função de causa. "Qual é esta função?", interroga Lacan, encaminhando, ato contínuo, a resposta, que cito extensivamente:

> Se a causa se revela tão irredutível, é na medida em que se superpõe, que é idêntica em sua função ao que venho ensinando a delimitar e a manejar, este ano, como a parte de nós mesmos, a parte de nossa carne que permanece aprisionada na máquina formal, sem o que o formalismo lógico, para nós, não seria absolutamente nada. ... [A esse formalismo] Nós lhe damos não simplesmente a matéria, não apenas nosso ser de pensamento, mas também o pedaço carnal arrancado de nós mesmos. ... É essa parte de nós que é aprisionada na máquina e fica irrecuperável para sempre. Objeto perdido nos diferentes níveis corporais em que se produz seu corte, é ela que constitui o suporte, o substrato autêntico, de toda e qualquer função da causa. ... Essa parte corporal de nós é, essencialmente e por função, parcial. Convém lembrar que ela é corpo e que *somos objetais*, o que significa que não somos objetos do desejo senão como corpo.[153]

Lacan parece assinalar que o próprio formalismo (que exclui a dimensão do *pathos*) se constitui a expensas do objeto *a*. Minimamente, é possível considerar que essa parte cedida pelo sujeito – um sujeito a advir justamente por meio dessa cessão, na dimensão de temporalidade retroativa própria ao campo psicanalítico –, esse elemento irredutível, extraído do corpo, opera como causa eludida pelo formalismo lógico proposto por Kant. Ou melhor, como suporte da função mental da causa, caracterizando o seu substrato.

Segundo os pressupostos contidos no formalismo kantiano, o fundamento da ação moral é desprovido de interesse, purificado, asséptico, livre de toda e qualquer conotação patológica através do advento de uma razão (pura) prática, de caráter incondicionado, conforme proposto por Kant sob a forma de um imperativo dito categórico. Já de acordo com Lacan, esse fundamento (kantiano), por sua vez, funda-se por um *pathos* de corte que, pela extração de um objeto que é em si mesmo corpo, parcialidade corporal, constitui o substrato da função da causa. Vale dizer, é o objeto enquanto extraído que se encontra na origem – uma origem que se efetiva no *a posteriori* do ato – ou, ainda, da ação moral (em termos kantianos).

Entretanto, não queremos dizer com isso que o objeto *a* formulado por Lacan condiciona o ato, o que seria apenas uma maneira de reintroduzir pela janela aquilo que Kant havia expulsado pela porta. O objeto *a* não condiciona a ação moral, para utilizarmos o termo kantiano, nem mesmo o ato, cuja dimensão ética lhe é intrínseca. Se, conforme explicita Lacan, o pedaço arrancado do sujeito a advir opera como substrato da função da causa – não coincidindo com a causa em si mesma –, isso implica considerar que a causa opera, enquanto tal, apenas na retroação, como efeito do ato de um sujeito em precipitar-se na direção de uma incógnita. Por meio desse movimento o *pathos* de corte do qual toda e qualquer consideração sobre o bem se encontra ausente constitui – a um só tempo e *après coup* – a causa e seu efeito, o desejo.

O sujeito em questão não é aquele do conhecimento – não há nada em comum entre o sujeito do conhecimento e o sujeito do significante –,[154] mas um sujeito objetal, resto da operação de extração, pedaço de corpo do qual é separado. No limite, o sujeito depende dessa causa que o faz dividido e que se chama objeto *a*;[155] depende da cessão do objeto que ele é, para então advir como sujeito dividido. Trata-se de uma escolha paradoxal, uma vez que o sujeito não é anterior a essa escolha, e sim seu efeito. Que, por sua vez, não se confunde com voluntarismo. O sujeito advém à medida que consente sua perda, a cada vez – dimensão ética posta em causa pela psicanálise em seu viés trágico.

"O que é o resto?", interroga Lacan. "É aquilo que sobrevive à provação da divisão do campo do Outro pela presença do sujeito."[156] Como compreender a "provação" mencionada por Lacan a não ser no sentido trágico? De uma parte, o advento do sujeito no campo do Outro descompleta esse campo, bem como divide o sujeito. Tal operação, por engendrar um resto, deverá ser relançada. A cada vez, o sujeito deverá atravessar essa "provação" – incidência do *pathos* de corte –, advindo em perda. Essa é sua condição objetal, trágica por excelência. Naquilo que nos interessa demarcar, o estatuto objetal do sujeito, é importante destacar a dimensão trágica implicada nessas formulações de Lacan. É desse estatuto trágico encontrado no advento do sujeito em sua dimensão objetal que resultará uma ética própria à psicanálise. Essa candente questão será retomada mais à frente.

A fim de caracterizar a cessão de objeto em jogo na constituição do sujeito, Lacan evoca a libra de carne exigida pelo judeu Shylock a título de pagamento de uma dívida, através de uma expressão tomada de empréstimo a Shakespeare.[157] No entanto, essa libra (*pound*), unidade de peso, é, na peça teatral, uma justa medida ("nem mais, nem menos") que, entretanto, não pode ser aferida de antemão. Ao tratar da cessão de objeto – operação da qual o sujeito é o efeito – evocando a libra de carne shakespeariana, Lacan não estaria assinalando que há uma perda em causa, desconhecida pelo sujeito? Trata-se, para o sujeito, de ceder uma parte da própria carne; entretanto, quanto à medida (ou o peso) – de resto, imensurável – não lhe compete decidir. O sujeito deve perder (ceder uma parte de si, de seu corpo), sobre cuja porção não é possível deliberar.

Aqui, farei um breve parêntese: fazendo menção à fórmula de Freud "a anatomia é o destino",[158] Lacan confere a esta um novo estatuto: é da etimologia do termo que se trata, vale dizer, da prevalência do corte (ana-tomia). O próprio Freud, em sua defesa da prática da psicanálise por leigos (não médicos), havia afirmado sobre a operação psicanalítica: "Eis aqui uma estranha anatomia da alma [*Seele*]",[159] assinalando a dimensão de corte (dissecção) intrínseca a essa operação.

Lacan parte de uma operação de divisão, em termos aritméticos, do Outro pelo sujeito, melhor dizendo, do sujeito por sua entrada no campo da linguagem, que, por sua vez, acarreta uma perda (de ser e de saber) e um resto inassimilável à operação. Esse resto Lacan o designa pela letra *a*. "É a partir do Outro", diz Lacan, "que o *a* assume seu isolamento, e é na relação do sujeito com o Outro que ele se constitui como resto."[160] O que está em jogo é a operação significante, uma operação lógica que situa os termos em que o advento do sujeito poderá ocorrer. Posteriormente, essa operação será especificada em dois tempos – alienação e separação –, os dois tempos da operação de causação do sujeito por sua entrada na linguagem, por seu "consentimento" na perda de seu suposto ser.[161]

Nesse momento do ensino de Lacan, trata-se de uma primeira aproximação com essa operação de divisão por meio da qual o sujeito se constitui no campo do Outro como marca, $", cujo resto é o objeto *a*, indicando que a operação não se completa. Por não se completar – não é uma operação aritmética *strictu sensu* –, engendrando um resto inassimilável que é a parte de "si" que o sujeito cede ao se constituir no campo do Outro, advindo apenas representado de um significante para outro, essa operação é retomada, relançada, em uma dimensão ética. O campo do Outro, no qual o sujeito se constitui em perda, não garante sua suposta existência; ao revés, é a *ex-sistência* do Outro que deverá ser garantida pelo sujeito,[162] através de sua própria perda enquanto objeto cedido, caído, caduco. Vejamos, pois:

> No alto, à direita, fica o sujeito, posto que, por nossa dialética, ele parta da função do significante. *É o sujeito hipotético* na origem dessa dialética. Já o sujeito barrado, o único a que nossa experiência tem acesso, constitui-se no lugar do Outro como marca do significante. Inversamente, toda a existência do Outro fica suspensa numa garantia que falta. Donde o Outro barrado. Dessa operação, no entanto, há um resto, que é o *a*.[163]

Assim, de início o sujeito é uma hipótese. Porém, não se trata aí de teorização, em sentido estrito; o sujeito não é uma hipótese no plano conceitual. Ele é uma hipótese, uma vez que seu advento não está dado; ele não é uma consequência lógica e/ou necessária da estrutura significante, embora seja dela tributário. O sujeito é uma hipótese porque seu advento no campo do Outro depende de um ato, de uma escolha dita por Lacan "forçada", efetuada por um sujeito que, a rigor, não é anterior a essa escolha, mas advém por seu intermédio – eis o caráter paradoxal da operação. De resto, o paradoxo também pode ser encontrado na letra de Freud quando ele afirma "a escolha da neurose". Nesse sentido, o advento do sujeito tem um caráter constitutivamente aporético – bem como ético.

Conviria lembrar, aqui, o significado do termo grego *áporos*, a saber, "sem passagem"; desse modo, o advento do sujeito depende de uma forçagem justamente ali onde não há uma via aberta. É somente por um passo de ordem ética que o sujeito se introduz no campo da linguagem, forçando aí sua entrada, consentindo, por esse passo momentoso, ser apenas aquilo que um significante representa para outro. Há nisso uma perda irrecuperável a tudo que seria da ordem do ser ou de uma essência, humana ou individual, a um lugar dado em um mundo previamente constituído.

O campo significante não está garantido; ao contrário, cabe ao sujeito, a cada vez e através de "seu" ato, garantir esse campo ao preço de sua perda. Nas palavras de Lacan – jamais suficientemente retomadas em sua incidência ética –, trata-se de "dedicar sua castração à garantia do Outro".[164] Assim, perdido o paraíso de uma suposta natureza humana, essencial e necessária, que conferiria a todo e a cada indivíduo um lugar predeterminado na ordem do mundo, cabe ao sujeito humano, submetido à ordem significante, aí tomar seu lugar: *Wo es war, soll Ich werden*, conforme proposto pela máxima freudiana.

Desde a origem, portanto, a dimensão ética está colocada: não há sujeito sem decisão, escolha, ato, muito embora o sujeito não seja, destes, o agente – visto que é, de saída, hipotético –, mas seu resultado. Contudo, o passo ético ao qual o sujeito é convocado tampouco obedece a um encadeamento natural, a uma etapa fixada por uma espécie de ordenação prévia ou um pretenso desenvolvimento. Apesar de haver um momento que diremos inaugural, que sela o destino de um sujeito por sua posição diante do que a estrutura da linguagem convoca – e que, uma vez prescrito, não há como ser retomado –, essa escolha, sendo realizada, é recolocada a cada vez. Seu índice é a angústia, tradução subjetiva da convocação exercida pelo objeto causa de desejo, que exige uma tomada de posição por parte do sujeito da qual ele será, propriamente, o resultado. Eis o que não engana: o fato de que o sujeito "se vê" constrangido a agir; se ele dará o passo ou, ao contrário, se recuará, em ambos os casos haverá um preço a pagar por sua escolha. Não há, portanto, recurso ao álibi nem o prêmio do descanso – é de trabalho que se trata.

> Na angústia ... o sujeito é premido, afetado, implicado no mais íntimo de si mesmo. ... é justamente do lado do real, numa primeira aproximação, que temos de procurar, da angústia, aquilo que não engana. ... O que a angústia visa no real, aquilo em relação ao qual ela se apresenta como um sinal, foi o que tentei mostra-lhes com o quadro da divisão significante do sujeito. Ele lhes apresenta o x de um sujeito primitivo que vai em direção a seu advento como sujeito ... já que *é por intermédio do Outro que o sujeito deve se realizar.*[165]

Vemos que haveria uma espécie de "sujeito primitivo", no dizer de Lacan, um *x* – uma incógnita, no sentido de que não há como saber ou antecipar o seu advento, ou seja, este é uma hipótese – que, premido pela angústia, definida por Lacan como a tradução subjetiva do objeto *a*, causa de desejo, deve advir do campo do Outro. O resultado dessa escolha é sua divisão, radicalizada pela presença de um resto inassimilável à própria operação de seu advento. De um lado, o advento do sujeito tem como resultado sua divisão, fazendo com que ele não seja mais do que aquilo que um significante representa para outro significante. De outro, a própria metonímia significante na qual ele é lançado encontra seu ponto de basta em um resto irrecuperável, designado pela letra *a*, de modo a destacar sua dimensão fora da significação, portanto, inequívoca.

Em outros termos, da operação significante resulta um sujeito que, de uma parte, não pode ser dito, definido, uma vez que é o significante subtraído à cadeia; de outra parte, há um resto do qual ele é separado, uma parte de si mesmo inexoravelmente perdida, sua dimensão propriamente objetal, que não pode ser subsumida à cadeia significante na qual é, mesmo parcialmente, representado. Essa é sua dimensão propriamente trágica: o sujeito é um dejeto, a parte de "si" que ele consentiu perder por sua entrada no campo da palavra e da linguagem.

Notemos ainda as ressonâncias do tempo verbal utilizado por Lacan – o sujeito *deve* se realizar –, idêntico àquele utilizado por Freud em seu adágio elevado à dignidade de imperativo ético: *Wo es war, soll Ich werden.** São formulações que se sobrepõem, e em que pese seu caráter de constrangimento, premência, mesmo que se pudesse considerá-las um imperativo, este não seria categórico. Seu caráter, apesar de incondicionado, não é incondicional – sua condição é ética. Se o advento do sujeito não é condicionado por nenhum interesse ou finalidade, que ele "deva" advir fazendo com isso existir (*ex-sistir*) o campo do Outro, do qual é tributário, isso não significa que a declinação verbal *soll* concernente ao *Ich* contida no adágio freudiano tenha um caráter incondicional. O sujeito deve se realizar por intermédio do Outro; que ele venha a fazê-lo é propriamente o passo ético em questão, cujo caráter é contingente.

Retirando a problemática dos termos em que Kant a formula, Lacan afirma a condição absoluta do desejo. Esta é tomada de empréstimo à ordem da necessidade, que, por sua vez, teria passado pelo filtro da demanda no plano da incondicionalidade, enquanto demanda de amor. A condição absoluta do desejo, assim, diz respeito a uma desmedida, a uma desproporcionalidade em relação a uma suposta necessidade de um objeto específico, qualquer que seja ele. Essa condição é dita absoluta por Lacan na medida em que não se encontra condicionada à resposta do Outro – caso em que deveria ser alocada sob a

* Em alemão o verbo *sollen* significa "dever", no sentido de implicar um constrangimento de ordem ética.

demanda de amor. O desejo em estado puro ganha forma de condição absoluta em relação ao Outro, não satisfazendo a outra coisa exceto o próprio desejo.[166]

Desse modo, essa condição absoluta do desejo implica a dimensão ética: já não se trata, para o sujeito, de se encontrar apenso à demanda ou à resposta do Outro, fazendo desta a sua garantia ("o que ele quer de mim?"). Ao revés, trata-se para o sujeito de advir em perda, garantindo assim, pontualmente, o campo – e a *ex-sistência* – do Outro enquanto tal. Retomando as formulações de Lacan a propósito da constituição do sujeito, vejamos como ele considera esse sujeito a advir:

> Em sua primeira posição [na operação de divisão], deixei esse sujeito indeterminado quanto à sua denominação ... não podemos de modo algum isolá-lo como sujeito, a não ser miticamente. ... *O \$ é o término dessa operação em forma de divisão, já que o é irredutível, é um resto,* e não há nenhum modo de operar com ele. ... o *a* vem assumir a função de metáfora do sujeito do gozo. Isso só seria correto se o *a* fosse assimilável a um significante. *Ora, ele é justamente o que resiste a qualquer assimilação à função do significante,* sempre se apresenta como perdido, como o que se perde para a "significantização". Ora, *é justamente esse dejeto, essa queda, o fundamento do sujeito desejante como tal.*[167]

Essa é uma formulação prenhe de consequências. Se a operação significante produz um sujeito, também engendra um resto, o que equivale a dizer que não se completa. Justamente por não se completar, por não se tratar de um cálculo, e sim de uma operação – algo que põe em marcha, efetiva, opera –, uma vez que a conta não é redonda, a operação significante tem e implica uma dimensão ética. Sua incompletude não é uma falha; ao contrário, é precisamente aquilo que convoca o sujeito não a completá-la, mas a advir aí, redobrando a fenda desse campo que se abre apenas para tornar a se fechar.[168]

Vemos que o objeto não pode ser assimilado a um significante, ainda que seja um dos componentes da estrutura significante. Ao contrário, é aquilo que resiste à assimilação, por parte dessa estrutura, do resultado de sua própria operação, fazendo dele, no limite, o elemento responsável por sua incompletude, a parte que a torna parcial. Essa parte perdida – resto, dejeto – é o fundamento do sujeito desejante, conforme já assinalado. Cumpre esclarecer que Lacan não identifica esse objeto, *a*, ao sujeito; destaca que a dimensão objetal constitui o seu fundamento. Ao fazê-lo, porém, não atribui o fundamento do sujeito a um predicado ou qualidade que lhe seriam intrínsecos, e sim à dimensão de perda implicada em sua entrada no campo da palavra e da linguagem. Desse modo, o advento do sujeito não pode ser concebido sem referência a essa perda, que caracteriza, a rigor, seu próprio fundamento. Em última instância, o sujeito é essa parte perdida, cedida – esta é sua dimensão mais radical: objetal. Podemos encontrar tal proposição na letra de Lacan ainda no seminário sobre a angústia, quando ele assinala que

> no próprio lugar onde seu hábito mental lhes indica a procurar o sujeito, ali onde, a despeito de vocês, perfila-se o sujeito ..., em suma, ali onde vocês dizem *Eu* [*je*], é propriamente aí que, no nível do inconsciente, situa-se *a*. Nesse nível, *vocês são a, o objeto, e todos sabem que isso é intolerável* ... .[169]

Essa é uma fórmula surpreendente e, até então, inédita. Ao especificar o inconsciente freudiano como sendo estruturado como uma linguagem, introduzindo o sujeito nesse campo, Lacan já havia retificado os termos em que a própria psicanálise vinha sendo articulada após o desaparecimento de seu fundador. Havia, ainda, radicalizado a desnatureza humana postulada por Freud com o conceito de pulsão. Ato contínuo, subverteu a apreensão clássica do sujeito conforme estabelecida pelo pensamento filosófico ao retomar a *démarche* cartesiana no seminário sobre os quatro conceitos fundamentais da psicanálise – inconsciente, pulsão, transferência e repetição.

Nesse momento de sua elaboração, ao dar relevo à dimensão objetal do sujeito da psicanálise, introduz uma dimensão inaudita no modo de compreender o sujeito no interior de sua própria *démarche*. O eu, instância psíquica, já havia sido destronado por Freud pela postulação do inconsciente (*das Unbewusste*), conceito maior freudiano. Através de um monumental esforço de retorno à letra freudiana, Lacan reduzira – não há conotação pejorativa no termo – o sujeito a ser não mais do que o elemento subtraído à cadeia significante, apenas aquilo que um significante representa para outro significante. Mais um passo e ele destaca sua condição objetal, o que implica considerar que o fundamento do sujeito – aquilo que o constitui – é um resto, nada mais do que um dejeto inominável. Isso, no dizer de Lacan, é propriamente intolerável – tanto no campo conceitual como no que diz respeito à experiência analítica. Quiçá esta poderia ser considerada a quarta ferida narcísica promovida pelo campo psicanalítico: "somos objetais."[170]

Já não se trata de dizer, com Rimbaud, que "Eu é um outro" (*Je est un autre*), que "eu" não é idêntico a si mesmo, que o sujeito não está onde é esperado, que há um desconhecimento constitutivo, mas de salientar sua condição inominável, uma vez que, sendo aquilo que resiste à "significantização", não pode ser dito. De imediato, essa afirmação coloca um problema: na condição objetal – fora da dimensão significante – como poderia um sujeito responder por essa mesma condição? É justamente em relação a esse ponto que ressalta a dimensão ética em sua aporia constitutiva. É aí mesmo, onde não há significante que suporte sua posição, que o sujeito deve advir, como resto. Vale dizer, como algo que não é passível de ser recuperado na dimensão significante, como um "fora" que, não obstante, é interno à própria operação significante pela qual é engendrado. Ao atribuir um fundamento objetal ao sujeito, Lacan parece antecipar – em outras bases conceituais – sua formulação sobre o inconsciente, *Grundbegriff* do campo psicanalítico, como conceito da falta.[171]

A dimensão ética se apresenta sob a perspectiva de que não há saber – no limite, nem mesmo o saber inconsciente – que promova ou justifique a posição ética do sujeito; em outras palavras, o ato se produz em perda. É no vazio que um sujeito se lança, advindo através desse passo que, a rigor, é uma tomada de posição de ordem ética. Não há instância alguma que garanta ou responda por aquilo que ele venha a decidir – decisão que em nada se assemelha a qualquer espécie de voluntarismo. No limite, aquilo em relação ao qual o sujeito se decide é a (se) perder, a advir como perda. É tão somente por consentir na perda que ele é, que, na retroação, o sujeito poderá experimentar alguma consistência, mesmo que isso soe paradoxal, uma vez que se trata de uma estranha consistência: a do corte. "O desejo, eu os ensino a ligá-lo à função do corte e a pô-lo numa certa relação com a função do resto, que sustenta e move o desejo", afirma Lacan.[172] Discutirei, a seguir, a problemática concernente à cessão de objeto apresentada por Lacan no seminário sobre a angústia, a partir da qual é possível isolar a dimensão objetal do sujeito da psicanálise.

Cessão de objeto

Lacan problematizou a questão da caducidade, do estatuto de queda constitutivo do objeto *a*, completando o rol dos objetos pulsionais postulados por Freud – objeto oral, objeto anal, objeto fálico –, aos quais acrescentou o olhar e a voz.[173] "A função do objeto cedível como parte destacável veicula, primitivamente, algo da identidade do corpo, antecedendo ao próprio corpo quanto à constituição do sujeito."[174] O corpo é, assim, constituído a partir de um corte, uma secção que separa o sujeito de uma parte de si, *a*, parte que não compõe um todo nem se define por referência a este. Essa perda, irrecuperável, encontra pontos de inflexão privilegiados – pontos de corte no corpo – onde se atualiza em uma dimensão que poderíamos considerar trágica. É identificado a esse objeto caduco que o sujeito se constitui, a cada vez.

O primeiro e talvez o mais radical é o corte decorrente do nascimento. O ponto de corte destacado por Lacan não é, como à primeira vista se poderia supor, a separação do bebê em relação ao corpo materno. Fazendo apelo à embriologia, Lacan surpreende ao assinalar que pelo nascimento o sujeito a advir separa-se de uma parte constitutiva de seu próprio "ser", a saber, os envoltórios placentários. A placenta não caracteriza apenas uma camada externa e alheia ao ovo. Responsável pelo intercâmbio com o organismo materno com o qual mantém uma espécie de relação parasitária, esse envoltório constitui, não obstante, "o prolongamento direto de seu [do embrião] ectoderma e de seu endoderma".[175] Assim, pelo nascimento uma perda se instaura entre o neonato e uma parte constitutiva dele mesmo.

Portanto, o nascimento implica um corte que, por sua vez, engendra um resto, a saber, os envoltórios placentários: "Amontoada no chão, a placenta já era/Lixo orgânico",* escreveu o laureado poeta britânico Hughes no poema "A placenta".[176] Neste, o órgão é recolhido numa vasilha (na qual algumas semanas antes ele e a esposa, a também poeta Sylvia Plath, haviam cozinhado uma lebre) e enterrado sob as árvores do plácido *countryside* britânico, agora habitado pelo *unheimlich*.

---

* Na sequência: "Você jamais comeria novamente/Lebre cozida no vinho de seu próprio sangue/Naquela vasilha./A lebre nela aninhada/Abrira o olho. Como se numa noite,/De neve espessa e silenciosa/Ela fosse emergir de sua cova à sombra dos olmeiros/E entrar no nosso quintal, gritando: Mamãe! Mamãe!/Eles vão me comer" (T. Hughes, *Cartas de aniversário*, p.271, tradução de Paulo Henriques Britto).

No poema, é o objeto *a* (placenta/lebre) que olha o sujeito, interpelando-o, à semelhança do episódio descrito por Lacan a propósito da lata de sardinha,[177] objeto sem imagem cujo efeito de ofuscamento o interpelara produzindo o afeto da angústia, episódio em tudo semelhante a um fenômeno de despersonalização. A evocação perturbadora da placenta que retornaria da morte num apelo desesperado à mãe para não ser devorada, contida no poema de Hughes, faz eco à proposição de Lacan de que, a rigor, não há distinção entre o neonato e a placenta – estes são uma só e mesma coisa, seccionados pelo evento do nascimento. A placenta é, assim, a parte extraída do corpo do sujeito. Por essa extração, o sujeito é engendrado, como formula Lacan no Seminário 11, a propósito da operação de alienação constitutiva do sujeito: "*Separare*, separar, ... irei mais longe ainda, no que autorizam os latinistas, ao *se parere*, ao *engendrar-se* de que se trata no caso. ... aí está a origem da palavra que designa em latim o *engendrar*. Ela é jurídica, como ... todas as palavras que designam *pôr no mundo*."[178]

Dejeto vivo, pulsante – "A placenta/Já sem sentido, asfixiada"[179] –, é a parte de si da qual o sujeito se aparta por ocasião do nascimento. É por uma separação – perda, corte no corpo – que o sujeito advém enquanto tal. "O objeto *a*", demarca Lacan, "é algo de que o sujeito, para se constituir, se separou *como órgão*."[180] Seccionado, dividido, apartado de seus tecidos embrionários, perdido de uma parte constitutiva de si mesmo, o próprio sujeito é, por conseguinte, não-todo. O objeto *a* designa a porção arrancada de si mesmo que ele é – eis a dimensão objetal do sujeito. Cabe assinalar que o corte não produz, de um lado, um todo (o neonato, sujeito a advir) e, de outro, um resto, a parte dele extraída (placenta enquanto prefiguração do objeto *a*). A operação não engendra um sujeito (todo) e um objeto (parte), e sim um sujeito que é, em si mesmo, parcialidade. A secção é de ambos os lados: o sujeito é também o que foi extraído, resto da operação significante que o engendra; portanto, em sua dimensão mais radical, seu estatuto é objetal, dejeto inassimilável.

Os demais objetos pulsionais se demarcam por meio desse mesmo traço, a caducidade, pelo fato de implicar um corte que se inscreve no corpo condicionando uma perda irrecuperável. No que diz respeito ao objeto oral, no fenômeno conhecido como desmame, o corte, mais uma vez, não se dá entre o bebê e a mãe, e sim entre a boca e o mamilo, sendo que este faz parte da boca, vale dizer, do corpo do bebê: "A criança *se* desmama."[181] É ao ceder uma parte de si, da qual o sujeito se separa, que uma perda se instaura. A relação da criança com o seio materno é, conforme diz Lacan, homóloga à sua relação com os envoltórios placentários; à semelhança destes, o seio tem para com o corpo da mãe uma relação parasitária, já que pertence ao corpo de um sujeito a advir. Assim,

> Do mesmo modo que a placenta forma uma unidade com a criança, *há, juntos, a criança e a mama*. A mama é como que aplicada, implantada na mãe. É isso que lhe permite funcionar estruturalmente no nível do *a*, que se define como *algo de que a criança é separada de maneira interna à esfera de sua própria existência*. ... o *a* é um objeto separado, não do organismo da mãe, mas do organismo da criança.[182]

Lacan detalha que a separação que está em jogo tem o estatuto de uma "separtição" (*sépartition*), divisão interna ("por dentro"), inscrita na origem daquilo que resultará na estruturação do desejo.[183] Assim, é a série das perdas, dos cortes no corpo, dos pedaços de si mesmo que o sujeito abandona pelo caminho, é isso o que virá a constituir a estruturação do desejo. O desejo se estrutura pela incidência, no corpo, do corte efetuado pelo significante, bem como pela perda que aí se instaura.

No entanto, mencionar a série de perdas não significa supor linearidade nem progressão. Tampouco diz respeito a eventos supostamente ocorridos num passado longínquo (nascimento, desmame etc.), e sim à incidência significante, portanto, temporalidade submetida à escansão da linguagem, batimento pontual e fugaz. "O corte", diz Lacan, "é um termo essencial para o campo do sujeito."[184]

Os diferentes patamares de apreensão do objeto, conforme estabeleceu Lacan, encontram-se unidos por uma espécie de solidariedade íntima, já que cada um repercute sobre os outros, não devendo por isso serem considerados termos absolutos nem em separado; antes, em seu rebatimento sobre os demais. A solidariedade íntima "se expressa na fundação do sujeito no Outro por intermédio do significante e no advento de um resto em torno do qual gira o drama do desejo".[185]

Dessa forma, é no campo do Outro que o sujeito é fundado, dimensão de alienação constitutiva que impede que o sujeito do inconsciente seja tomado por uma unidade psicológica ou entidade autônoma. Notemos que Lacan não utiliza o termo "origem" – que poderia condicionar a ideia de um marco zero, início estabelecido de uma vez por todas –, mas fundação. Essa operação – a fundação do sujeito pelo significante – engendra um resto, *a*: "É a partir do outro que o *a* assume seu isolamento, e é na relação do sujeito com o Outro que ele se constitui como resto."[186]

Qual seria o drama do desejo, em relação ao qual Lacan destaca que este "permaneceria opaco se não houvesse a angústia para nos permitir revelar seu sentido"?[187] O drama do desejo mencionado por Lacan parece dizer respeito ao fato de que esse resto, esse objeto do qual o sujeito é radicalmente separado pela operação de seu próprio advento, esse dejeto inassimilável pela articulação significante que o engendra, em torno do qual se estabelece e gira a economia do desejo, não pode, no entanto, ser apreendido pelo desejo, reintegrado nesse campo. Ele não é um objeto para o desejo; ele é sua causa. Essa Coisa,* na ausência de um significante que pudesse nomeá-la, sua única tradução subjetiva é a angústia,[188] afeto que preme o sujeito na direção do desejo. No entanto, o sujeito não existe antes desse passo; se ele não recua, advém enquanto tal, não como ser, substância ou eu, e sim como resto, como aquilo que cai de "seu" ato.

Retomando as diferentes declinações do objeto *a* – oral, anal, fálico, escópico e invocante –, estes recortam uma forma de perda, especificada em cada caso. Procurei isolar a perda marcada no nascimento – espécie de prefiguração das demais –, assim como aquela que constitui o objeto dito oral como paradigmáticas do corte operado no corpo (por meio do qual este se constitui enquanto tal), da extração de uma parte de si (de um "si" que, todavia, não há), enquanto substrato objetal do sujeito. Esse dejeto que o sujeito é, pedaço inominável apenas designado pela letra *a*, libra de carne que ele deve (*soll*) pagar por seu advento no campo significante. O objeto *a*, tributário da estrutura da linguagem, é, não obstante, a parte perdida do sujeito que funciona como sua causa *a posteriori* (e não *a priori*). Vale dizer, se e somente se o sujeito conceder em cedê-la, ao preço de que lhe seja extraída. Em outras palavras, em sua própria constituição, o advento do sujeito em seu caráter objetal tem, em si mesmo, uma dimensão ética. É apenas por ceder o objeto que ele é que o sujeito advém no campo do Outro, doravante representado de um significante para outro.

---

* Etimologicamente, *causa* e *coisa* têm a mesma raiz.

Não tratarei aqui do objeto *a* em sua declinação anal nem do objeto fálico, tampouco dos objetos introduzidos na série freudiana por Lacan, a saber, o olhar e a voz. Em todas essas modalidades do objeto *a* a caducidade é seu traço comum e distintivo. Destaquei a dimensão de perda inerente ao nascimento, presente no desmame, como paradigmática da dimensão objetal do sujeito que interessa.

> A base da função do desejo é, num estilo e numa forma que têm que ser precisados a cada vez, o objeto central *a*, na medida em que ele não é apenas separado, mas sempre elidido em outro lugar que não aquele em que se sustenta o desejo, mas numa relação profunda com ele.[189]

A cessão do objeto é, portanto, a operação de causação do sujeito que se encontra em jogo no ato, sempre que um sujeito, diante da injunção vinda do campo significante – do desejo inconsciente –, consentir em sua própria perda, garantindo, por intermédio desse passo e a cada vez, a *ex-sistência* do desejo.

Solidão trágica e *Hilflosigkeit*

Como vimos no Capítulo 2, não é por adesão nem por solidariedade a Zeus e à *Dikè* que Antígona age, conforme indica Lacan; ela o faz em nome próprio, assumindo integralmente as funestas consequências de seu ato. O helenista Knox acuradamente observou que a filha de Édipo age na mais absoluta e radical solidão, encarnando de modo exemplar o traço distintivo dos heróis sofoclianos. Entretanto, convém não compreender a solidão a que se refere Knox como abandono por parte dos demais, isolamento involuntário ou ausência de pares.

> No drama sofocliano nunca estamos cônscios, como sempre estamos em Ésquilo, da natureza complexa da ação do herói, seu lugar na sequência de eventos sobre as gerações passadas e futuras, sua relação com o plano divino do qual essa sequência é o resultado. *O herói sofocliano age num vácuo aterrorizante, um presente sem futuro para servir de conforto e sem passado como guia, um isolamento no tempo e no espaço que impõe ao herói a total responsabilidade por sua própria ação e suas*

> *consequências*. É precisamente esse fato que torna possível a grandeza dos heróis sofoclianos; *a fonte de sua ação encontra-se apenas neles, e em nenhum outro lugar*; a grandeza de sua ação é apenas deles próprios.[190]

Encontraremos esse mesmo traço – a solidão característica do herói sofocliano apontada pelo helenista – destacado na observação de Lacan quando pontua que seu traço distintivo é o fato de que os heróis "são levados a um extremo, que a solidão definida em relação ao próximo está longe de esgotar. Trata-se de outra coisa – são personagens situados de saída numa zona limite entre a vida e a morte".[191] A rigor, a questão concerne à segunda morte, aquela que marca o sujeito em virtude de sua constituição pelo significante, cuja problemática foi desenvolvida no Capítulo 2.

A meu ver, essa característica peculiar do herói trágico sofocliano – mais especificamente de sua Antígona – se relaciona à condição trágica característica de todo ato digno desse nome: "Falamos de ato quando uma ação tem o caráter de uma manifestação significante, na qual se inscreve o que poderíamos chamar de estado de desejo."[192] Esse é propriamente o encaminhamento da heroína trágica sofocliana, conforme discutido anteriormente.

Cabe ressaltar o passo em que um sujeito se precipita sem o amparo do saber, seja ele de que ordem for – religiosa, moral, jurídica ou racional –, por intermédio do qual garante o campo heterogêneo do desejo do Outro (na tragédia, homólogo ao campo dos deuses), lembrando que agir é "arrancar da angústia a própria certeza".[193] Ou seja, a certeza não é prévia à ação, mas extraída por uma antecipação em que o sujeito se precipita no ato, conforme vimos a propósito do apólogo dos três prisioneiros.

A dimensão trágica do ato, em que o sujeito deve advir em perda de modo a garantir o campo do desejo, encontra-se isolada de modo radical por Lacan ao final do seminário sobre a ética da psicanálise, quando ele aborda a questão do término da análise. Ao contrário do que preconizava a dita psicanálise pós-freudiana – em que o fim de análise era marcado por uma identificação com o analista, saída supostamente elegante balizada pela identificação a uma imagem ideal (de cura, de conduta) –, Lacan apresenta a seguinte e inédita questão:

> ... o término da análise, o verdadeiro, quero dizer, aquele que prepara a tornar analista, não deve ela em seu termo confrontar aquele que a ela se submeteu à

> realidade da condição humana? É propriamente isso o que Freud, falando de angústia, designou como o fundo onde se produz seu sinal, ou seja, o *Hilflosigkeit*, a desolação, em que o homem, nessa relação consigo mesmo que é a sua própria morte … não deve esperar a ajuda de ninguém.[194]

Assim, vemos que a realidade da condição humana é o desamparo, *Hilflosigkeit*, noção que Lacan retoma de Freud. Se o fundador da psicanálise a postula observando a dependência do sujeito humano ao Outro, isto é, à própria constituição do sujeito, Lacan recoloca-a como termo de um percurso analítico. Porém, não como termo ideal, e sim para assinalar o caráter de destituição subjetiva em jogo na operação psicanalítica, pelo qual o sujeito deverá se encontrar com sua dimensão objetal.

A angústia, em termos freudianos, tem função de sinal diante de um perigo iminente; por outro lado, Lacan propõe que o afeto da angústia – que afeta de modo inequívoco – sinaliza a presença do objeto *a*, causa de desejo. Quanto ao que se encontra em jogo final de um percurso analítico, a emergência da angústia caracteriza uma proteção contra – o quê? – algo ainda mais radical: a desolação, a solidão mais absoluta, ante a qual é inútil esperar por ajuda, visto que todo e qualquer apelo a um Outro supostamente consistente é vão. Na radicalidade em jogo na dimensão do *Hilflosigkeit* já não haveria pedido a ser endereçado ao Outro, nem expectativa de resposta. Se, conforme a letra de Freud, na constituição do sujeito o desamparo diz respeito à sua dependência em relação ao Outro, aqui a questão é de outra ordem: trata-se propriamente do fato de que o Outro, como tal, é barrado. Não há resposta ao apelo do sujeito. Antes, cabe a este garantir a *ex-sistência* do Outro.

Tal é a dimensão implicada no ato, dado que, no ponto de desamparo estrutural perante o qual não haveria mais pedido algum a ser endereçado ao Outro, o sujeito deve agir, se lançar em perda. Essa é a sua condição irremediavelmente trágica. Esse é também o encaminhamento dado por Lacan no que diz respeito ao fim de um percurso analítico – do qual resulta um analista –, onde o sujeito se (re)encontra com o desamparo fundamental e constitutivo de sua condição, por ele nomeado como o "nível do desarvoramento absoluto, no nível do qual a angústia já é uma proteção … . A angústia já se desenvolve deixando um perigo delinear-se, enquanto não há perigo no nível da experiência última do *Hilflosigkeit*".[195]

Vemos que Lacan faz referência ao final da análise dita didática, aquela por meio da qual se produz, como efeito, um psicanalista – talvez como um subproduto do trabalho, conforme afirmou Freud a propósito da cura. É através de uma experiência radical de destituição subjetiva, em que a própria angústia como tradução subjetiva do objeto *a* encontra-se ausente e, portanto, nem sequer poderia servir de proteção, na qual a suposição de saber já não opera e não há mais nenhuma demanda a ser endereçada ao Outro, é dessa travessia inumana que um psicanalista poderá resultar.

Mutatis mutandi, essa experiência radical de desamparo também pode ser encontrada na *débâcle* do herói trágico, na qual o que se encontra em causa é a dimensão objetal do sujeito como constitutiva do ato:

> Será preciso evocar aí a dimensão analógica que existe, nessa repartição, com o ato trágico? Porque percebemos bem que, na tragédia, há qualquer coisa de análogo, ... quero dizer que *o herói, todo aquele que, no ato, se engaja só, está votado a esse destino de não ser senão o dejeto de seu próprio empreendimento. ... o herói ... é aquele que, sobre a cena, não é nada além da figura de dejeto onde se encerra [où se clôt] toda tragédia digna desse nome.*[196]

Vê-se que o herói trágico, a despeito do que se poderia considerar, não é o agente do ato (trágico), e sim seu efeito, seu resultado sob a forma de um resto inassimilável à operação que o constitui enquanto tal. Não haveria, portanto, um herói pretensamente heroico, autor de um feito de bravura. A contrapelo dessa imagem ideal, só há herói trágico na dimensão de queda. Tudo indica que foi essa dimensão que interessou a Lacan em seu extenso comentário sobre a *Antígona* de Sófocles a propósito da ética própria ao campo psicanalítico. O sujeito da psicanálise, bem como o herói trágico, advém em perda. No ato o sujeito não está presente, conforme assinala Lacan.[197]

Desse modo, as três dimensões encontram-se estreitamente articuladas, a saber, a dimensão ética, aquela que concerne ao ato e a dimensão objetal do sujeito. Naquilo que nos interessa não é possível destacá-las, ou seja, tratá-las em separado como se se referissem a problemáticas distintas, em que pese a especificidade de cada uma. Tratar cada uma dessas questões exaustivamente fugiria ao escopo deste livro; pretendo apenas destacar suas articulações de acordo com o objetivo de fundamentar a hipótese de que a ética da psicanálise se refere a uma dimensão que não existe em e por si mesma, pois não se trata de um edifício conceitual que, uma vez estabelecido, se sustentaria por si.

Antes, proponho que a dimensão ética própria ao campo psicanalítico diz respeito a um ato do sujeito, de um sujeito que não é anterior ao ato em relação ao qual ele advém como resto. Ou seja, de que não é amparado ou fundamentado no e/ou pelo saber que o sujeito age – como crê o neurótico –, mas justamente o contrário: ali mesmo onde não há saber positivo que oriente, prescreva, legitime, o sujeito é convocado a suportar o "seu" desejo – que advém do campo do Outro. A rigor, nem sequer há o campo do desejo enquanto prévio ao ato do sujeito; o desejo se constitui por meio de um passo inantecipável, salto sobre o vazio. Desde Freud e com Lacan, trata-se, para o sujeito, de advir onde isso (*Es*) era. O campo psicanalítico, aquele que se funda sobre o desejo inconsciente, depende do ato de um sujeito que se inscreve em perda no campo do Outro, fundando *a posteriori* e a cada vez a dimensão de *ex-sistência* a que se encontra apenso.

Tradução subjetiva do objeto *a*, causa de desejo, a angústia acossa o sujeito colocando em causa o real da cessão do objeto, donde seu impasse frente ao desejo. Esse é o paradoxo constitutivo e irredutível do sujeito da psicanálise – e também do herói trágico –, que se constitui por um ato que terá sido "seu" no *a posteriori* da cessão de objeto – por intermédio da qual ele advém enquanto tal.[198] A perda é, assim, constitutiva do sujeito, sua condição trágica. Ceder o objeto que ele, no limite, é – eis a dimensão objetal do sujeito – redobra o *Hilflosigkeit* estrutural e estruturante da condição humana.[199] Desamparado, sem o respaldo do saber e na contramão da visada do bem, o sujeito deve advir em ato, cessão de objeto. Apenas com esse passo, ético, ele poderá garantir a cada vez o campo do desejo pelo qual se encontra determinado: *Wo es war, soll Ich werden.*

A dimensão trágica da condição humana é encarnada pela filha de Édipo. Para Lacan, a função do desejo mantém uma articulação fundamental com a morte, a contrapelo do ordenamento universal do serviço dos bens que, por sua vez, não resolve o problema atual de cada sujeito para com seu desejo.[200] O próprio fato de Lacan utilizar o termo "atual" indicaria que nem sempre foi assim, que a relação do sujeito com o desejo nem sempre foi obstaculizada pelo ordenamento universal do serviço dos bens. Ordenamento radicalizado pela inclusão da exigência de felicidade no plano político característico da modernidade e prenhe de consequências – deletérias – para a relação do sujeito com o desejo.

Houve um tempo, remoto e trágico, em que a relação do sujeito humano com o campo opaco dos deuses não era orientada pela perspectiva do bem. Nesse tempo, o herói lançava-se sem temor ou piedade na direção do desejo, dever ético realizado em ato. Porque não teme a morte – já que a própria vida não é considerada um bem maior – o herói trágico se lança, em perda. Essa é a posição desejante encarnada por Antígona, que Lacan retoma enquanto paradigma da relação do sujeito com o desejo e, consequentemente, da ética com a psicanálise.

Evoco aqui o lamento de Antígona a caminho da tumba onde seria emparedada viva, pleno de ressonâncias com a formulação de Lacan sobre o *Hilflosigkeit* como sendo a realidade inapelável do sujeito, própria da condição humana:

> Sem que me chorem, sem amigo algum,/Sem cantos de himeneu sou arrastada/– pobre de mim! – por sôfrego caminho!/Para desgraça minha nunca mais/poderei ver a santa luz do sol!/E dos amigos nem um só lamenta/esse meu doloroso fim sem lágrimas!/Túmulo, alcova nupcial, prisão eterna,/cova profunda para a qual estou seguindo,/em direção aos meus que a morte muitas vezes/já acolheu entre os finados! Eu, a última/e sem comparação a mais desventurada,/vou para lá, antes de haver chegado ao termo/de minha vida! .../E agora, Polinices,/Somente por querer cuidar de teu cadáver/dão-me esta recompensa! Mas na opinião/da gente de bom senso todo o meu cuidado/foi justo. Sim! .../Creonte acha, porém, que errei, que fui rebelde,/irmão querido! Assim ele me leva agora/cativa em suas mãos; um leito nupcial/jamais terei, nem ouvirei hinos de bodas,/nem sentirei as alegrias conjugais,/nem filhos amamentarei; hoje, sozinha,/sem um amigo, parto – ai! infeliz de mim! –/ainda viva para onde os mortos moram!/Que mandamentos transgredi das divindades?/De que me valerá – pobre de mim! – erguer/Ainda os olhos para os deuses?[201]

Porém, em seu lamento, Antígona não denota arrependimento nem espera por clemência – seja por parte do governante de Tebas ou dos deuses. Em vez disso, a heroína trágica apenas constata sua radical solidão, assim como seu destino inapelável. Trata-se, a rigor, menos de um lamento do que de um testemunho. A nosso ver, o *kommos* testemunha o desamparo como a realidade da condição humana – trágica por excelência –, em que o sujeito, nas palavras de Lacan, "nessa relação consigo mesmo que é a sua própria morte ... não deve esperar a ajuda de ninguém".[202] O desamparo como o fundo sobre o qual a angústia emerge já como uma espécie de proteção seria, assim, o próprio fundamento da condição objetal do sujeito.

Os mitos são, segundo Lacan, figuras referidas não à linguagem em si mesma, mas à implicação de um sujeito capturado na linguagem, no jogo da fala.[203] A tragédia, ao se fundar sobre os mitos gregos, traz à cena a relação do sujeito com o significante, muito antes que esta venha a ser formulada pelo campo psicanalítico. Essa foi a enunciação trágica, calada pelo estabelecimento do saber enquanto regulador da relação do homem com sua própria ação, radicalizado com o advento da ciência moderna e sua exclusão do sujeito. Apartado de sua condição trágica, uma vez que estruturalmente desamparado – *áporos* –,[204] assim como de seu destino objetal, é apenas através do trabalho analítico que o sujeito poderá – se a este consentir se sujeitar, advindo em perda – garantir no *après coup* o campo do desejo que o determina. Desejo que, advindo do campo do Outro, não obstante cabe ao sujeito por ele se responsabilizar.

Conclusão

> O conhecimento não é senão uma enfermidade da linguagem.
>
> Octavio Paz, *Marcel Duchamp ou O castelo da pureza*

Ánthropos, assombro da natureza

Os gregos legaram ao mundo nada menos do que a cultura ocidental. De certa forma, somos gregos, ainda que não saibamos disso. Com a finalidade de advertir que o homem – a despeito de suas habilidades, conquistas, engenhosidade e astúcia – não é mestre de si mesmo, o grego antigo fazia apelo ao campo dos deuses, essa dimensão de alteridade à qual o sujeito humano encontrava-se apenso. Para assinalar a precariedade humana, os gregos remetiam-se à morte, esse imponderável sempre à espreita. Estas eram dimensões constitutivas do universo trágico antigo.

Diante dos deuses e suas leis, o homem devia se responsabilizar por seu destino, traçado alhures. Frente à morte, via-se irremediavelmente desamparado. Essa é a sua condição trágica, que é também a nossa, aquela que temos a chance de reencontrar através da psicanálise. Determinado pelo desejo inconsciente, constituído no campo da palavra e da linguagem, produto da articulação significante, o sujeito, não obstante, deve se responsabilizar em ato. Este, em última instância, é perda – de mestria, de saber, *desser*.

Acta est fabula – cai o pano. Findo esse percurso, remeto o leitor, mais uma vez, aos versos de Sófocles, que descrevem de modo candente o desamparo estrutural com que se vê confrontado o herói trágico. Somos objetais, afirmará Lacan dois mil anos após o ocaso da tragédia grega – eis a condição trágica do sujeito.

A chamada ironia trágica é um dos traços distintivos do texto sofocliano. Isso não significa que essa característica esteja ausente nas obras dos demais autores trágicos, mas encontra em Sófocles sua expressão máxima. Esse traço notável em parte pode ser atribuído à polissemia intrínseca ao uso elaborado da língua grega, próprio da criação poética; de acordo com Alaux, a tragédia antiga é o lugar por excelência da ambiguidade – das palavras, dos atos, das relações. Conforme já assinalado, esse expediente, para além da questão estilística, tem uma dimensão ética, uma vez que ali onde o texto é marcado pela equivocidade o herói trágico, ao se decidir por determinado sentido, escolhe seu destino.

Da mesma forma, o leitor/espectador da tragédia é convocado a se posicionar diante do caráter equívoco do texto sofocliano. As armadilhas linguageiras que se abrem sob os pés do herói trágico fazem com que o leitor/espectador se interrogue sobre o sentido profundo da polissemia do texto trágico que cabe a ele decifrar.[1] É, portanto, no nível da própria linguagem – naquilo que lhe é intrisecamente constitutivo – que tanto o herói trágico como a audiência (ou o leitor do texto) se veem diante de uma escolha. O paradigma da ironia trágica sofocliana está contido na cena de abertura da célebre tragédia *Édipo rei*. Nesta, o personagem-título da peça, após consultar o oráculo de Delfos a propósito da peste que se abatera sobre a cidade de Tebas, empenha-se em encontrar o assassino de Laio, antigo rei da *polis*, para que seja devidamente castigado pelo crime que cometeu e, por sua vez, a cidade possa ser liberada da maldição que recaiu sobre ela:

> O criminoso ignoto, seja ele um só
> ou acumpliciado, peço agora aos deuses
> que viva na desgraça e miseravelmente!
> *E se ele convive comigo sem que eu saiba*,
> invoco para mim também os mesmos males
> que minhas maldições acabam de atrair
> inapelavelmente para o celerado![2]

Édipo, sem saber o que diz, condena a si próprio à danação: é ele o assassino de Laio, ignorante de seu crime e responsável pelo miasma que assola a *polis*. É isso o que o herói é levado a descobrir no decorrer da trama trágica, em seu afã de saber sempre mais. Ironicamente, ele é o criminoso (parricida) que procura. De acordo com Knox, quando finalmente o herói trágico vê com clareza – "agora tudo está claro (*saphê*)"* –, seus olhos não podem suportar a intensa claridade produzida por sua insaciável vontade de saber, e Édipo fura os próprios olhos.[3] Ao se encontrar com a (sua) verdade, percebe que escolhera o próprio destino justamente ao tentar fugir dele. Como na máxima de La Rochefoucauld destacada no Capítulo 2, uma vez que a verdade não pode ser olhada diretamente, apenas de forma oblíqua se pode ter acesso a ela. O efeito de verdade ofusca e arde. Uma verdade se produz por meio de seu próprio velamento, *re-velada*.

Em relação a *Antígona*, a fina ironia sofocliana se faz notar sobretudo na passagem que concerne aos versos 385-425, conhecida como "Ode ao homem". Trata-se de uma ode coral que precede o momento em que a princesa tebana é trazida à presença do governante de Tebas, quando então se dará o embate entre esses dois personagens em torno do ato perpetrado por Antígona. O canto coral é, à primeira vista, uma espécie de hino de louvor ao engenho humano, às suas realizações e conquistas, ao seu inequívoco domínio sobre a natureza; enfim, à supremacia humana. No entanto, é impossível não evocar a fina ironia ali contida: o coro louva as inúmeras conquistas empreendidas pelo homem momentos antes da queda da heroína trágica, condenada à morte pela transgressão ao decreto real.

Nas palavras do coro ressoa a advertência de que, impotente em relação à morte, as decantadas qualidades do homem, *ánthropos* – esse assombro da natureza –, têm pouca serventia. Frente à morte, o homem se encontra irremediavelmente desamparado. Eis os versos de Sófocles:

> Há muitas maravilhas, mas nenhuma/é tão maravilhosa quanto o homem./Ele atravessa, ousado, o mar grisalho,/impulsionado pelo vento sul/tempestuoso, indiferente às vagas/enormes na iminência de abismá-lo;/e exaure a terra eterna, infatigável,/deusa suprema, abrindo-a com o arado/em sua ida e volta, ano após ano,/auxiliado pela espécie equina./Ele captura a grei das aves lépidas/e as gerações dos animais selvagens:/e prende a fauna dos profundos mares/nas redes envolventes que produz,/homem de engenho e arte inesgotáveis./Com suas ar-

* De acordo com Knox, essa frase também significa "os oráculos provaram ser verdadeiros" (B. Knox, *Édipo em Tebas*, p.117). Mais uma vez a dimensão de equivocidade da linguagem – a chamada ironia sofocliana – desdobra o significado da frase, sem indicar o sentido.

madilhas ele prende/a besta agreste nos caminhos íngremes;/e doma o potro de abundante crina,/pondo-lhe na cerviz o mesmo jugo/que amansa o fero touro das montanhas./Soube aprender sozinho a usar a fala/e o pensamento mais veloz que o vento/e as leis que disciplinam as cidades,/e a proteger-se das nevascas gélidas,/ duras de suportar a céu aberto,/e das adversas chuvas fustigantes;/*ocorrem-lhe recursos para tudo/e nada o surpreende sem amparo*;/somente contra a morte clamará/em vão por socorro, embora saiba/fugir até de males intratáveis./Sutil de certo modo na inventiva/além do que seria de esperar,/e na argúcia, que os desvia às vezes/para a maldade, às vezes para o bem,/se é reverente às leis de sua terra/e segue sempre os rumos da justiça/jurada pelos deuses ele eleva/à máxima grandeza a sua pátria./Nem pátria tem aquele, que, ao contrário,/adere temerariamente ao mal;/jamais quem age assim seja acolhido/em minha casa e pense igual a mim![4]

Já no primeiro verso percebe-se a presença da ironia trágica, pois o autor trágico utiliza a palavra *deinon* para predicar o homem (aqui, Sófocles utiliza o substantivo genérico *ánthropos*, e não *brótos*) cujo significado não é unívoco, tendo sido traduzida por Kury como "maravilha". Essa também é a tradução proposta por Mazon: "*Il est bien des merveilles en ce monde,/il n'en est pas de plus grande que l'homme.*"[5] Não obstante, o termo grego *deinon* é polissêmico, podendo significar tanto "prodígio" quanto "assombro". Essa última acepção foi adotada por Flores Pereira em sua tradução do referido verso de Sófocles: "Há muitos assombros,/mas nada tão assombroso/quanto o homem."[6] A tradução proposta por Gibbons e Segal é semelhante, uma vez que a escolha recai sobre *wonder**: "*At many things – Wonders,/Terrors – we feel awe,/But at nothing more/ Than a man.*"[7] Lauxerois, por sua vez, propõe o adjetivo *effrayant*** ("extraordinário" e também "assustador") a título de tradução para *deinon*: "*Innombrable l'effrayant, mais rien/N'est plus effrayant que l'homme.*"[8] Já Almeida traduz *deinon* por "milagre" – "Muitos milagres há, mas o mais portentoso é o homem."[9]

A tradução efetuada por Lacan em seu seminário sobre a ética da psicanálise – "Há muitas coisas formidáveis no mundo, mas não há nada mais formidável do que o homem"[10] – remete àquela proposta por Lauxerois, uma vez

* *Wonder*: termo polissêmico que pode significar tanto "maravilha", "prodígio", "milagre" quanto "espanto", "assombro".

** "*Effrayant*: 1) Qui inspire ou peut inspirer de la frayeur; 2) Extraordinaire, extrême" (*Le Robert de poche 2009*, p.232).

que o adjetivo *formidable* significa, primordialmente, "*qui inspire une grande crainte; effrayant*".[11] Em português, encontramos significado similar – "terrível", "pavoroso" – na acepção antiga de "formidável". Tudo leva a crer que a escolha de Lacan recaiu sobre o uso antigo desse adjetivo – indicativo da ironia sofocliana presente no referido verso – sem, no entanto, desconsiderar o caráter polissêmico da palavra usada por Sófocles (já que *formidable* também pode significar "extraordinário"). Por conseguinte, o termo utilizado por Sófocles, *deinon* (bem como sua tradução em *formidable*/formidável), é um vocábulo cujo sentido, mais do que ambíguo, é antitético. Vale dizer, carrega em si o seu reverso não complementar, característico da estrutura de linguagem própria ao funcionamento inconsciente, que se manifesta através da dimensão de equivocidade.

Esses versos também mereceram um comentário por parte de Vernant, em que o autor destaca o caráter ambíguo do termo empregado por Sófocles para caracterizar o homem, *ánthropos*. Apesar de reinar absoluto sobre a natureza, o homem não é senhor de si. "Que ser é esse que a tragédia qualifica de *deinós*, ... agente e paciente ao mesmo tempo, culpado e inocente, lúcido e cego, senhor de toda a natureza através de seu espírito industrioso, mas incapaz de governar-se a si mesmo?"[12] De acordo com Knox, os versos pronunciados pelo coro representam a essência do novo espírito político de otimismo em ascensão no século V a.C., contra o qual a ironia sofocliana seria endereçada.[13]

Em um estudo dedicado a *Édipo rei*, o helenista britânico Knox evoca o fato de que Édipo tornou-se *tyrannos* de Tebas ao decifrar o enigma proposto pela Esfinge, cuja resposta correta é, justamente, "o homem" (*ánthropos*). Naquele mesmo século V a.C. – conhecido como o século trágico – o sofista Protágoras, de acordo com o racionalismo crítico emergente, contrapõe a inteligência humana à obscuridade característica da verdade profética. Fez isso através de uma definição surpreendente e radical: "O homem é a medida de todas as coisas: a medida da existência do existente e da não existência do não existente."[14] Essa proposição foi retomada por Platão, por meio da consideração de que o homem é a própria medida da realidade.[15]

É, pois, em relação a essa perspectiva racionalista em ascensão que se dirige a ironia trágica sofocliana. Para o referido helenista, a ode coral em *Antígona* diria respeito à ascensão ao poder do *ánthropos tyrannos*, aquele que tudo domina através do saber. Se o conhecimento* fez de Édipo rei (*tyrannos*) de Tebas – tendo decifrado o enigma proposto pela Esfinge ele ascendeu ao trono e desposou a rainha –, também é a causa de seu infortúnio. Por querer saber mais do que lhe cabe, encontra-se com seu destino. O conhecimento faz do homem aquilo que ele é, senhor do universo.[16] Contudo, é esse mesmo afã de conhecimento – em relação ao mundo e a si próprio – que será responsável pela ruína do herói trágico, exatamente o que ocorre com Édipo.

Em relação ao verso 360 da ode coral em *Antígona*, Lacan destaca a ironia contida na expressão *pantôporos áporos* utilizada por Sófocles em relação ao homem: "*Pantôporos* quer dizer que conhece montes de coisas – ele conhece é coisas, o homem. *Áporos* é o contrário, é quando se está sem recursos e sem meios diante de algo."[17] No aparente paradoxo contido na expressão sofocliana vemos uma espécie de advertência que aponta para o fato de que o conhecimento é um engodo; a condição humana por excelência é o desamparo. *Ánthropos* é aquele que "conhece um monte de coisas", isto é, um sabichão; mas isso não o prepara nem para enfrentar a morte – em relação à qual é impotente –, nem para o ato, diante do qual ele está sempre sem recursos, *áporos*. Não haveria também aí o traço da ironia sofocliana, indicando que o conhecimento é insuficiente para orientar o homem quanto ao que ele deve fazer? É justamente em virtude dessa aporia – nesse caso, falta de recursos e também paradoxo, impasse – inerente à sua condição que ele deverá se engajar no ato, partindo de seu desamparo fundamental, e não daquilo que ele sabe ou domina.

A interpretação de Lacan do texto grego sublinha a ironia trágica presente em Sófocles: "... ele [*ánthropos*] vai *pantôporos*, espertalhão, e *áporos* sempre sacaneado. Ele não perde uma. ... só há uma coisa da qual ele não se safa, é do caso de Hades."[18] Capaz das mais ousadas e nobres realizações, diante da morte o homem se vê sem recursos, desamparado – esta é a sua condição trágica.

A morte é o modo pelo qual o grego antigo concebe o caráter de precariedade, parcial e contingente – já que finito –, constitutivo do sujeito humano. A morte desenha a fronteira intransponível e irrepresentável entre o mundo dos homens, *brôtoi*, e o campo dos deuses, *athanáthoi*, cuja dimensão de alteridade

---

* Knox ressalta o fato de que o termo grego *oida* ("eu sei") é repetidamente utilizado por Édipo na peça. "Saber" (*oida, oidenai*) é uma palavra formada com a textura do nome de Édipo, *Oedipus* (B. Knox, *Édipo em Tebas*, p.111).

radical cabe ao herói trágico garantir por meio de seu ato e ao preço da própria perda. A dimensão ética está posta. A morte é o senhor absoluto, *Herr*,[19] eis o que, ironicamente, adverte o hino sofocliano em louvor ao homem. A realidade do homem trágico é o desamparo, conforme assinala Dodds.[20] Frente à morte, de nada vale sua prodigiosa inteligência; diante da injunção divina, vê-se convocado a decidir sem poder contar com o terreno firme do conhecimento.

Em seu estudo sobre o herói sofocliano Édipo, Knox recusa à peça *Édipo rei* a denominação de "tragédia de destino", pois esta levaria a supor que a escolha do herói não é livre. O autor, ao contrário, defende a ideia de que não só o herói trágico seria livre, como é inteiramente responsável pela catástrofe. Esta não seria decorrente do destino ou tributária do vaticínio oracular. Antes, a catástrofe de Édipo seria a descoberta da própria identidade, pela qual é o único responsável. Sua obstinação por conhecimento e transparência totais, sua exigência de fundamentação racional, seu afã investigativo são os verdadeiros responsáveis por sua derrocada. Além disso, seu zelo para com o bem-estar da *polis* seria típico do caráter democrático, voltado para o interesse comum.[21] Contudo, conforme a perspectiva psicanalítica, a escolha não é livre, mas, paradoxalmente, forçada; nem por isso o herói trágico (bem como o sujeito) é menos responsável.

De acordo com a interpretação do eminente helenista, Édipo pode não ter escolhido matar o pai e desposar a própria mãe – antes, este é o destino do qual tenta escapar –, mas escolheu saber aquilo que lhe fora *re-velado*. Ao pretender agenciar o próprio destino, desconhecendo sua dimensão de opacidade, sela sua perdição. A saga de Édipo não é uma tragédia de destino, mas da mestria. Justo porque pretende ser livre, livrar-se do jugo do destino vaticinado pelo oráculo, o herói se condena. Não se é livre, mas sim responsável: *Antígona* é o avesso de *Édipo rei*.

O também helenista Dodds assinala a propósito do destino (*moira*) que este é um princípio moralmente neutro. Isto é, contém tanto a noção de "dever moral" quanto a de um "dever ligado à probabilidade".[22] É no mínimo surpreendente conceber que a questão referente ao destino encontra-se relacionada à problemática do dever, de ordem moral. De acordo com sua proposição, o destino, como princípio moralmente neutro, não destina ao bem ou ao mal; cabe ao homem escolher. Do mesmo modo, como dever ligado à probabilidade, exclui de seu princípio a ordem da necessidade. Assim, onde o helenista assinala a questão da probabilidade, poderíamos considerá-la em termos de contingência. Ali onde o homem tropeça no real – *tikhé* –, deverá se responsabilizar. De qualquer forma, o paradoxo está colocado: considerar o destino enquanto relacionado à contingência implica supor que cabe ao homem dar um destino ao próprio destino.

A questão referente ao destino é retomada por Lacan a propósito do tratamento analítico, e, ao se interrogar sobre aquilo que o sujeito busca na análise, sentencia de modo impactante:

> Ele vem buscar o que ele tem para encontrar, ou, mais exatamente, se ele busca, é porque existe algo a encontrar. E a única coisa que há para ele a ser encontrada, propriamente falando, é o tropo por excelência, o tropo dos tropos, o que se chama seu destino.[23]

Como compreender essa desconcertante formulação? O próprio Lacan duvida da proposição de que a psicanálise levaria a uma introdução do sujeito ao próprio destino, o que a colocaria (a análise) em uma posição demiúrgica que nunca teria sido a sua.[24] Mas também adverte que não se poderia esquecer a relação que existe entre a análise e algo que é da ordem da figura – como se diz, figura do destino ou ainda figura de retórica –, pois, caso isso acontecesse, nada menos do que as origens da psicanálise teriam sido esquecidas, "... pois ela nem mesmo poderia ter dado um passo sem essa relação".[25]

De uma parte, se aquilo que um sujeito busca na análise é o próprio destino, é porque dele se encontra apartado, ao contrário do que se passa com o herói trágico. Isto é, em sua condição de sujeito moderno, foracluído pelo advento da ciência, ele procura um tratamento psicanalítico para curar-se de seu sintoma – no limite, da própria dimensão inconsciente. De acordo com Lacan, a descoberta freudiana teria ensinado a ver no sintoma uma figuração que tem relação com a figura do destino.[26] No que diz respeito ao sujeito moderno, separado de sua condição trágica, a figura do destino retornaria sob a face do sintoma, enigma endereçado ao Outro. Os deuses, enquanto presença real da dimensão de alteridade, foram calados pelo advento da ciência. Constitutiva do *ethos* trágico, essa presença real poderá ser reencontrada em relação à dimensão inconsciente e ao desejo por ela articulado.

De outra parte, o destino enquanto "tropo dos tropos" seria, assim, uma metáfora (tropo por excelência) do desamparo irremediável e estrutural, *Hil-*

flosigkeit, condição do sujeito do significante. Tributário do campo da palavra e da linguagem, não há nada que possa dizer ao sujeito o que ele é, menos ainda qual seria o seu lugar no mundo, uma vez que ele não é senão aquilo que um significante representa para outro significante – no qual o sujeito não está, justamente, representado.

Determinado pelo campo da linguagem, interpelado pelo desejo do Outro – "*Che vuoi*?" –, cabe ao sujeito tomar lugar ali onde ele não é mestre, não é senhor em sua própria morada, responsabilizando-se por aquilo mesmo que o ultrapassa, advindo em perda. Essa é a sua condição trágica, a única a ser (re)encontrada numa análise. Advir exatamente onde ele não é, mas onde isso era, eis a injunção ética à qual o sujeito se vê convocado a responder: *Wo es war, soll Ich werden*. A desolação, o nível do desarvoramento absoluto no qual o sujeito não deve esperar a ajuda de ninguém, esta é a realidade última da condição humana.[27] Assim, o destino com o qual o sujeito moderno vem se encontrar em uma análise é sua condição objetal, aquela que o herói trágico testemunha em perda.

Diante do acossamento da cessão do objeto, o sujeito cede de seu desejo, refugiando-se no paradoxal conforto da neurose. Por pretender evitar o destino vaticinado por Apolo, Édipo encontra-se com sua própria perdição – incesto e parricídio –, que o leva a dizer, ao final: "antes, não ter nascido." Uma vez tendo nascido, o sujeito humano tem por destino o desamparo, é esta a sua condição estrutural e constitutiva da qual ele deverá, arrancando da angústia a sua certeza, lançar-se ao ato.[28]

Ao final do seminário sobre a ética da psicanálise, Lacan afirma ter proposto como eixo em torno do qual girou seu comentário sobre a *Antígona* de Sófocles aquele "onde se abre a questão de saber *quais são as consequências éticas gerais que a relação com o inconsciente, tal como foi aberto por Freud, comporta*".[29] Na dimensão ética – aquela que a tragédia apresenta em ato – um real se impõe e o sujeito advém em perda. Essa experiência é insofismável. Fora dessa dimensão, restaria ao sujeito apenas a indecidível dúvida hamletiana – *to be, or not to be*? –, em que a vida não seria mais do que uma peça dentro de uma peça, *mise en abîme* estendendo-se ao infinito, pregando uma peça.[30] Ou então a permanente sensação de que a vida é sonho, isto é, um devaneio sem consistência nem ponto de basta.

Como magistralmente sintetizado nas palavras do poeta:

> A guerra sem mercê, indefinida prossegue, feita de negação, armas de dúvida, táticas a se voltarem contra mim, teima interrogante de saber ... se existimos ou somos todos uma hipótese de luta ao sol do dia curto em que lutamos.[31]

A ética da psicanálise, a contrapelo do pensamento, é indissociável do ato. Se o desejo é, conforme assinalado por Freud, indestrutível, vale dizer, se escapa à determinação (e à ação) do tempo, seu tempo não é quando, mas já. O tempo do desejo é em ato.

Notas

Introdução (p.11-22)

1. "*That willing suspension of disbelief for the moment, which constitutes poetic faith*", in S.T. Coleridge, *Bibliografia literária*, apud J.L. Borges, *Esse ofício do verso*, p.148.
2. S. Freud, "Sobre o início do tratamento", p.167-83.
3. J. Lacan, "A ciência e a verdade", in *Escritos*, p.873-5.
4. O termo grego *philia* é polissêmico, podendo significar tanto "amor", "amizade", "afeto", "ligação íntima" e "apego" como "apreço".
5. J. Lacan, *O Seminário*, livro 2, *O eu na teoria de Freud e na técnica da psicanálise*, p.278.
6. "O neurótico, de fato, está num caminho que tem certo parentesco com o que o filósofo articula, ou, pelo menos, com o que deveria articular, porque, na verdade, esse problema do desejo, porventura vocês já o viram articulado efetivamente, e cuidadosamente, e corretamente, e poderosamente, na via do filósofo? Até hoje, o que me parece uma das coisas mais características da filosofia é que isso é o que há de mais cuidadosamente evitado em seu campo" (J. Lacan, *O Seminário*, livro 5, *As formações do inconsciente*, p.445).
7. J. Lacan, "Subversão do sujeito e dialética do desejo no inconsciente freudiano", in *Escritos*, p.828.
8. J. Lacan, *O Seminário*, livro 7, *A ética da psicanálise*, p.302.
9. Ibid., p.365-7.
10. J. Lacan, *O Seminário*, livro 11, *Os quatro conceitos fundamentais da psicanálise*, p.47.
11. J. Lacan, "A terceira", *Cadernos Lacan*, vol.2, p.44.
12. J. Lacan, *O Seminário*, livro 7, *A ética da psicanálise*, p.364.
13. J. Lacan, *L'acte psychanalytique*. Lição de 20 mar 1968, tradução livre. Inédito.
14. J. Lacan, *O Seminário*, livro 7, *A ética da psicanálise*, p.324, 339 e 357.
15. S. Freud, "Sobre a psicoterapia", p.270.
16. J. Lacan, *O Seminário*, livro 7, *A ética da psicanálise*, p.363.

1. Função real da tragédia antiga (p.23-59)

1. A saber, o homem grego. Excluem-se dessa definição: mulheres, crianças, estrangeiros (metecos) e escravos (em sua maior parte, prisioneiros de guerra).
2. S. Saïd, M. Tredé e A. Le Boulluec, *Histoire de la littérature grecque*, p.144-5, tradução livre.

3. Ibid., p.146.
4. B. Knox, *The Heroic Temper*, tradução livre.
5. S. Saïd, M. Tredé e A. Le Boulluec, op.cit., p.146-7, tradução livre.
6. Ibid., p.148.
7. Ibid., p.150.
8. Ibid., p.150-1.
9. Ibid., p.151.
10. Sófocles, *Antígona*, tradução de Flores Pereira, p.43-4.
11. N. Bignotto, *O tirano e a cidade*, p.20-71.
12. G. Steiner, *A morte da tragédia*, p.XVIII.
13. Ibid., p.1-5.
14. Ibid., p.4.
15. J.-P. Vernant, *Mito e pensamento entre os gregos*, p.37.
16. J. Lacan, *O Seminário*, livro 7, *A ética da psicanálise*, p.389.
17. J.-P. Vernant e P. Vidal-Naquet, *Mito e tragédia na Grécia antiga*, p.10, grifos meus.
18. Literalmente, "diferentes palavras" (ou argumentos). Em retórica, trata-se de uma prática que consiste em interrogar (ou debater) os dois lados de uma matéria ou problema. De acordo com Vernant, "o processo dos *Dissoì Lógoi*, os discursos duplos, contrapondo a cada questão considerada duas teses contrárias, marca uma primeira tentativa de dar forma a argumentações que se excluem mutuamente" (J.-P. Vernant e P. Vidal-Naquet, op.cit., p.87).
19. J. Lacan, *O Seminário*, livro 8, *A transferência*, p.113, grifo meu.
20. Ibid., p.262, grifos meus.
21. J. Lacan, *O Seminário*, livro 7, *A ética da psicanálise*, p.389.
22. Idem.
23. Ibid., p.376.
24. J. Lacan, *O Seminário*, livro 8, *A transferência*, p.276.
25. C. Mossé, *Dicionário da civilização grega*, p.9-13.
26. J.-P. Vernant e P. Vidal-Naquet, op.cit., p.17.
27. J. De Romilly, *La tragédie grecque*.
28. S. Saïd, M. Tredé e A. Le Boulluec, op.cit.
29. P. Demont e A. Lebeau, *Introduction au théâtre grec antique*.
30. Ibid., p.26.
31. J.-P. Vernant e P. Vidal-Naquet, op.cit., p.1-2.
32. Ibid., p.158-9.
33. Ibid., p.1-2.
34. S. Saïd, M. Tredé, A. Le Boulluec, op.cit., p.128.
35. J.-P. Vernant e P. Vidal-Naquet, op.cit., p.16.
36. P. Demont e A. Lebeau, op.cit., p.37-43.
37. S. Saïd, M. Tredé, A. Le Boulluec, op.cit., p.119-20.
38. J.-P. Vernant e P. Vidal-Naquet, op.cit., p.159.
39. Ibid., p.15.
40. G. Steiner, *A morte da tragédia*, p.137-9.

41. Ibid., p.140.
42. Ibid., p.138-40.
43. Ibid., p.140.
44. Ibid., p.139.
45. Idem.
46. J. Lacan, *O Seminário*, livro 17, *O avesso da psicanálise*, p.58.
47. S. Freud, *Estudos sobre a histeria*, p.363.
48. G. Steiner, op.cit., p.142.
49. S. Saïd, M. Tredé, A. Le Boulluec, op.cit., p.131.
50. J.-P. Vernant e Paul Vidal-Naquet, op.cit., p.12-3.
51. F. Nietzsche, *Introdução à tragédia de Sófocles.*
52. F. Nietzsche, *A origem da tragédia.*
53. J.-P. Vernant e P. Vidal-Naquet, op.cit., p.12, 13 e 159.
54. J. Lacan, *O Seminário*, livro 7, *A ética da psicanálise*, p.300.
55. Ibid., p.306.
56. Ibid., p.305.
57. S. Saïd, M. Tredé, A. Le Boulluec, op.cit., p.121-9.
58. Ibid., p.130, grifo meu, tradução livre.
59. J.-P. Vernant e P. Vidal-Naquet, op.cit., p.214.
60. J. Lacan, *L'acte psychanalytique*. Lição de 10 jan 1968, tradução livre. Inédito.
61. J.-P. Vernant e P. Vidal-Naquet, op.cit., p.214.
62. Ibid., p.214-5.
63. Ibid., p.160.
64. Ibid., p.160-1.
65. Idem.
66. Idem.
67. J. De Romilly, op.cit.
68. P. Demont e A. Lebeau, op.cit.
69. K.H. Rosenfield, introdução e notas a *Antígona* de Sófocles.
70. Ibid., p.101.
71. N. Bignotto, op.cit., p.22.
72. Ibid., p.48-9.
73. Ibid., p.49-50.
74. Ibid., p.75.
75. Ibid., p.49.
76. J.-P. Vernant e Paul Vidal-Naquet, op.cit., p.XXI.
77. Ibid., p.215, grifo meu.
78. J. Alaux, *Le liège et le filet*, p.14.
79. J. Lauxerois, tradução, apresentação, notas e posfácio de *Antigone*, p.6, grifo meu, tradução livre.
80. J.-P. Vernant e P. Vidal-Naquet, op.cit., p.45-6, grifos meus.
81. F. Nietzsche, *Introdução à tragédia de Sófocles*, p.37.
82. J. Lacan, *O Seminário*, livro 7, *A ética da psicanálise*, p.21.

83. J. Lacan, *O Seminário*, livro 2, *O eu na teoria de Freud e na técnica da psicanálise*, p.279-80, grifo meu.
84. J. Lacan, *O Seminário*, livro 11, *Os quatro conceitos fundamentais da psicanálise*, p.122.
85. J. Lacan, *O Seminário*, livro 2, *O eu na teoria de Freud e na técnica da psicanálise*, p.280, grifos meus.
86. Idem.
87. Ibid., p.281.
88. J. De Romilly, op.cit., p.174, tradução livre.
89. J.-P. Vernant e P. Vidal-Naquet, op.cit., p.21.
90. Idem.
91. J. Lacan, *O Seminário*, livro 7, *A ética da psicanálise*, p.321.
92. J. De Romilly, op.cit., p.173, tradução livre.
93. J. Lacan, *O Seminário*, livro 11, *Os quatro conceitos fundamentais da psicanálise*.
94. J. De Romilly, op.cit., p.20, tradução livre.
95. Ibid., p.22.
96. J. Lacan, *O Seminário*, livro 2, *O eu na teoria de Freud e na técnica da psicanálise*, p.298-302.
97. J. De Romilly, op.cit., p.171-2, tradução livre.
98. S. Freud, *Conferência XXXI*: "A dissecção da personalidade psíquica", p.102.
99. J. Lacan, *O Seminário*, livro 11, *Os quatro conceitos fundamentais da psicanálise*, p.35.
100. Ibid., p.48.
101. Ibid., p.34.
102. J. Lacan, "A instância da letra no inconsciente ou a razão desde Freud", in *Escritos*, p.525.
103. J. Lacan, *O Seminário*, livro 7, *A ética da psicanálise*, p.321.

2. *Antígona* e o desejo como dever ético (p.60-107)

1. J. Lacan, *O Seminário*, livro 7, *A ética da psicanálise*, p.375-6.
2. C. Segal, "Lament and closure in *Antigone*" in *Sophocles' Tragic World*, p.183.
3. Assim como outras seis tragédias de Sófocles, *Antígona* sobreviveu através de diversos manuscritos bizantinos, cujas datas aproximadas vão dos séculos X ao XV. Portanto, entre o original sofocliano e esses primeiros manuscritos há um hiato de cerca de 1.500 anos. Até chegarem à forma dos manuscritos medievais, os textos foram copiados e editados inúmeras vezes, e esse processo resultou em erros e mesmo corrupções do original impossíveis de serem inteiramente corrigidos (Ibid., p.187).
4. Ibid., p.184-5.
5. N. Loraux, "La main d'Antigone". Posfácio à tradução de Paul Mazon de *Antigone* de Sófocles, p.IX.
6. Cf. a Introdução de M.G. Kury à *Trilogia tebana*, p.8-18: "Laio (*Laios*), filho de Lábdaco (*Lábdacos*) nutrira em sua juventude uma paixão mórbida por Crísipo (*Crísipos*), filho de Pêlops, inaugurando, assim, segundo alguns autores gregos, os amores

homossexuais. Laio raptou Crísipo e foi amaldiçoado por Pêlops, que desejou a Laio o castigo de morrer sem deixar descendentes. Esse detalhe entrelaça as famílias dos Labdácidas e dos Atridas – as preferidas dos tragediógrafos gregos –, pois Pêlops era pai de Atreu e, portanto, avô de Agamêmnon."

7. K.H. Rosenfield, *Sófocles & Antígona*, p.67-8.
8. J.-J. Maffre, *A vida na Grécia clássica*, p.160-1.
9. C. Segal, op.cit., p.9.
10. J. Lauxerois, introdução, apresentação, notas e posfácio a *Antigone*, p.93.
11. J.-P. Vernant e P. Vidal-Naquet, *Mito e sociedade na Grécia antiga*, p.104-6.
12. Ibid., p.109-10, 113-4.
13. J. Lauxerois, op.cit.
14. J.-P. Vernant e P. Vidal-Naquet, op.cit., p.45-6.
15. S. Saïd, *La faute tragique*, p.364, tradução livre.
16. C. Segal, op.cit., p.10.
17. Sófocles, *Antígona*, tradução de Mario da Gama Kury, p.214.
18. B. Knox, *The Heroic Temper*, p.94, tradução livre.
19. Ibid., p.97.
20. Ibid., p.97-107, grifo meu.
21. J. Lacan, op.cit., p.311.
22. Idem.
23. Sófocles/M.G. Kury, *A trilogia tebana – Antígona*, p.198, grifo meu. As diferentes traduções desses versos não variam substantivamente, conforme se observa: "Sim, a nós duas, vês? Até a mim também!" (Sófocles/G. Almeida e T. Vieira, *Três tragédias gregas – Antígone*, p.50); "Para ti e para mim. Pasma, até para mim!" (Sófocles/L. Flores Pereira, *Antígona* p.28); "*À toi comme à moi – je dis bien, à moi*!" (Sophocle/Mazon, *Antigone*, p.5); "*To you and me – to me, to me he says it*!" (Sophocles/R. Gibbons e C. Segal, *Antigone*, p.54); "*À toi et à moi – oui, je dis bien: et à moi*" (J. Lauxerois, op.cit., p.10).
24. J. Lacan, op.cit., p.35.
25. J. Lacan, *L'acte psychanalytique*. Lição de 10 jan 1968. Inédito.
26. J. Lacan, *O Seminário*, livro 7, *A ética da psicanálise*, p.315.
27. J. Lacan, *O Seminário*, livro 10, *A angústia*, p.345.
28. Sófocles/G. Almeida, *Antígona*, p.62.
29. Sófocles/L. Flores Pereira, *Antígona*, p.49.
30. K.H. Rosenfield, introdução e notas a *Antígona* de Sófocles, p.121-2.
31. De acordo com J.-P. Vernant, "um deus no sentido próprio, um *théos*, ele é ao mesmo tempo muitas coisas diferentes oriundas, a nossos olhos, de domínios inteiramente distintos ou opostos: o mundo da natureza, o mundo social, o mundo humano, o mundo sobrenatural" (J.-P. Vernant e P. Vidal-Naquet, op.cit., p.91).
32. Ibid., p.92.
33. Etimologicamente, no substantivo próprio "Zeus" se encontra o sentido de "brilhar" (Ibid., p.90).
34. F. Hölderlin e J. Beaufret, *Hölderlin e Sófocles*, p.40-1.
35. Ibid., p.41, grifo meu.

36. Ibid., p.42.
37. J. Lauxerois, op.cit., p.109-10, grifos meus, tradução livre.
38. Ibid., p.110, grifo meu, tradução livre.
39. J. Lacan, *O Seminário*, livro 7, *A ética da psicanálise*, p.336.
40. Idem, grifo meu.
41. Ibid., p.318-9.
42. R.E. Doyle, *ATH – Its Use and Meaning*, p.1.
43. J. Lacan, op.cit., p.389.
44. J. Lacan, *L'acte psychanalytique*. Inédito.
45. Ibid., lição de 20 mar 1968.
46. J. Lacan, *O Seminário*, livro 7, *A ética da psicanálise*, p.336.
47. Ibid., p.360.
48. Ibid., p.376.
49. Ibid., p.385.
50. Ibid, p.300.
51. J. Lacan, "Subversão do sujeito e dialética do desejo", in *Escritos*, p.828.
52. M. Buonarroti recusava a qualificação de pintor, definindo-se como escultor. Além da pintura e da escultura, também se dedicou à poesia, sua faceta menos conhecida.
53. M. Buonarroti, *Cartas escolhidas*, p.139.
54. Ibid., p.125-7.
55. B. Knox, op.cit., p.99, grifo meu, tradução livre.
56. J. Lauxerois, op.cit., p.110, grifo meu, tradução livre.
57. Compaixão: etimologicamente, o sentimento que decorre do fato de se compartilhar um mesmo *pathos* – a saber, o destino mortal.
58. O substantivo francês *communauté* significa tanto "grupo social em que os membros vivem juntos e têm interesses comuns" como "caráter do que é comum" (*Le Robert de poche 2009*, p.137). Quanto ao que nos interessa destacar, propomos considerar o termo polissêmico *comunnauté* a que se refere Lauxerois a título de modalidade de laço social característica da Antiguidade grega, bem como ao traço comum da mortalidade característico do mundo humano.
59. J. Lauxerois, op.cit., p.6, grifo meu, tradução livre.
60. J.-P. Vernant e P. Vidal-Naquet, op.cit., p.97.
61. J.-P. Vernant observa que no sacrifício aos deuses cabe a estes apenas a fumaça exalada pela queima dos ossos não comestíveis, uma vez que vivem de odores e perfumes e não têm contato com o corruptível. O homem, ao comer a carne, decreta sua própria sentença de morte: "Se eles se comprazem em devorar a carne de um bicho a quem a vida abandonou, se têm uma imperiosa necessidade de alimento, é que sua fome jamais mitigada, sempre renascente, é a marca de uma criatura cujas forças pouco a pouco se desgastam e se esgotam, condenada à fadiga, ao envelhecimento e à morte" (J.-P. Vernant P. Vidal-Naquet, op.cit., p.63).
62. Idem.
63. Ibid., p.101.
64. S. Freud, "Reflexões para os tempos de guerra e morte", p.328-9 e 335.

65. J. Lauxerois, op.cit., p.107.
66. Latte apud E.R. Dodds: *Os gregos e o irracional*, p.69.
67. J. Lauxerois, op.cit., p.94, tradução livre.
68. Lauxerois traduz, in *Antigone*, o termo grego *deinon* por *effrayant*. Segal, contudo, assinala a ambiguidade intrínseca ao termo: *deinon* significaria tanto *wonderful* ("maravilha"/"maravilhoso") como *fearful* ("temível"), *strange* ("estranho"), *terrible* ("terrível"), *uncanny* ("sinistro") (C. Segal e R. Gibbons, op.cit., p.26). Adotaremos a tradução proposta por Flores Pereira, in *Antígona*: "assombro", que contempla os diferentes significados de "prodígio, admiração", e também de "terror", "pavor".
69. J. Lauxerois, op.cit., p.92, grifo meu, tradução livre.
70. J. Lacan, "Subversão do sujeito e dialética do desejo", in *Escritos*, p.818.
71. A. Teixeira, *O topos ético da psicanálise*, p.81.
72. J. Lacan, *O Seminário*, livro 7, *A ética da psicanálise*, p.339.
73. J. Lacan, *D'un discours qui ne serait pas du semblant*, p.10, tradução livre.
74. J. Lacan, *O Seminário*, livro 11, *Os quatro conceitos fundamentais da psicanálise*, p.201.
75. B. Knox, op.cit., p.114, tradução livre.
76. J. Lacan, *O Seminário*, livro 7, *A ética da psicanálise*, p.339.
77. Ibid., p.337-8, grifo meu.
78. J. Lacan, *L'acte psychanalytique*. Lição de 17 jan 1968, tradução livre. Inédito.
79. Haja vista a questão do patronímico, sobrenome formado a partir do nome próprio (prenome) do pai indicando a filiação, bem como a posição ocupada na linhagem patrilinear.
80. J. Lacan, *O Seminário*, livro 7, *A ética da psicanálise*, p.338, grifo meu.
81. Ibid.
82. J. Lauxerois, op.cit., p.111.
83. Ibid, p.112, tradução livre.
84. Ibid., p.111, tradução livre.
85. J. Lacan, op.cit., p.320.
86. J. Lauxerois, op.cit., p.114, tradução livre.
87. K.H. Rosenfield, *Sófocles & Antígona*, p.32.
88. B. Knox, op.cit., p.42.
89. J. Lauxerois, op.cit., p.114, tradução livre.
90. Idem.
91. J. Lacan, op.cit., p.353.
92. Ibid., p.370.
93. Ibid., p.357, grifo meu.
94. O substantivo utilizado por Lacan é *éblouissement*, que também poderia ser traduzido por "ofuscamento". Na tradução brasileira optou-se por "resplandecimento" (Ibid., p.354).
95. J. Lacan, op.cit., p.353.
96. Ibid., p.354.
97. Idem.
98. Ibid., p.344.

99. J. Lauxerois, op.cit., p.115, tradução livre.
100. Ibid., p.119-20, grifo meu, tradução livre.
101. J. Lacan, "A terceira", p.44.
102. Os versos iniciais desse solilóquio da heroína trágica serão discutidos no Capítulo 3.
103. Ver Capítulo 3 do presente volume.
104. J. Lauxerois, op.cit., p.114.
105. Sófocles/M.G. Kury, *A trilogia tebana - Antígona*, p.234.
106. Trata-se das Moiras, deusas do destino: Cloto ("fiandeira") tece o fio da vida, Láquesis ("distribuidora") trama a sua extensão, e a implacável Átropos ("aquela que não pode voltar atrás") o corta (Cf. B. Knox, notas a *Odisseia*, p.551).
107. B. Knox, *The Heroic Temper*, p.79, tradução livre.
108. Ibid., p.80, grifo meu.
109. *Demos*: povoado da antiga Ática.
110. J. Lacan, *O Seminário*, livro 7, *A ética da psicanálise*, p.335.
111. Ibid., p.389.
112. Ibid., p.337-8.
113. Ibid., p.338, grifo meu.
114. J. Lacan, *O Seminário*, livro 10, *A angústia*, p.56.
115. J. Lacan, *O Seminário*, livro 7, *A ética da psicanálise*, p.336, grifo do original.
116. J. Lauxerois, op.cit., p.99, tradução livre.
117. Ibid., p.106, grifo meu, tradução livre.
118. Ibid., p.99, tradução livre.
119. Ibid., p.102, grifo meu, tradução livre.
120. J. Lacan, *O Seminário*, livro 7, *A ética da psicanálise*, p.313.
121. Ibid., p.313.
122. Idem.
123. Ibid., p.35.
124. Ibid., p.313-4.
125. Ibid., p.300.
126. Ibid., p.324.
127. Ibid., p.312.
128. "Quero dizer que, em si mesmo, o desejo é articulado na medida em que está ligado à presença do significante no homem. Isso não significa, entretanto, que ele seja articulável" (J. Lacan, *O Seminário*, livro 5, *As formações do inconsciente*, p.341).
129. J. Lacan, *O Seminário*, livro 7, *A ética da psicanálise*, p.300.
130. Ibid., p.354.
131. Ibid., p.387.
132. Ibid., p.385, grifo meu.
133. B. Knox, op.cit., p.115, tradução livre.
134. S. Freud, "Dostoievski e o parricídio", p.217.
135. B. Knox, op.cit., p.57, grifo meu, tradução livre.
136. "*Flectere si nequeo* superos, *Acheronta movebo*" ("Se não posso dobrar os poderes superiores, moverei as regiões infernais"), apud S. Freud, *Interpretação de sonhos*, p.647.

3. Responsabilidade trágica e lei em ato (p.108-50)

1. J. De Romilly, *La loi dans la pensée grecque*, p.42.
2. O adjetivo "bárbaro" significa, em sua primeira acepção, "incivilizado", "selvagem", "inculto". Para o grego antigo, designava todo aquele que não falava o idioma grego e cuja fala, portanto, se assemelhava a um balbucio ininteligível, caracterizando uma palavra sem efetividade.
3. J. De Romilly, op.cit., p.1.
4. J.-P. Vernant e P. Vidal-Naquet, *Mito e religião na Grécia antiga*, p.7.
5. J. De Romilly, op.cit., p.2.
6. E.R. Dodds, *Os gregos e o irracional*, p.41-52.
7. Benveniste apud J. De Romilly, *La loi dans la pensée grecque*, p.1.
8. De acordo com De Romilly, no período micênico os gregos utilizavam uma espécie de silabário que teria desaparecido com a derrocada dessa civilização, sendo substituído por um alfabeto derivado do fenício e modificado pelos gregos através da introdução das vogais (J. De Romilly, op.cit., p.11).
9. J.-P. Vernant e P. Vidal-Naquet, op.cit., p.15.
10. J. De Romilly, op.cit., p.11, grifo meu, tradução livre.
11. Ibid., p.13, tradução livre.
12. Ibid., p.14, grifo meu, tradução livre.
13. Cf. a importante distinção efetuada por B. Knox apresentada no Capítulo 2 entre as *nomoi* (leis) proclamadas por Creonte e as *nomima* (leis não escritas – usos, costumes, hábitos) dos deuses, evocadas por Antígona.
14. Ostwald apud J. De Romilly, op.cit., p.14, 17 e 18, grifo meu, tradução livre.
15. J.-P. Vernant e P. Vidal-Naquet, op.cit., p.94.
16. J. Lacan, *O Seminário*, livro 11, *Os quatro conceitos fundamentais da psicanálise*, p.48.
17. J. De Romilly, op.cit., p.23, grifo meu, tradução livre.
18. Ibid., p.23-4, grifo meu, tradução livre.
19. Ibid., p.24.
20. Idem.
21. Idem.
22. Cf. a discussão empreendida no Capítulo 2 a propósito da distinção efetuada por Knox entre lei escrita (*nomos*), política, e leis não escritas (*nomima*), divinas.
23. J. De Romilly, op.cit., p.25-6, tradução livre.
24. Idem.
25. J. Lacan, *O Seminário*, livro 7, *A ética da psicanálise*, p.336.
26. Ibid., p.335.
27. Ibid., p.389.
28. J. Lacan, *O Seminário*, livro 11, *Os quatro conceitos fundamentais da psicanálise*, p.122.
29. Ibid., p.202.
30. J. De Romilly, op.cit., p.26, tradução livre.
31. Idem.
32. Ibid., p.27, tradução livre.

33. Aristóteles, *Retórica*, apud J. De Romilly, op.cit., p.36, tradução livre.
34. Jones apud J. De Romilly, op.cit., p.47, nota 42, tradução livre.
35. J. De Romilly, op.cit., p.27.
36. Ibid., p.28, tradução livre.
37. Ibid., p.31.
38. Ibid., p.33.
39. Ibid., p.33-4, grifo meu, tradução livre.
40. Ibid., p.36, grifo meu, tradução livre.
41. Ibid., p.37, nota 22. Os mandamentos seriam três, a saber: honrar os deuses, os pais e os hóspedes (*hôtes*) (Ibid., p.36). Vale ressaltar que o termo francês *hôte* designa tanto o hóspede quanto o anfitrião, isto é, aquele que recebemos em nossa casa (ou cidade) e também aquele por quem somos recebidos. A hospitalidade é, assim, um dever que se cumpre inversa e reciprocamente.
42. Ibid., p.42-3, tradução livre.
43. Ibid., p.43-4, grifo meu, tradução livre.
44. Ibid., p.49, tradução livre.
45. Ibid., p.38, tradução livre.
46. Idem, grifos meus, tradução livre.
47. Garante: "pessoa que dá garantia, fiança ou caução; que se faz responsável pelo cumprimento ou realização de alguma coisa" (Cf. www.auletedigital.com.br).
48. Terceira pessoa do singular do verbo ser, conjugado no pretérito imperfeito. No modo indicativo, diz-se do tempo verbal que designa *uma ação ainda não consumada*. Assim, no caso da máxima freudiana, o primeiro termo da locução, *Wo es war*, exige o segundo, *soll Ich werden*, ou seja, aquilo que se consuma apenas pelo ato de advir aí. Não obstante, é apenas por intermédio da retroação (*soll Ich werden*) que o primeiro termo (*Wo es war*) terá consistido enquanto tal.
49. Terceira pessoa do singular do verbo ser, conjugado no pretérito perfeito, tempo verbal que designa uma *ação passada* ou *estado anterior*.
50. J. Lacan, *L'acte psychanalytique*. Lição de 10 jan 1968, tradução livre. Inédito.
51. J. Lacan, "O tempo lógico e a asserção da certeza antecipada", in *Escritos*, p.197-213.
52. A. Lalande, *Vocabulário técnico e crítico da filosofia*, p.959.
53. Littré apud Lalande, op.cit., p.960, grifo do original.
54. A. Lalande, op.cit., p.960, tradução livre.
55. J.-M. Domenach, *La responsabilité*, p.3-4.
56. Em francês, *responsable* e *réponse*, respectivamente.
57. J.-M. Domenach, op.cit., p.4.
58. Idem, grifos meus, tradução livre.
59. No original, "*promettre sur l'honneur*".
60. J.-M. Domenach, op.cit., p.4, tradução livre.
61. O idioma alemão dispõe de seis verbos modais – *dürfen* ("ter permissão para"), *können* ("poder", relativo à capacidade), *möchten* ("querer"), *müssen* ("obrigação moral, social"), *wollen* ("querer"/"ansiar") e, finalmente, *sollen* ("dever ético"). São verbos que, em geral, vêm acompanhados de outros para dar intensidade à frase,

demarcando uma determinada relação entre o sujeito da frase e o verbo principal. No caso da máxima freudiana "*Wo es war, soll Ich werden*", *soll* viria enfatizar *werden* em relação a *Ich*.

62. C. Hoffmann, "'Eu' devo assumir a responsabilidade do inconsciente", p.41-2 e 45.
63. Blondel apud Domenach, *La responsabilité*, p.12.
64. J.-P. Vernant e P. Vidal-Naquet, op.cit., p.8.
65. Idem.
66. Ibid., p.9.
67. Idem.
68. E.R. Dodds, *Os gregos e o irracional*, p.11.
69. K.H. Rosenfield, Introdução e notas a *Antígona*, p.11.
70. J.-P. Vernant e P. Vidal-Naquet, op.cit., p.3, grifos meus.
71. "... morta minha mãe, morto meu pai, jamais/outro irmão meu viria ao mundo. Obedeci/a essas leis quando te honrei mais que a ninguém" (Sófocles/Kury, "Antígona", in *A trilogia tebana*, p.234).
72. J.-P. Vernant e P. Vidal-Naquet, op.cit., p.4, grifo meu.
73. L. Gernet, *Recherches sur le développement de la pensée juridique et morale em Grèce*, p.11.
74. Ibid., p.6, tradução livre.
75. Ibid., p.305 e 307-8.
76. S. Saïd, *La faute tragique*, p.150, grifo meu, tradução livre.
77. Ibid., p.150-1.
78. J. Lacan, *O Seminário*, livro 3, *As psicoses*, p.154.
79. J. Lacan, *O Seminário*, livro 7, *A ética da psicanálise*, p.335, grifo meu.
80. A. Teixeira, *O topos ético da psicanálise*, p.94.
81. J. Lacan, *O Seminário*, livro 11, *Os quatro conceitos fundamentais da psicanálise*, p.47-8, grifo do original.
82. J. De Romilly, op.cit., p.172, grifo meu, tradução livre.
83. J. Lacan, *O Seminário*, livro 7, *A ética da psicanálise*, p.387.
84. Ibid., p.324.
85. Ibid., p.300.
86. Lei de talião: antiga penalidade através da qual se vingava uma injúria ou um delito impondo ao criminoso o mesmo dano ou mal que ele havia praticado – "um olho por um olho, um dente por um dente".
87. S. Saïd, op.cit., p.148-9.
88. E.R. Dodds, op.cit., p.42.
89. S. Saïd, op.cit., p.151.
90. Ibid., p.152.
91. Ibid., p.199, tradução livre.
92. Ibid., p.199-221.
93. Ibid., p.182, tradução livre.
94. O termo latino *alibi* significa, literalmente, "alhures", isto é, em outro lugar. Apelar para um álibi seria, assim, ausentar-se (de responsabilidade) (Cf. P. Rónai, *Não perca o seu latim*, p.23).

95. S. Saïd, op.cit., p.191.
96. De acordo com S. Saïd, *Antígona* deve ser datada de 442 a.C.; já segundo M. da G. Kury, tradutor brasileiro da *Trilogia tebana*, a tragédia sofocliana foi representada pela primeira vez em 441 a.C., em Atenas. As demais peças que compõem a trilogia são *Édipo rei* (430 a.C.) e *Édipo em Colono* (401 a.C.).
97. S. Saïd, op.cit., p.204, grifo meu, tradução livre.
98. Vale lembrar que o substantivo alemão *Schuld* significa tanto "culpa" quanto "dívida". Se o sujeito cede a seu desejo, ele é atormentado pela culpa, conforme assinala Lacan. É apenas na possibilidade de assunção de uma dívida (fundamentalmente aquela que diz respeito ao pecado do pai) que o campo do desejo poderá vir a ser franqueado.
99. S. Saïd, op.cit., p.186, tradução livre.
100. Ibid., p.214, tradução livre.
101. B. Knox, *Édipo em Tebas*, p.30-1.
102. J. Lacan, *O Seminário*, livro 7, *A ética da psicanálise*, p.385.
103. J.-P. Vernant e P. Vidal-Naquet, op.cit., p.XXIII.
104. Idem.
105. Ibid., p.25-6.
106. J. Lacan, *O Seminário*, livro 11, *Os quatro conceitos fundamentais da psicanálise*, p.196.
107. *The Heroic Temper* reúne seis conferências proferidas na Universidade de Berkeley, Califórnia, em 1963. Destas, duas são dedicadas ao herói sofocliano *tout court*, e outras duas exclusivamente à *Antígona*.
108. A encenação trágica, em seus primórdios, contava com a participação de um único ator ou protagonista, além do corifeu e do coro. Ésquilo introduziu o segundo ator (deuteragonista) e Sófocles o terceiro (tritagonista), que interpretam todos os personagens, inclusive as femininas. A consequência imediata da introdução do segundo e do terceiro atores é uma progressiva diminuição da lírica (odes corais) e o aumento dos diálogos. Vale dizer, o confronto entre dois *logos* ou duas ordens de razões.
109. B. Knox, *The Heroic Temper*, p.7, tradução livre.
110. P. Demont e A. Lebeau, *Introduction au théâtre grec antique*, p.111, grifo meu, tradução livre.
111. B. Knox, op.cit., p.32, tradução livre.
112. Ibid., p.5, tradução livre.
113. Ibid., p.52-3.
114. Ibid., p.53-4, tradução livre.
115. J. Lacan, *O Seminário*, livro 11, *Os quatro conceitos fundamentais da psicanálise*, p.48.
116. Sobretudo o notório comentário de Hegel à *Antígona* de Sófocles.
117. *Temper*: temperamento, gênio, índole; em sentido lato, caráter.
118. J. Lacan, *O Seminário*, livro 7, *A ética da psicanálise*, p.35, grifos meus.
119. Há também a perversão e a psicose como modalidades de resposta do sujeito – um sujeito que não é prévio a essa resposta, mas que se constitui por seu intermédio – à injunção colocada pelo desejo. Contudo, entrar no mérito da questão implicaria nos afastar do objetivo deste livro.
120. J. Lacan, op.cit., p.35-6.

121. Ibid., p.35.
122. Definição jurídica de atipicidade: "qualidade do fato que não está coberto pelo direito penal por não se enquadrar em qualquer definição legal."
123. S. Freud, *Totem e tabu*, p.169-75.
124. Aqui, Lacan assinala que "absoluto" também tem o sentido de "desprendimento" (J. Lacan, "Subversão do sujeito e dialética do desejo no inconsciente freudiano", in *Escritos*, p.828).
125. J. Lacan, *O Seminário*, livro 7, *A ética da psicanálise*, p.35.
126. Ibid., p.292, grifo meu.
127. Lacan empreende uma importante discussão assinalando a homologia estrutural entre a lei moral kantiana e a apologia ao crime sadiana. Contudo, adentrar essa discussão implicaria nos distanciarmos do recorte proposto neste estudo, em que pese a relevância da problemática destacada por Lacan. A esse respeito, ver "Kant com Sade", in *Escritos*, p.776-803.
128. J. Lacan, *O Seminário*, livro 7, *A ética da psicanálise*, p.296-300.
129. Ibid., p.302.
130. B. Knox, op.cit., p.62, tradução livre.
131. Ibid., p.8, tradução livre.
132. Níobe: filha do rei frígio Tântalo, que costumava comparar seus sete filhos e filhas aos dois filhos da deusa Leto, Apolo e Ártemis, que, a título de punição, mataram os filhos de Níobe. Esta se transformou em uma rocha que, à guisa de lágrimas de tristeza, vertia água incessantemente (C. Segal, "Lament and closure in *Antigone*", in *Sophocles' Tragic World – Divinity, Nature, Society*, p.193-4).
133. B. Knox, op.cit., p.66-7, tradução livre.
134. J. Lacan, *O Seminário*, livro 7, *A ética da psicanálise*, p.35.
135. Idem.
136. B. Knox, op.cit., p.67, tradução livre.
137. J. Lacan, *O Seminário*, livro 7, *A ética da psicanálise*, p.341.
138. A saber, *autonomos* (que faz a própria lei); *autokheir* (com/por suas próprias mãos); *autognôtos* (que julga ou decide por si mesmo); *autadelphos* (do próprio irmão/irmã; o próprio irmão/irmã); *autogennètos* (nascido do próprio ventre/útero/entranhas); *autopremnos* (com as próprias raízes); *autourgos* (que lavra a própria terra); *autophôros* (que descobre [algo] por si mesmo/pego em flagrante delito); *autoktonêo* (degolar-se/matar-se reciprocamente) (N. Loraux, "La main d'Antigone", posfácio à tradução de Paul Mazon de *Antigone*, p.105).
139. Ibid., p.106, 114-5 e 121.
140. Ibid., p.113.
141. Ibid., p.112.
142. Segundo Loraux, as cinco ocorrências do termo *autokheir* no texto sofocliano atestariam sua importância, conferindo-lhe o estatuto de palavra-chave (Ibid., p.130).
143. "Na Atenas clássica, o suicida não era sepultado sem que [antes] lhe cortassem as mãos, [sem que fosse] julgado culpado por seu ato e destinado a ser enterrado à parte" (Ibid., p.134, tradução livre).

144. Ibid., p.131, grifo meu, tradução livre.
145. J. Lacan, *O Seminário*, livro 7, *A ética da psicanálise*, p.370-1.
146. S. Freud, "Responsabilidade moral pelo conteúdo dos sonhos", in *Algumas notas adicionais sobre a interpretação dos sonhos como um todo*, p.165.
147. S. Freud, "O desenvolvimento da libido e as organizações sexuais", p.387.
148. Idem. Exceção feita ao sentimento inconsciente de culpa inferido por Freud. Este não decorre de um empreendimento consumado, mas, antes, é o seu móbil. Ao cometer um crime, por exemplo, o sujeito não faria mais do que justificar esse sentimento de culpa que se lhe aparece não como culpa, mas como necessidade de punição (S. Freud, "Criminosos em consequência de um sentimento de culpa", in *Alguns tipos de caráter encontrados no trabalho psicanalítico*, p.375-7). Entretanto, aí não se trata de ato, mas de passagem ao ato.
149. J. Lacan, *O Seminário*, livro 7, *A ética da psicanálise*, p.385.
150. J. Lacan, *O Seminário*, livro 11, *Os quatro conceitos fundamentais da psicanálise*, p.222.
151. J. Lacan, *O Seminário*, livro 7, *A ética da psicanálise*, p.377.
152. J. Lacan, "A ciência e a verdade", in *Escritos*, p.873.
153. J. Lacan, *O Seminário*, livro 7, *A ética da psicanálise*, p.385.
154. Ibid., p.382-5.
155. Ibid., p.376.
156. Ibid., p.382, 384-5.
157. Ibid., p.389.
158. J. Lacan, *O Seminário*, livro 11, *Os quatro conceitos fundamentais da psicanálise*, p.136.
159. S. Freud, "Análise terminável e interminável", p.282.

4. Dimensão objetal do sujeito, herói trágico e ética (p.151-208)

1. L.A. Garcia-Roza, *Palavra e verdade na filosofia antiga e na psicanálise*, p.12, 25 e 30.
2. A. Teixeira, *O topos ético da psicanálise*, p.54.
3. Cf. Capítulo 1 do presente volume, nota 18.
4. Uma vez que, de acordo com Koyré, é o advento da ciência moderna que explode o cosmos aristotélico enquanto unidade encerrada em si mesma, dando lugar ao universo concebido como infinito (A. Koyré, *Do mundo fechado ao universo infinito*).
5. A questão sobre a ironia trágica e a equivocidade da linguagem será discutida na Conclusão.
6. J. Lacan, "A terceira", p.43-4.
7. K.H. Rosenfield, *Antígona: de Sófocles a Hölderlin*, p.167-93.
8. Ibid., p.359.
9. Ibid., p.168-70.
10. J. Lacan, *O Seminário*, livro 5, *As formações do inconsciente*, p.341.
11. J. Lacan, *O Seminário*, livro 11, *Os quatro conceitos fundamentais da psicanálise*, p.33-4.
12. Ibid., p.36-7.

13. Ibid., p.30.
14. Ibid., p.34.
15. Frase atribuída ao naturalista francês Georges Louis Leclerc Buffon em seu discurso de posse na Academia Francesa, em 1753. Com essa frase, "Buffon indica que os conhecimentos acrescentados, a novidade das descobertas e outras características que podem ser encontradas numa obra não são garantia de sua permanência. As obras permanentes são as que são bem escritas; são aquelas em que aquilo que se diz está 'fora do homem' (o que significa não marcado pelo próprio homem que as escreve). Em contrapartida, 'o estilo é o próprio homem' (*le style est l'homme même*). Se o homem é 'elevado, nobre, sublime', o autor será igualmente admirado em todos os tempos, pois somente a verdade é duradoura, e até mesmo eterna" (J. Ferrater-Mora, *Dicionário de filosofia*, vol.1).
16. *Stylus* (latim): "ponta afiada".
17. J. Lacan, *Escritos*, p.9-11.
18. J. Lacan, "Subversão do sujeito e dialética do desejo no inconsciente freudiano", in *Escritos*, p.830.
19. Ibid., p.828.
20. Inédito.
21. J. Lacan, *Hamlet por Lacan*, p.53.
22. "*Filet d'oiseleur*", no original.
23. J. Lacan, op.cit., p.18.
24. Ibid., p.44.
25. S. Freud, *Interpretação de sonhos*, p.280-1.
26. J. Lacan, *Hamlet por Lacan*, p.15.
27. J. Lacan, *O Seminário*, livro 7, *A ética da psicanálise*, p.304.
28. "*A thought which,/quarter'd, hath but one part wisdom/And ever three parts coward ...*" (W. Shakespeare, *Hamlet*, ato IV, cena IV).
29. J. Lacan, *L'acte psychanalytique*. Lição de 10 jan 1968, tradução livre. Inédito.
30. J. Lacan, *Hamlet por Lacan*, p.23-34.
31. Ibid., p.74-5.
32. J. Lacan, *O Seminário*, livro 7, *A ética da psicanálise*, p.342.
33. J. Lacan, *Hamlet por Lacan*, p.10.
34. Ibid., p.45.
35. J. Lacan, *O Seminário*, livro 7, *A ética da psicanálise*, p.30.
36. J. Lacan, *L'acte psychanalytique*. Lição de 10 jan 1968. Inédito.
37. J. Lacan, *Hamlet por Lacan*, p.31.
38. Cf. em I. Vorsatz, "Antígona, Descartes e a ética da psicanálise", p.90-107, a discussão empreendida a propósito do *cogito* cartesiano como elemento heterogêneo à ordem de razões instituída através da *démarche* conhecida como dúvida metódica e, nesse sentido, como uma enunciação por meio da qual o sujeito advém em disjunção ao campo do pensamento.
39. J. Lacan, op.cit., p.23.
40. Ibid., p.46, grifos meus.

41. J. Lacan, *L'acte psychanalytique*. Lição de 10 jan 1968. Inédito.
42. J. Lacan, *D'un discours qui ne serait pas du semblant*, p.10, tradução livre.
43. J. Lacan, *Hamlet por Lacan*, p.70, grifo meu.
44. J. Lacan, *L'acte psychanalytique*. Lição de 29 nov 1967, tradução livre. Inédito.
45. S. Freud, "Um estudo autobiográfico", p.79-80.
46. De acordo com Strachey, o debate sobre o desejo incestuoso em *Édipo rei*, de Sófocles, e em *Hamlet*, de W. Shakespeare, já havia sido proposto em uma carta a Fliess datada de 15 de outubro de 1897. Cf. S. Freud, *Interpretação de sonhos*, p.279, nota 1.
47. S. Freud, ibid., p.277.
48. Ibid., p.278.
49. Ibid., p.280-1.
50. S. Freud, "Um estudo autobiográfico", p.79-80.
51. J. Lacan, *O Seminário*, livro 7, *A ética da psicanálise*, p.385.
52. S. Freud, op.cit., p.79.
53. S. Freud, "Esboço de psicanálise", p.235.
54. J. Lacan, *D'un discours qui ne serait pas du semblant*, p.13, tradução livre.
55. S. Freud, "Construções em análise", p.291.
56. Em "Construções em análise" (p.295), Freud opera uma distinção entre interpretação e construção analíticas, afirmando que "'interpretação' aplica-se a algo que se faz a algum elemento isolado do material, tal como uma associação ou uma parapraxia. Trata-se de uma 'construção', porém, quando se põe perante o sujeito da análise um fragmento de sua história primitiva, que ele esqueceu". Não nos deteremos sobre as nuances dessa distinção, uma vez que isso nos distanciaria de nosso objetivo.
57. Ibid., p.294.
58. Ibid., p.295, grifo meu.
59. "*Your bait of falsehood take this carp of truth*" (W. Shakespeare, *Hamlet*, ato II, cena I).
60. Diante do desafio de traduzir corretamente esse termo, preferi mantê-lo no original. Sua tradução para o idioma português ("aparência", "simulacro") remeteria a uma referência platônica, justamente o que se trata de evitar.
61. J. Lacan, *D'un discours qui ne serait pas du semblant*, p.14, grifo meu, tradução livre.
62. Ibid., p.13, grifo do original.
63. J. Lacan, "A instância da letra no inconsciente ou a razão desde Freud", in *Escritos*, p.525.
64. S. Freud, "A negativa", p.295.
65. J. Lacan, "Subversão do sujeito e dialética do desejo no inconsciente freudiano", in *Escritos*, p.815.
66. Ibid., p.816.
67. J. Lacan, *Hamlet por Lacan*, p.46-7.
68. Ibid., p.39.

69. "*We are such stuff/As dreams are made on ...*" (W. Shakespeare, *A tempestade*, ato IV, cena 1, p.1319).
70. J. Lacan, op.cit., p.22.
71. Ibid., p.11.
72. J. Lacan, *O Seminário*, livro 7, *A ética da psicanálise*, p.11, grifo meu.
73. J. Lacan, *D'un discours qui ne serait pas du semblant*, p.12.
74. J. Lacan, *Hamlet por Lacan*, p.67-82.
75. Ibid., p.67-8, grifos meus.
76. Aqui, a referência é, ainda, a Shakespeare, dessa vez à peça *O mercador de Veneza* (1594-97). Nela, o judeu Shylock é autorizado a cobrar uma dívida por meio da extração de uma libra de carne (*a pound of flesh*) do peito de Antonio, o devedor – nem mais nem menos do que isso. Em tempo: a libra (*pound*) é a unidade de medida de massa vigente no Reino Unido, equivalendo a cerca de 500 gramas no sistema decimal.
77. J. Lacan, *D'un discours qui ne serait pas du semblant*, p.18, tradução livre.
78. J. Lacan, "Subversão do sujeito e dialética do desejo no inconsciente freudiano", in *Escritos*, p.821.
79. Cf. J. Lacan, *O Seminário*, livro 17, *O avesso da psicanálise*.
80. J. Lacan, *Hamlet por Lacan*, p.74.
81. Trata-se de um galicismo. Em francês, *forclore* significa "excluir", "rejeitar".
82. J. Lacan, op.cit., p.75.
83. Idem.
84. Ibid., p.74-5.
85. Ibid., p.84-5.
86. Ibid., p.74.
87. Ibid., p.84, grifos meus.
88. Ibid., p.68.
89. J. Lacan, *O Seminário*, livro 10, *A angústia*, p.237.
90. J. Lacan, *Hamlet por Lacan*, p.85.
91. J. Lacan, "Subversão do sujeito e dialética do desejo no inconsciente freudiano", in *Escritos*, p.830.
92. J. Lacan, *O Seminário*, livro 7, *A ética da psicanálise*, p.12, grifo meu.
93. Isto é, tempo e espaço como categorias *a priori* da intuição sensível, conforme postula Kant.
94. J. Lacan, *O Seminário*, livro 11, *Os quatro conceitos fundamentais da psicanálise*, p.35.
95. J. Lacan, "O tempo lógico e a asserção da certeza antecipada", in *Escritos*, p.197-213.
96. J. Lacan, *O Seminário*, livro 11, *Os quatro conceitos fundamentais da psicanálise*, p.47.
97. J. Lacan, "Nota italiana", in *Outros escritos*, p.311.
98. Sofisma: a ser considerado, de acordo com a definição proposta por Lacan, "um exemplo significativo para resolver as formas de uma função lógica no momento

histórico em que seu problema se apresenta ao exame filosófico" (J. Lacan, "O tempo lógico e a asserção da certeza antecipada", in *Escritos*, p.199).
99. Ibid., p.203, grifos do original.
100. Ibid., p.205-6, grifos do original.
101. Ibid., p.206, grifo do original.
102. Idem.
103. Idem.
104. Ibid., p.208-11, grifo do original.
105. W. Shakespeare, *Hamlet*, ato III, cena I.
106. A.C. Rocha, "O impossível do desejo e o desejo do impossível", in *Ética, psicanálise e sua transmissão*, p.153.
107. A.C. Rocha, op.cit., p.153.
108. J. Lacan, *O Seminário*, livro 7, *A ética da psicanálise*, p.370.
109. A.C. Rocha, op.cit., p.156-7.
110. J. Lacan, *O Seminário*, livro 11, *Os quatro conceitos fundamentais da psicanálise*, p.38-47.
111. Para uma exposição detalhada da questão, cf. I. Vorsatz, op.cit., p.53-81.
112. Lacan recusa um estatuto ontológico ao inconsciente ao responder à provocação de um dos ouvintes do seminário *Os quatro conceitos fundamentais da psicanálise* (1964), o primeiro de seus seminários proferido fora do âmbito da formação dos analistas, na École des Hautes Études, isto é, na academia.
113. J. Lacan, *O Seminário*, livro 11, *Os quatro conceitos fundamentais da psicanálise*, p.34-7 e 49.
114. Ibid., p.37.
115. Ibid., p.38-46.
116. Ibid., p.38-9.
117. Ibid., p.40.
118. Ibid., p.49.
119. Ibid., p.47, grifo do original.
120. Ibid, p.47-8, grifo do original.
121. J. Lacan, *O Seminário*, livro 7, *A ética da psicanálise*, p.389.
122. J. Lauxerois, *Antigone*, p.91-2, tradução livre.
123. Ibid., p.92-93.
124. K.H. Rosenfield, op.cit., p.354-5, 358 e 363.
125. J. Lacan, *O Seminário*, livro 7, *A ética da psicanálise*, p.345.
126. K.H. Rosenfield, *Sófocles & Antígona*, p.36.
127. J. Lacan, *O Seminário*, livro 11, *Os quatro conceitos fundamentais da psicanálise*, p.52.
128. J. Lacan, *L'acte psychanalytique*. Lição de 20 mar 1968, grifo meu, tradução livre. Seminário inédito.
129. Idem.
130. Idem.
131. Ibid., lição de 21 fev 1968, tradução livre. Inédito.

132. Ibid., lição de 10 jan 1968, tradução livre. Inédito.
133. J. Lacan, *O Seminário*, livro 10, *A angústia*, p.266.
134. Ibid., p.28.
135. Ibid., p.88, grifo do original.
136. Idem.
137. Idem.
138. Ibid., p.87, grifo meu.
139. Ibid., p.128.
140. Ibid., p.98.
141. Ibid., p.101, grifo do original.
142. Ibid., p.98.
143. Ibid., p.98-9, grifos meus.
144. Ibid., p.236.
145. Idem, grifo meu.
146. J.L. Borges, *Esse ofício do verso*, p.73-4.
147. Tomando de empréstimo a expressão utilizada por Freud para designar o lugar-tenente da representação, e não a própria representação em seu caráter precisamente representacional.
148. J. Lacan, *O Seminário*, livro 10, *A angústia*, p.113.
149. J. Lacan, *O Seminário*, livro 5, *As formações do inconsciente*, p.332.
150. J. Lacan, *O Seminário*, livro 10, *A angústia*, p.236-7.
151. Ibid., p.113.
152. A referência diz respeito a uma tela do pintor espanhol Zurbarán, mencionada por Lacan em *O Seminário*, livro 10, *A angústia*, p.181.
153. Ibid., p.237, grifo meu. Para uma discussão aprofundada dessa passagem, assim como da problemática concernente à função da causa em psicanálise, remetemos o leitor à pesquisa de doutoramento de F. Costa-Moura, *A função da causa na psicanálise*.
154. J. Lacan, *O Seminário*, livro 17, *O avesso da psicanálise*, p.45.
155. J. Lacan, *L'acte psychanalytique*. Lição de 10 jan 1969. Inédito.
156. J. Lacan, *O Seminário*, livro 10, *A angústia*, p.243.
157. Lacan faz menção à peça *O mercador de Veneza*, de Shakespeare. Ibid., p.242.
158. S. Freud, "A dissolução do complexo de Édipo", p.222; J. Lacan, *O Seminário*, livro 10, *A angústia*, p.259.
159. S. Freud, "A questão da análise leiga", p.221.
160. J. Lacan, *O Seminário*, livro 10, *A angústia*, p.128.
161. Apesar de sua relevância no que tange à problemática da constituição do sujeito, essa formulação de Lacan não será tratada neste livro, cujo recorte propõe isolar a dimensão objetal do sujeito da psicanálise e a problemática ética aí implicada.
162. J. Lacan, *O Seminário*, livro 10, *A angústia*, p.56.
163. Ibid., p.129, grifo meu.
164. Ibid., p.56.
165. Ibid., p.191, grifo meu.

166. J. Lacan, *O Seminário*, livro 5, *As formações do inconsciente*, p.394-5.
167. J. Lacan, *O Seminário*, livro 10, *A angústia*, p.192-3, grifos meus.
168. J. Lacan, *O Seminário*, livro 11, *Os quatro conceitos fundamentais da psicanálise*, p.125.
169. J. Lacan, *O Seminário*, livro 10, *A angústia*, p.116-7, grifo meu.
170. Ibid., p.237.
171. J. Lacan, *O Seminário*, livro 11, *Os quatro conceitos fundamentais da psicanálise*, p.30.
172. J. Lacan, *O Seminário*, livro 10, *A angústia*, p.253.
173. Ibid., p.252.
174. Ibid., p.341.
175. Ibid., p.255. Ectoderma: camada germinal primária do disco embrionário, de que derivam a epiderme e os tecidos epidérmicos (unhas, cabelos e glândulas da pele), o sistema nervoso, os órgãos dos sentidos olfativo, ocular e auditivo, o esmalte dentário, as glândulas mamárias, a membrana mucosa da boca e do ânus etc. Endoderma: uma das camadas germinativas mais primárias do embrião. Cf. www.auletedigital.com.br
176. T. Hughes, "A placenta", in *Cartas de aniversário*, p.269.
177. J. Lacan, *O Seminário*, livro 11, *Os quatro conceitos fundamentais da psicanálise*, p.94.
178. Ibid., grifos do original.
179. T. Hughes, op.cit., p.269.
180. J. Lacan, *O Seminário*, livro 11, *Os quatro conceitos fundamentais da psicanálise*, p.101, grifo meu.
181. J. Lacan, *O Seminário*, livro 10, *A angústia*, p.355, grifo do original.
182. Ibid., p.256-8, grifos meus.
183. Ibid., p.259.
184. Ibid., p.260.
185. Ibid., p.266-7.
186. Ibid., p.128.
187. Ibid., p.67.
188. Ibid., p.113.
189. Ibid., p.276.
190. B. Knox, *The Heroic Temper*, p.5, grifos meus, tradução livre.
191. J. Lacan, *O Seminário*, livro 7, *A ética da psicanálise*, p.330.
192. J. Lacan, *O Seminário*, livro 10, *A angústia*, p.345.
193. Ibid., p.88.
194. J. Lacan, *O Seminário*, livro 7, *A ética da psicanálise*, p.364.
195. Idem.
196. J. Lacan, *L'acte psychanalytique*. Lição de 20 mar 1968, grifo meu, tradução livre. Inédito.
197. Ibid., lição de 29 nov 1967.
198. F. Costa-Moura, op.cit., p.229.

199. J. Lacan, *O Seminário*, livro 7, *A ética da psicanálise*, p.364.
200. Idem.
201. Sófocles/M.G. Kury, "Antígona", in *A trilogia tebana*, p.233-4.
202. J. Lacan, *O Seminário*, livro 7, *A ética da psicanálise*, p.364.
203. J. Lacan, *O Seminário*, livro 8, *A transferência*, p.312.
204. Essa referência ao texto de Sófocles será retomada na Conclusão.

Conclusão (p.209-18)

1. J. Alaux, *Le liège et le filet*, p.284.
2. Sófocles, in M.G. Kury, "Antígona", *A trilogia tebana*, p.31, grifo meu.
3. B. Knox, *Édipo em Tebas*, p.117.
4. Sófocles, in M.G. Kury, op.cit., p.210-1, grifo meu.
5. Sophocle, in P. Mazon, *Antigone*, p.29.
6. Sófocles, in L. Flores Pereira, *Antígona*, p.43.
7. Sophocles, in R. Gibbons e C. Segal, *Antigone*, p.68.
8. Sophocle, in J. Lauxerois, *Antigone*, p.29.
9. Sófocles, in G. Almeida e T. Vieira, "Antígona", *Três tragédias gregas*, p.58.
10. J. Lacan, *O Seminário*, livro 7, *A ética da psicanálise*, p.332 ("*Il y a pas mal de choses formidables dans le monde, mais il n'y a rien de plus formidable que l'homme*", no original).
11. Esta é a primeira e mais antiga significação do adjetivo *formidable*. As demais são: 2) "*Dont la taille, la force, la puissance est très grande. Énorme, imposant.* 3) *Excellent, sensationnel*" (Cf. *Le Robert de poche 2009*, p.307). Em uma edição antiga do *Petit Larousse illustré* encontramos uma única definição do termo *formidable*: "(lat. *formidabilis*) *Qui est a craindre, redoutable. Qui inspire de la crainte*", p.401.
12. J.-P. Vernant e P. Vidal-Naquet, *Mito e tragédia na Grécia antiga*, p.9.
13. B. Knox, op.cit., p.94.
14. Protágoras apud B. Knox, ibid., p.34-5.
15. Ibid., p.35.
16. B. Knox, *Sophocles' Oedipus*, p.9-13.
17. J. Lacan, op.cit., p.332.
18. Ibid., p.333.
19. Cf. a análise empreendida por Lacan a propósito do esquecimento do nome do pintor Signorelli, relatado por Freud em *A psicopatologia da vida cotidiana*, p.19-26 (J. Lacan, *O Seminário*, livro 5, *As formações do inconsciente*, p.42).
20. E.R. Dodds, *Os gregos e o irracional*, p.36.
21. B. Knox, *Édipo em Tebas*, p.3, 14, 18-9.
22. E.R. Dodds, op.cit., p.16.
23. J. Lacan, *O Seminário*, livro 8, *A transferência*, p.310.
24. Ibid., p.311.
25. Ibid., p.310.

26. Ibid., p.312.
27. J. Lacan, *O Seminário*, livro 7, *A ética da psicanálise*, p.364.
28. J. Lacan, *O Seminário*, livro 10, *A angústia*, p.88.
29. J. Lacan, *O Seminário*, livro 7, *A ética da psicanálise*, p.350, grifo meu.
30. *A play within a play* (uma peça dentro da peça), aquela que Hamlet faz representar no palácio para que Claudius assista, como espectador, à encenação do crime que ele cometera. Vale lembrar que o substantivo *play* significa tanto "peça" (no sentido de apresentação teatral) quanto "jogo" ou "brincadeira".
31. C.D. de Andrade, "A suposta existência", in *A paixão medida*.

Referências bibliográficas

Alaux, J. *Le liège et le filet. Filiation et lien familial dans la tragédie athénienne du Vème siècle av. J.-C.* Paris, Belin, 1995.

Almeida, G. e T. Vieira. *Três tragédias gregas.* São Paulo, Perspectiva, 1997.

Andrade, C.D. de. *A paixão medida. Poesia completa.* Rio de Janeiro, Nova Aguilar, 2002.

Augé, C. (org.). *Petit Larousse illustré.* Paris, Librairie Larousse, 1906.

Bignotto, N. *O tirano e a cidade.* São Paulo, Discurso Editorial, 1998.

Borges, J.L. *Esse ofício do verso.* São Paulo, Companhia das Letras, [1967-68] 2007.

Buonarroti, M. *Rime.* Milano, Mondadori, [1503-57] 1998.

________. *Cartas escolhidas.* Prefácio, seleção, tradução e notas de Maria Berbara. Campinas/São Paulo, Unicamp/Unifesp, [1496-1563] 2009.

Cazotte, J. "O diabo amoroso", in *O Deus odioso: psicanálise e representação do mal.* São Paulo, Escuta, [1772] 1991.

Costa-Moura, F.T. *A função da causa na psicanálise.* Rio de Janeiro, PUC-Rio, 2000.

Demont, P. e A. Lebeau. *Introduction au théâtre grec antique.* Paris, Librairie Général Française, 1996.

De Romilly, J. *La tragédie grecque.* Paris, Quadrige/PUF, [1970] 2002.

________. *La loi dans la pensée grecque.* Paris, Les Belles Lettres, [1971] 2002.

________. *Une certaine idée de la Grèce.* Paris, Éditions de Fallois, 2003.

Descartes, R. *O discurso do método.* São Paulo, Martins Fontes, [1637] 2000.

________. *Meditações metafísicas.* São Paulo, Martins Fontes, [1641] 2000.

Detienne, M. *Os mestres da verdade na Grécia arcaica.* Rio de Janeiro, Zahar, [1967] 1988.

Dodds, E.R. *Os gregos e o irracional.* São Paulo, Escuta, [1949] 2002.

Doyle, R.E. *ATH – Its Use and Meaning.* Nova York, Fordham University Press, 1984.

Domenach, J.-M. *La responsabilité. Essai sur le fondement du civisme.* Paris, Hatier, 1994.

Ferrater-Mora, J. *Dicionário de filosofia.* São Paulo, Edições Loyola, vol.1, 2000, p.374.

Freud, S. (1893-1895). *Estudos sobre a histeria. Obras psicológicas completas de Sigmund Freud. Edição Standard Brasileira – ESB*, vol.II. Rio de Janeiro, Imago, 1974, p.363.

________ (1900). *Interpretação de sonhos*, in *ESB*, vol.IV (p.277-80) e vol.V (p.543-660). Rio de Janeiro, Imago, 1972, p.277-80.

________ (1901). *A psicopatologia da vida cotidiana*, in *ESB*, vol.VI. Rio de Janeiro, Imago, 1976, p.19-26.

________ (1905 [1904]). "Sobre a psicoterapia", in *ESB*, vol.VII. Rio de Janeiro, Imago, 1972, p.270.

________ (1905). *Chistes e sua relação com o inconsciente*, in *ESB*, vol.VIII. Rio de Janeiro, Imago, 1977, p.136.

________ (1907 [1906]). "El delirio y los sueños en la 'Gradiva' de W. Jensen", in *Obras completas*, vol.IX. Buenos Aires, Amorrortu, 1998, p.8.

________ (1910-70). "A significação antitética das palavras primitivas", in *ESB*, vol.XI. Rio de Janeiro, Imago, 1970, p.141-6.

________ (1912). "Sobre a tendência universal à depreciação na esfera do amor", in *ESB*, vol.XI. Rio de Janeiro, Imago, 1970, p.172.

________ (1913 [1912-13]). *Totem e tabu*, in *ESB*, vol.XIII. Rio de Janeiro, Imago, 1974.

________ (1913). "Sobre o início do tratamento (Novas recomendações sobre a técnica da psicanálise I)", in *ESB*, vol.XII. Rio de Janeiro, Imago, p.164.

________ (1915). "Reflexões para os tempos de guerra e morte", in *ESB*, vol.XIV. Rio de Janeiro, Imago, 1974, p.327-39.

________ (1916-74). "Criminosos em consequência de um sentimento de culpa", in *Alguns tipos de caráter encontrados no trabalho psicanalítico. ESB*, vol.XIV. Rio de Janeiro, Imago, 1974, p.375-7.

________ (1917 [1916-17]). "O desenvolvimento da libido e as organizações sexuais", in *Conferências introdutórias sobre psicanálise – Conferência XXI. ESB*, vol.XVI. Rio de Janeiro, Imago, 1976, p.386-7.

________ (1921). "Psicología de las masas y análisis del yo", in *Obras completas*, vol.XVIII. Buenos Aires, Amorrortu, 1999, p.87.

________ (1924). "A dissolução do complexo de Édipo", in *ESB*, vol.XIX. Rio de Janeiro, Imago, 1976, p.222.

________ (1925 [1924]). "Um estudo autobiográfico", in *ESB*, vol.XX. Rio de Janeiro, Imago, 1976, p.78-81.

________ (1925). "A negativa", in *ESB*, vol.XIX. Rio de Janeiro, Imago, 1976, p.295.

________ (1925). "Responsabilidade moral pelo conteúdo dos sonhos", in *Algumas notas adicionais sobre a interpretação de sonhos como um todo. ESB*, vol.XIX. Rio de Janeiro, Imago, 1976, p.163-7.

________ (1926). "A questão da análise leiga", in *ESB*, vol.XX. Rio de Janeiro, Imago, 1976, p.221.

________ (1928 [1927]). "Dostoievski e o parricídio", in *ESB*, vol.XXI. Rio de Janeiro, Imago, 1974, p.217.

________ (1930 [1929]). *O mal-estar na civilização*, in *ESB*, vol.XXI. Rio de Janeiro, Imago, 1974, p.93-5.

________ (1930 [1929]). *El malestar en la cultura*, in *Obras completas*, vol.XXI. Buenos Aires, Amorrortu, 1998, p.76.

________ (1933 [1932]). "A dissecção da personalidade psíquica", in *Novas conferências introdutórias sobre psicanálise – Conferência XXI. ESB*, vol.XXII. Rio de Janeiro, Imago, 1976.

________ (1937). "Análise terminável e interminável", in *ESB*, vol.XXIII. Rio de Janeiro, Imago, 1975, p.282.

________ (1937). "Construções em análise", in *ESB*, vol.XXIII. Rio de Janeiro, Imago, 1975, p.291.

________ (1940 [1938]). "Esboço de psicanálise", in *ESB*, vol.XXIII. Rio de Janeiro, Imago, 1975, p.235.

Garcia-Roza, L.A. *Palavra e verdade na filosofia antiga e na psicanálise*. Rio de Janeiro, Zahar, 1990.

Gernet, L. *Recherches sur le développement de la pensée juridique et morale en Grèce.* Paris, Albin Michel, [1917] 2001.

Gibbons, R. e C. Segal. *Sophocles: Antigone.* Nova York, Oxford University Press, 2003.

Giraudoux, J. *Electre.* Paris, Éditions Bernard Grasset, 1937, p.226-7.

Hoffmann, C. "'Eu' devo assumir a responsabilidade do inconsciente", in *Ágora – Estudos em Teoria Psicanalítica*, vol.VIII, n.1. Rio de Janeiro, Contracapa/Programa de Pós-graduação em Teoria Psicanalítica da UFRJ, jan-jun 2005, p.41-6.

Hölderlin F. e J. Beaufret. *Hölderlin e Sófocles. Observações sobre Édipo. Observações sobre Antígona.* Rio de Janeiro, Zahar, [1969-83] 2008.

Homero. *Odisseia.* Introdução e notas de Bernard Knox. São Paulo, Penguin/Companhia das Letras, 2011.

Hughes, T. *Cartas de aniversário.* Tradução de Paulo Henriques Britto. Rio de Janeiro, Record, edição bilíngue, 1999, p.268-71.

________ e McCullough (orgs.). *The Journals of Sylvia Plath.* Nova York, Anchor Books, 1998.

Kafka, F. "Pequena fábula", in *Narrativas do espólio.* São Paulo, Companhia das Letras, 2002.

Knox, B. *Sophocles' Oedipus.* New Haven, Yale University Press, 1955, p.7-29.

________. *Édipo em Tebas.* São Paulo, Perspectiva, [1957] 2002.

________. *The Heroic Temper: Studies in Sophoclean Tragedy.* Londres, University of California Press, [1964] 1992.

Koyré, A. *Do mundo fechado ao universo infinito.* Rio de Janeiro, Forense Universitária, [1957] 2001.

Kukil, K.V. (org.). *The Unabridged Journals of Sylvia Plath.* Nova York, Anchor Books, 2000.

Lacan, J. (1945). "O tempo lógico e a asserção da certeza antecipada", in *Escritos.* Rio de Janeiro, Zahar, 1998, p.197-213.

________ (1954-55). *O Seminário*, livro 2, *O eu na teoria de Freud e na técnica da psicanálise.* Rio de Janeiro, Zahar, 1987.

________ (1955-56). *O Seminário*, livro 3, *As psicoses.* Rio de Janeiro, Zahar, 1985.

________ (1957). "A instância da letra no inconsciente ou a razão desde Freud", in *Escritos.* Rio de Janeiro, Zahar, 1998, p.525.

________ (1957-58). *O Seminário*, livro 5, *As formações do inconsciente.* Rio de Janeiro, Zahar, 1999.

________ (1958-59). *Hamlet por Lacan.* Campinas, Escuta/Liubliú, 1986.

________ (1959-60). *O Seminário*, livro 7, *A ética da psicanálise.* Rio de Janeiro, Zahar, 1988, p.375.

________ (1960). "Subversão do sujeito e dialética do desejo no inconsciente freudiano", in *Escritos.* Rio de Janeiro, Zahar, 1998.

________ (1960). *O triunfo da religião.* Rio de Janeiro, Zahar, 2005.

________ (1960-61). *O Seminário*, livro 8, *A transferência.* Rio de Janeiro, Zahar, 1992.

________ (1962). "Kant com Sade", in *Escritos.* Rio de Janeiro, Zahar, 1998.

________ (1963-64). *O Seminário*, livro 10, *A angústia.* Rio de Janeiro, Zahar, 2005.

________ (1964). *O Seminário*, livro 11, *Os quatro conceitos fundamentais da psicanálise*. Rio de Janeiro, Zahar, 1988.
________ (1965). "A ciência e a verdade", in *Escritos*. Rio de Janeiro, Zahar, 1998.
________ (1967). "A psicanálise. Razão de um fracasso", in *Outros escritos*. Rio de Janeiro, Zahar, 2003.
________ (1967-68). *L'acte psychanalytique*. Inédito.
________ (1969-70). *O Seminário*, livro 17, *O avesso da psicanálise*. Rio de Janeiro, Zahar, 1992.
________ (1971). *D'un discours qui ne serait pas du semblant*. Paris, Seuil, 2006.
________ (1972-73). *O Seminário*, livro 20, *Mais, ainda*. Rio de Janeiro, Zahar, 1985.
________ (1972). "L'Étourdit", *Scilicet*, n.4. Paris, Seuil, 1973, p.36.
________ (1973). "Nota italiana", in *Outros escritos*. Rio de Janeiro, Zahar, 2003, p.311-5.
________ (1974). "A terceira", *Cadernos Lacan*, vol.2, documento de circulação interna da Associação Psicanalítica de Porto Alegre, 2002.
________ (1975-76). *Le Seminaire*, livre XXIII, *Le sinthome*. Paris, Seuil, 2005.
Lalande, A. *Vocabulário técnico e crítico da filosofia*. São Paulo, Martins Fontes, 1999.
Le Robert de poche 2009. Paris, Dictionnaires Le Robert-Sejert, 2008.
Loraux, N. "La main d'Antigone". Posfácio à tradução de Paul Mazon de *Antigone*. Paris, Les Belles Lettres, [1986] 1997.
Machado, R. *O nascimento do trágico: de Schiller a Nietzsche*. Rio de Janeiro, Zahar, 2006.
Maffre, J.-J. *A vida na Grécia clássica*. Rio de Janeiro, Zahar, 1989.
Mossé, C. *Dicionário da civilização grega*. Rio de Janeiro, Zahar, [1998] 2004.
Nietzsche, F. *Introdução à tragédia de Sófocles*. Rio de Janeiro, Zahar, [1869-79] 2006.
________. *A origem da tragédia*. São Paulo, Centauro, [1871] 2004.
Paz, O. *Marcel Duchamp ou O castelo da pureza*. São Paulo, Perspectiva, 2008.
Rocha, A.C. "O impossível do desejo e o desejo do impossível", in Maria Inês França (org.). *Ética, psicanálise e sua transmissão*. Petrópolis, Vozes, 1996.
Rónai, P. *Não perca o seu latim*. Rio de Janeiro, Nova Fronteira, 1980.
Rosenfield, K.H. *Antígona: de Sófocles a Hölderlin. Por uma filosofia "trágica" da literatura*. Porto Alegre, L&PM, 2000.
________. *Sófocles & Antígona*. Rio de Janeiro, Zahar, 2002.
________. *Introdução e notas a* Antígona *de Sófocles*. Rio de Janeiro, Topbooks, 2006.
Rothko, M. Écrits *sul l'art*. Paris, Flammarion, [1934-69] 2007.
Saïd, S. *La faute tragique*. Paris, Maspero, 1978.
________, M. Trédé e A. Le Boulluec. *Histoire de la littérature grecque*. Paris, Quadrige/PUF, [1997] 2004.
Segal, C. "Lament and closure in *Antigone*", in *Sophocles' Tragic World: Divinity, Nature, Society*. Cambrigde/Londres, Harvard University Press, 1995.
Shakespeare, W. *The Complete Works of William Shakespeare*. The Cambrigde Edition Text, editada por William Aldis Wright, incluindo as notas de Temple. Nova York, Garden City Books, 1936.
Sófocles. *A trilogia tebana*. Tradução de Mário Gama Kury. Rio de Janeiro, Zahar, 1990.
________. *Antigone*. Tradução de Paul Mazon. Introdução, notas e posfácio de Nicole Loraux. Paris, Les Belles Lettres, 1997.

________. *Antigone*. Tradução de Reginald Gibbons e Charles Segal. Nova York, Oxford University Press, 2003.

________. *Antigone*. Tradução, apresentação, notas e posfácio de Jean Lauxerois. Paris, Arléa, 2005.

________. *Antígona*. Tradução de Lawrence Flores Pereira. Introdução e notas de Katrin Holzermayr Rosenfield. Rio de Janeiro, Topbooks, 2006.

________. *Tragédies completes*. Prefácio de Pierre Vidal Naquet. Paris, Gallimard, 1973.

________. *Três tragédias gregas: Antígone, Prometeu prisioneiro, Ájax*. Tradução de Guilherme de Almeida e Trajano Vieira. São Paulo, Perspectiva, 1997-2007.

Souza, P.C. (org.). "Adendo à entrevista: uma carta de Freud a Marie Bonaparte", in *Sigmund Freud e o gabinete do dr. Lacan*. São Paulo, Brasiliense, 1990.

Steiner, G. *A morte da tragédia*. São Paulo, Perspectiva, [1961] 2006.

________. *Antigones. The Antigone Myth in Western Literature, Art, and Thought*. Nova York, Oxford University Press, [1984] 2003.

Szondi, P. *Ensaio sobre o trágico*. Rio de Janeiro, Zahar, [1961] 2004.

Teixeira, A. "A estrutura trágica da ética em J. Lacan", in *Ágora – Estudos em Teoria Psicanalítica*, vol.II, n.1. Rio de Janeiro, Contracapa/Programa de Pós-graduação em Teoria Psicanalítica da UFRJ, jan-jun 1999, p.155-85.

________. *O topos ético da psicanálise*. Porto Alegre, Edipucrs, 1999.

Vernant, J.-P. *Mito e pensamento entre os gregos: estudos de psicologia histórica*. São Paulo, Paz e Terra, 1990.

________. *As origens do pensamento grego*. Rio de Janeiro, Bertrand Brasil, 1996.

________. *Mito e sociedade na Grécia antiga*. Rio de Janeiro, José Olympio, 1999.

________. *Mito e religião na Grécia antiga*. São Paulo, Martins Fontes, 2006.

________ e P. Vidal-Naquet. *Mito e tragédia na Grécia antiga*. São Paulo, Perspectiva, 2005.

Vorsatz, I. "Antígona, Descartes e a ética da psicanálise", in *Tempo Psicanalítico* n.38. Rio de Janeiro, Sociedade de Psicanálise Iracy Doyle, 2006, p.51-73.

Agradecimentos

Este livro é uma versão revista e modificada de minha tese de doutorado apresentada à Universidade Federal do Rio de Janeiro (UFRJ) em 2010. Gostaria de expressar meu agradecimento ao Conselho Nacional de Desenvolvimento Científico e Tecnológico (CNPq) pelo incentivo à pesquisa, bem como ao Programa de Pós-graduação em Teoria Psicanalítica da UFRJ por sua acolhida – em especial, a Fernanda Costa-Moura e a Anna Carolina Lo Bianco. Agradeço, sobretudo, à Fundação de Amparo à Pesquisa do Estado do Rio de Janeiro (Faperj), cujo apoio viabilizou sua publicação, bem como a esta casa editorial, na pessoa de Ana Cristina Zahar. Finalmente, renovo meu agradecimento ao Tempo Freudiano Associação Psicanalítica, especialmente a Antonio Carlos Rocha, cuja transmissão articulou os significantes que aqui se encadearam.

Este livro foi composto por Mari Taboada
em Meta Pro e Minion Pro 11/15,25 e impresso em
papel pólen soft 70g/m^2 e cartão triplex 250g/m^2
por Geográfica Editora em janeiro de 2013.